先代カリスマを超えて
後継者が最高業績を上げる

チーム
V字経営

酒井英之
HIDEYUKI SAKAI

日本経営合理化協会出版局

まえがき　～百年企業への道～

企業が長期持続発展することは、経営者の悲願《ひがん》である。

それはオーナー一族の繁栄や、社員とその家族を守りたいという小さな願望ではない。

実際に、百年続くある酒問屋の三代目の社長に、次のように言われたことがある。

「先日、創業180年の老舗の蔵元《くらもと》が倒産しました。世間の人はそれを『あの会社は経営努力が足りんのだ』で片づけました。しかし、そんなに簡単に片づけていいのでしょうか。180年続いた蔵は地域のシンボルで、そのブランドは地域の資産のはず。会社が倒産すれば、それすら消滅してしまう。企業には地域の文化や誇りを守る大事な使命もあるのです」

実は、この言葉は私にではなく、私と一緒にいたある地銀の行員に向けられたものだった。が、私の心にグサリと突き刺さった。

それまで私は、企業が長寿を目指すのは「当たり前」としか考えていなかった。が、この言葉で、世の社長たちが次世代に経営を繋《つな》ぎたいと必死になるのは、純粋に世の中のお役に立ち続けたいという大義《たいぎ》のためだと気づいたからだ。

以来、私は「百年企業への成長をガイドする」を自分の仕事の中核に据《す》えてきた。その過程で一番の壁となるのは、カリスマを継ぐ後継者の育成である。

私は、代替わりの準備に入った顧問先の社長から、次のように頼まれることが多い。

「そろそろ、うちの後継者(子息)を鍛《きた》えてやってくれませんか?」

この依頼をするとき、社長は頭の中に、私が家庭教師のようにマンツーマンで後継者に経営スキル指導している姿をイメージしている。

しかし、そのような方法で、カリスマの後を継げる人を育てられるだろうか?

社長が社長に就任した当時に比べて、会社は格段に大きくなっている。この大きさにまで会社を育てた社長は、当然会社の隅々《すみずみ》までご存知だろう。が、何も知らない後継者が途中でやってきて、同じように「背負《せお》ってみろ」と言われても、これは難しい。

会社全体を継ぐことを100とすれば、ひとりで背負《せお》えるのは、せいぜい30くらいではないか。要は、荷が重いのである。それを家庭教師のように指導したところで後継者のパワーが、30から100になるわけではない。それよりは残りの70を背負《せお》ってくれる信頼できるチームを育てることである。後継者をリーダーとする次世代経営チームを育て、その上で後継者は社長としてやるべきことに集中する。

私の顧問先のある後継社長は、「ヒト(人事)とカネのことは自分がやる。後は幹部に任せている」と語っているが、脇を固めることができれば、それができるのである。

また、コンサルタントが家庭教師をしたところで、社長にとって最も大切な「この人について行けば間違いない」とか「この人は私たち社員を大事にしてくれる人だ」という周囲からの信頼をつくることはできない。信頼だけは、自らが実践し結果を残さないかぎり生まれないからだ。

そこで社長は、実際に会社の事業の一部を任せ、結果を出せるチャンスを与えようとする。ところが、この任せ方が難しいのである。あまりに大きな課題を「やってみろ」と丸投げすれば、後継者は何をすればよいかもわからず、かえって自信を喪失してしまう。だからといって途中で「それは違う、こうするんだ」と社長が口出しをすれば、周囲から見たら「社長がいないと何もできない人」になってしまう。任せ方を間違えると後継者を潰《つぶ》してしまうのだ。そのため、後継者育成を依頼されたときに、私は社長に以下の2つのことが大切だとお伝えしている。

第一は、**カリスマを継ぐ後継者は後継者ひとりだけに焦点を当てず、後継者をリーダーとする次世代経営チームを組織し、彼を支える幹部たちも一緒に実践の中で育成すること。**

第二は、**次世代経営チームに適切な課題を与え、それを解決することによって自信をもっ**

てもらうとともに、このときの考え方や運営方法を仕組みとして社内に定着すること。

この2つを同時におこなう方法を「**チームＶ字経営**」と呼んでいるのである。

※

本書で述べる「チームＶ字経営」は、社長が事業を後継者にバトンタッチするまでの５年から１０年の、社長と後継者が並行して走る期間中に、後継者を中心として次世代の幹部候補社員数名でチームを組んでもらい、チーム全員で会社が抱える経営課題を短期間で解決することで足場を固め、そのうえで将来の繁栄の土台を築いていくという、独自のＯＪＴプログラムである。

もちろん、すべて社長の了承のもとで実施するが、狙いは、会社が直面している経営課題を解決すると同時に、次世代を担う経営チームを創出し育成するところにある。

この「チームＶ字経営」プログラムは、次の５つのステップで構成している。

【ステップ1】再成長への足元を固める（業績の凹《へこ》みを再成長の起爆剤とする）

【ステップ2】凹《へこ》み脱出Ｖプランの実践（短期計画目標を必達する習慣を身につける）

【ステップ3】ビジョン開発の実際（全員が同じ夢を見るための実現可能なビジョンを策定）

【ステップ4】明日の商品・事業づくり（次の稼ぐものをつくり最強となれるテリトリーで№1を目指す）
【ステップ5】自燃《じねん》社員が育つ仕組みづくり（幹部全員を自発的に考え行動する自燃《じねん》社員に成長させる）

できれば、後継者とチームのメンバーは30歳代が理想である。若いときに、一緒に仕事でトライ&エラーを経験し、楽しいことも辛《つら》いことも、ともに分かち合った仲間とは生涯を通じて固い絆《きずな》を結ぶことができるのである。

これまでに「チームV字経営」を実践した会社の中から、業績を着実に伸ばし、先代が超えられなかった壁を打ち破るほどの目覚ましい成果を上げている次世代経営チームが十数社で誕生している。

社長がまだまだ元気なうちに、後継者とその後継者を支える幹部社員を「チームV字経営」の実践の中で育てていただきたい。それがイノベーションを創出し続ける百年企業への第一歩である。

二〇一七年二月

株式会社 V字経営研究所
代表取締役 **酒井英之**

もくじ

まえがき

序章　チームV字経営の威力

1．承継時に経営スタイルを転換せよ

V字に込めた2つの意図 …… 21
V字編隊飛行は推進力が50〜70%もアップする …… 22
未来は予測するものではなく創り出すもの …… 27
ビジョンが見えないと、人はどう行動するか …… 29
長寿経営に欠かせない経営理念とビジョン …… 35
ミシン屋はミシンでは守れない …… 37

2．靴小売チェーンK社の「チームV字経営」導入効果

後継者の専務に社長交代を拒否されて …… 42
10年先の水飲み場を目指した中期ビジョン …… 44
K社の「チームV字経営」のスタート …… 45
自燃《じねん》社員続出で創業以来の最高業績を実現 …… 48

3. 新聞販売・弁当宅配A社の「チームV字経営」導入の成果
新聞を読まない時代に生き残るために……52
5年後の4月に社員300人で花見をする……55
業績の下げ止まりから再上昇へ……57
4. H鉄工の「チームV字経営」導入効果
操業停止に追い込まれる……60
次世代経営チームを育てる……63
納得計画Vプラン……64
経営幹部がイエスマンから自燃社員へ変身……66
第1章 代替わりしても稼ぎ続ける
1. 何代も繁栄する経営を目指して
100年続いた会社の社長から地銀行員への質問……71
地域の文化・誇りを守るための長期持続経営……73
お客様の財産を守るための長期持続経営……75
2. 企業永続発展の条件
あなたはあと何年、社長業を続けられますか……78

3つの経営スタイル……80
カリスマの下では自燃社員が育ちにくい……81
後継者のためいき……85
過去の自分と後継者を比較しない……87
カリスマ経営を後継者ひとりで引き継ぐのは難しい……89
後継者が「チームで成長したい」2つの理由……92
人を育てるには成功体験しかない……96
納得計画でないと人は動かない……98
口出しをせずに任せたほうが事業承継はうまくいく……101
並行して走るバトンゾーンで鍛え上げる……106
魚を取り続けられる経営者になるために……107
先代が越えられなかったカベを破る……114

第2章 V字成長を実現する〈5ステップ〉

1. 次世代経営チームのメンバーを選定する

チームメンバー選定のやり方……119
メンバー選定の4つの基準……123
ビジョンを描くことが苦手でも……128

メンバーはどんな役職であれ経営幹部の目線をもて……130
2．新たな歴史をつくる〈V字成長への5ステップ〉
【チームV字経営ステップ1】再成長への足元を固める……134
【チームV字経営ステップ2】凹み脱出プランの実践……136
【チームV字経営ステップ3】ビジョン開発の実際……138
【チームV字経営ステップ4】明日の商品・事業づくり……139
【チームV字経営ステップ5】自燃社員が育つ仕組みづくり……141

第3章 継続発展になぜビジョンが必要か

1．「誰にでも見える」からビジョン
全体像が見えないと純白地獄になる……145
本を読まない世代にも買ってもらう強力POP……147
2．ビジョンをストーリーにする
ビジョンをストーリー化すると訴える力が強烈になる……150
未来のゴールと現在の姿をつなぐ……153
会議のたびに観るDVD……154
数字だけのビジョンは「純白地獄」と同じ……157

3. 全員をやる気にさせる理念パワー
理念の3つの力 …… 160
理念は高速道路のガードレールである …… 165
結婚式を「結魂式」に …… 168

第4章 ［実践］チームV字経営
【チームV字経営 ステップ1】再成長への足元を固める

1. 業績の凹《へこ》みを再成長の起爆剤とする
まずは絶対に潰れない経営基盤 …… 177
凹《へこ》みはこれまでの経営常識が通じなくなったサイン …… 179
わが社のわずかな凹《へこ》みを見逃さない4つの急所 …… 182
2. 再成長への足元を固める「凹《へこ》み脱出計画」の進め方
「凹《へこ》み脱出計画」を実践する2つの急所 …… 194
ロケットスタートを意識する …… 195
前半前倒しの発想 …… 198
周囲を巻き込む「しゃべり場」の活用 …… 200

3. 凹《へこ》み脱出のための業績直結行動の特定
業績直結行動を特定する……205
業績直結行動を特定する3つの手順……207
【手順1】これまでの仕事の流れを分解する……208
【手順2】数値で確認……209
【手順3】流れのネックを改善する……213
短期に成果の出る「業績直結行動」を大量行動化する目玉作戦づくり……215

第5章 【チームV字経営ステップ2】凹《へこ》み脱出Vプランの実践

1. 凹《へこ》み脱出Vプランの具体的なつくり方
Vプランシートとは……221
Vプラン作成の条件と効果……225
Vプランをつくる準備……228
2. Vプランをつくる実際の手順
【手順1】やるべきことの洗い出し……230
【手順2】やることを並べる……232

【手順3】見落しがちな5つの要素を加味する……233
【手順4】中分類の見出しをつける……235
【手順5】楽しくなる方法を加える……235
【手順6】付箋をVプランシートに落とし込む……237
【手順7】ルートセールス部門のVプランは顧客別に作成する……238
ベクトルを合わせるキックオフミーティングを開催する……239

3．凹《へこ》み脱出Vプランの進捗チェックとステップアップ

社長はVプランをステップアップさせる人である……243
社長による中間フォローミーティングの開催……249
現場での進捗ミーティング……251
PDCAよりPDciを回す……253
成果発表会を次のステップアップにつなげる……256
成果の表彰について……258
社員の心をひとつにするVプラン……260

4．【事例1】事務機販売P社の凹《へこ》み脱出計画

成績最下位の支店がロケットスタートを目指して……264
2つの問題点を解決して150%アップの成果……271

5. 【事例2】大型プレスメーカーH社の凹《へこ》み脱出計画
凹《へこ》み原因の抜本解決のための6か月Vプラン …… 275
最初から躓いて1か月遅れのVプラン …… 276
日産3倍に挑んだ2度目のVプラン …… 278

第6章 【チームV字経営ステップ3】ビジョン開発の実際

たわいのない夢に絶対に終わらせないために …… 285
【ビジョン開発 手順1】環境変化による「失われる未来」を特定する
最初の手順は「失われる未来」の特定から始まる …… 287
【ビジョン開発 手順2】「未来の足を引っ張る病巣」を特定し解決策を立てる
未来の足を引っ張る問題の「病巣」探し …… 294
「病巣」は他責の人にはいつまでも見えてこない …… 299
【ビジョン開発 手順3】5年先の事業規模と事業構成を具体的に策定する
5年後何で稼いでいるか …… 301
独自化を考えるための3つの着眼点 …… 307
【ビジョン開発 手順4】5年先までの3大経営課題を策定する
今後の経営課題を3つに集約する …… 310

【ビジョン開発 手順5】3大経営課題から9つの重点対策を設定する
ひとつの経営課題について重点対策を3つ策定する……315
【ビジョン開発 手順6】ビジョン実現の日に至る「未来年表」を作成する
9つの重点対策の実施予定を年表に落とし込む……325
社長は各ステップでどうかかわっていくか……326
【ビジョン開発 手順7】ビジョン発表会を開催する
ビジョン発表会でスタート時点を明確に……330
ビジョンは暗夜の一燈……331

第7章 【チームV字経営ステップ4】明日の商品・事業づくり

1. 竹やぶ戦略とプラスワン戦略
虎はなぜ強いのか……337
100億円市場を100社が奪い合いする中で……338
竹やぶで最強の虎になる方法……342
1位となったら顧客接点の数でも1位になる……344

2. 新たな売りものは「予期せざるもの」から探せ
明日の商品を見つける4つの発想法……348

①「予期していなかったオファー」から探す……348
明日の商品を見つける「予期せざるオファー発想法」……350
②種イモ発想法で自社の最大の強み(コア・バリュー)を多面展開する……354
B2Bの種イモ発想法……358
③お客様の前後工程をも受注する「ワンストップ発想法」……360
④古くて新しいマーケットを探す……363

3. 自社の新たな生存領域を創造する「経営理念発想法」

理念を基点に新成長事業領域を見つける……367
【事例1】稼働率98%のタクシー会社……367
【事例2】「呑む人の幸福」からオーダーメイド酒システム……371
スモールビジネスを束ねた連邦経営を推進するために……374

4. アイデアを一枚のシートにまとめる

アイデアシートに書く……377
アイデアを3つの視点で評価する……381
少数しか賛成しないものに、ブルーオーシャンあり……383

第8章 【チームV字経営ステップ5】自燃《じねん》社員が育つ仕組みづくり

1．社員の自燃性を引き出すには

顧客満足（CS）と同じくらい社員満足（ES）が大切な時代 …… 389
社員の自燃性は切っ掛けをつくって引き出す …… 391
君ええ仕事しとるなぁ …… 394
毎日の「声がけ」は超重要な社長の仕事 …… 396
社長は社員の失敗を本人の成長につなげる人である …… 400
お掃除の天使たち …… 402
承認を多くすることが人間関係を良くする …… 403
仕事を理念行動に進化させている人を賞賛する …… 406
オセロ理論で自燃社員を育てる …… 412

2．社長自身が自分の自燃性を維持する4つの思考法

①ものごとを深掘りして考える3層思考法 …… 416
②究極の事業目標を描く「理念の3段活用」 …… 420
③イザというときの決断力を磨く場数思考 …… 423
④他人の力を借りるルフィの思考法 …… 426

淡墨《うすずみ》の桜―あとがきに代えて
巻末資料

組版　北島純子
装丁　森口あすか
写真　本巣市役所

チーム
V字
経営
序章

チームV字経営の威力

TEAM V-SHAPED
MANAGEMENT

１．承継時に経営スタイルを転換せよ

Ｖ字に込めた２つの意図

私が経営コンサルタントとなって、はやくも２５年になる。

はじめは銀行系の経営指導部門に籍を置き、融資先を中心に経営指導をおこなっていたのだが、その後独立するとき、会社名を（株）Ｖ字経営研究所とした。

「Ｖ字経営」には、業績が急降下した会社を、短期間にＶ字回復させるイメージがある。たしかに、業績が低迷していたり、下降気味の会社が、私の「Ｖ字経営」手法を導入したとたんに、業績が急上昇して再成長軌道に乗る姿は、ある意味、Ｖ字回復といえなくはない。

しかし私は、似て非なる意図から、社名に「Ｖ字」をとりいれたのである。

「Ｖ字経営」のＶには、次の２つの意図が込められている。

ひとつは、渡り鳥の**Ｖ字編隊飛行（雁行《がんこう》）**のＶであり、
もうひとつは、**Ｖｉｓｉｏｎ（ビジョン）**のＶなのだ。

まずは、渡り鳥のＶ字編隊飛行（雁行《がんこう》）について、要点だけ触れておこう。

V字編隊飛行は推進力が50～70％もアップする

「V字経営」でもっとも重要視することは、導入した会社が、長期にわたって安定的に発展し続けることだ。

そのためには、現社長を後継した次の世代のリーダーのもとでも、ブレずにしっかり発展の道を歩み続けなければならないことになる。

いま日本のオーナー企業の大半が、創業者から後継者(主にオーナーの子息)へのバトンタッチの時期を迎えている。なかには、とっくに創業者から後継し、早くも次の後継者へのバトンタッチを考えている会社も少なくない。

しかし企業継続の最大の危機は、このバトンタッチの時期にあるといわれている。

多くのオーナー社長は、ワンマン経営で経営手腕を発揮して今日を築き、自分が採用し育ててきた幹部や社員に囲まれ、カリスマ化している。

一方、後継者には実績も経営的な背景もない。経営経験豊かな自分と、経営者として未熟な後継者を比べたら、先代の目には「頼りない」「任せて大丈夫か」と映《うつ》りがちだ。その結果、「まだまだ、俺の後は任せられない」となる。ましてカリスマ性の継承は不可能に近い。

だからといって、いつまでも名ばかりの後継者のままでいると、経営方針を巡《めぐ》って、会社

の中で不毛な親子喧嘩が起こったりする。そうなると会社を壊すだけだ。短期の業績アップも、長期的な発展継続もあり得ない。

しかし解決方法がある。

それが、**「カリスマ経営」から「チームV字経営」への転換**なのである。

上の写真をご覧いただきたい。「雁行《がんこう》」といわれる、渡り鳥の編隊飛行の様子だ。

なぜ、渡り鳥はV字型になって飛ぶのか？

近年、英ロンドン大学や王立獣医カレッジなどの共同研究で、V字編隊を組む科学的な根拠が明らかにされた。

それによると、雁《がん》やトキなどの大型の鳥が飛ぶと、翼の先端からその斜め後方に上昇気流が発生するため、後続の鳥はその浮力を利用してエネルギーの消耗が少なくてすむということが実証されたのだ。そのためV字編隊を組むと、長距離を飛行できる。

ここで注目したいのは、**先頭を飛ぶのが必ずしもリーダーではない**ということだ。先頭は疲れるので、後方の鳥と時々交替する。しかも、先頭役は、幼い鳥を除いて成鳥が家族単位で引き受ける役割分担もできていて、先頭になろうとしないような「タダ乗り」の鳥は一羽もいない。全員にチームのためにという当事者意識があるのだ。

さらに特筆すべきは、リーダー役が常に先頭になり縦列飛行をするカリスマ型編隊飛行に比べて、**V字編隊飛行は推進力が50～70％もアップする**ことだ。

渡り鳥は種類によっては、最長で1万キロ以上をノンストップで飛行する。一羽ではそんなことはできないがチームになればできる。そのための知恵がV字飛行なのである。

私の顧問先には、カリスマ経営者の後を継いだ二代目、三代目の経営者が多い。彼ら後継者は、先代ほどのカリスマ性はなく、先頭に立って「次はこうするぞ、ああするぞ」とガンガン指示命令をして引っ張るタイプではない。

しかし彼らには全幅の信頼を寄せる仲間がいる。社長になるずっと前の30歳の頃から、会社の現状と未来を語り合い、トライ&エラーを繰り返してきた自分と年齢の近い有能な社員たちだ。

その仲間たちは、営業部門や生産部門、仕入部門、企画部門などの責任者であり、互いに連携し合いながら遠くに定めたゴールを目指している。

営業を強くせねばならないときは営業部門が、生産の強化が必要なときは生産部門が、新規事業の拡大期には新規事業部門が会社のけん引役になる。そして後継者は、会社全体が進むべき方向性の決断と目指すべきゴールの決定、それができる環境づくり、そして結果に対しての全責任を負うのである。

このチーム型経営と、Ｖ字編隊で飛翔する渡り鳥の姿が重なったのである。

次ページの図表1を見ていただきたい。

カリスマ型の経営は、先頭を切るリーダー鳥の強力な推進力で、後ろに小さな鳥が縦列飛行をするようなものだ。リーダーが強すぎる場合は、後ろを振り返ると後続の鳥が大きく遅れて誰もついて行けないなんてこともある。また、後ろをついて行くだけのメンバーは当事者意識が希薄になりがちである。逆風でも吹こうものならいくらスタミナ溢《あふ》れるリーダーでも疲れ切ってしまうから飛行距離も短くなる。そして最大のリスクは、リーダーが倒れたら終わりだということだ。

図表1　V字編隊飛行の推進力

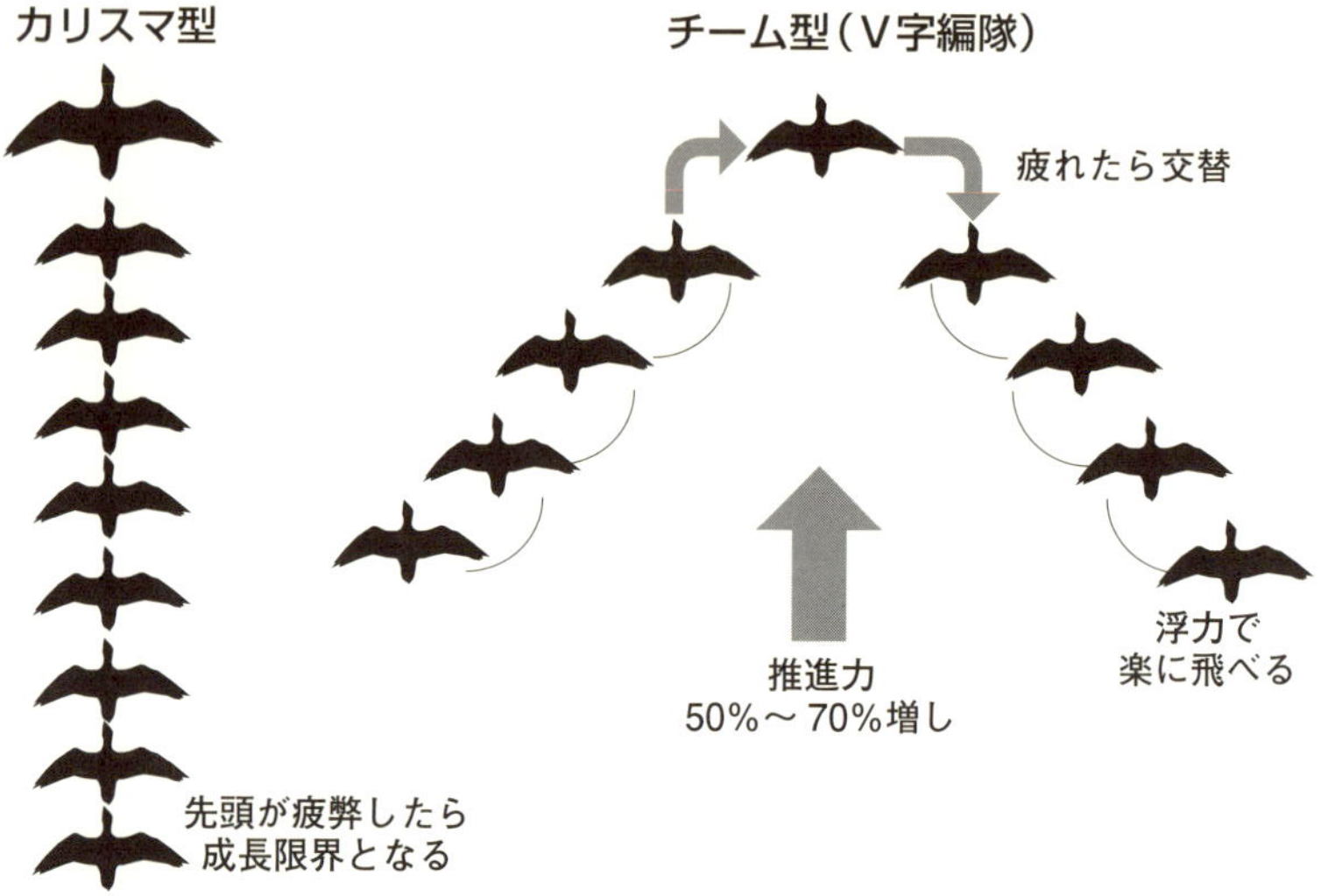

あなたの経営スタイルはどちらだろうか？　もし、カリスマ型であったとしたら、あなたは疲れてはいないだろうか？

このとき「正直、疲れているが、ほかの誰に先頭役を任せることができるというんだ？　あいつもこいつも、先頭役にしたらすぐにヘタってしまう」と、自分の代わりを探してはいけない。あなたのカリスマ性を継げる人財などいくら探しても見つかるはずがない。

それより、これまでのカリスマ型縦列飛行スタイルに固執しないことだ。

実は、こんな縦列編隊で飛ぶ渡り鳥はいない。縦列型の飛び方が自然の理に反して非効率であり、集団による長距離飛行に向いていないからだ。

このことは鳥に限ったことではない。クルマのエンジンもハイブリッドで、状況に応じて自動で切り替わる時代。蒸気機関車のような、先頭車両だけが煙を吐いて引っ張る時代は過去のものになりつつある。

カリスマ型でなくともリーダーが務まる経営スタイルに切り替えるべきだ。

それが、チーム全員で進むべき方向を示す明確なビジョンを共有し、カリスマ型の50～70%増しの推進力を得るV字編隊飛行であり、「**チームV字経営**」なのである。

未来は予測するものではなく創り出すもの

では、V字編隊を組んだ鳥たちはどこを目指して飛ぶべきなのか。

それが、「V字経営」のVのもう一つの意味である「Ｖｉｓｉｏｎ（ビジョン）」である。

私の駆け出し時代は、地方の中堅企業を顧問先に、提案営業の導入、商品開発指導や幹部社員教育などにあたることが多く、経営ビジョンなどと言おうものなら、「先生、ビジョンや理念でメシは食えませんよ」と、鼻であしらわれたものである。

実際、中小企業の経営者に、いきなりビジョンや理念の話をしても、「何のことか」と怪訝《けげん》な顔をされることのほうが多かった。

しかし「わが社を、つかの間の繁盛《はんじょう》に終わらさず、長期的に、安定的に発展する会社にしたい」という思いは、経営者なら誰しもがおもちだろう。

そもそも日本の老舗企業には、江戸時代のむかしから「三方《さんぽう》よし」「奢者必不久《おごれるものひさしからず》」「同族は相《あい》争うなかれ」などと、家訓とか綱領《こうりょう》といったものが残されていて、それを経営の中心において時代を生き残ってきたわけである。これらは経営理念そのものだ。つまり理念経営は、日本でもむかしから存在していて、長期的な安定発展の礎《いしずえ》となっていた。

しかし実際のところ、日夜、切った張ったの企業競争を繰り広げている経営者にとって、理念とかビジョンという用語には、抽象的で、目先の実戦の役には立たないという印象が強いことも事実である。しかし、本当にそうだろうか。

業績停滞企業の再成長戦略をお手伝いするケースが増えると、驚いたことにかなりの規模の会社でも、トップの場当たり的な経営で今日まできていて、理念とビジョンに基づく経営計画や事業開発計画がない会社が目についた。

そういう会社は、企業環境が変わっているにもかかわらず、目先の売上利益を必死に求めるだけで、有効な打開策を打ち出せず漂流をつづけ、次第に業績を悪化させ、立ち往生していることが多い。ビジョンをもたない会社の社長は、「来年はどうなるか」と、目先の動向だけが気になるようだ。株価や円相場などを追うだけで、「来年はどうする」がない。

私は、「未来は予測するものではなく、創り出すものですよ」と申しあげることにしている。経営環境の変動にも右往左往しない理念と、それに基づいて描かれるビジョンを「ブレない経営の中心軸」としてもっている会社ほど強靭《きょうじん》なものはない。

ビジョンが見えないと、人はどう行動するか

事業を継続的に発展させるために、ビジョンがどのくらい重要なものなのか、事例を使って説明しよう。

まず、次ページの写真を見ていただきたい。（巻末に同じ写真のカラー判を添付＝写真①）

この写真は、東京のＪＲ品川駅の１階から改札階へ向かうエスカレーターと階段フロアの様子を、私が撮ったものである。写真をご覧になれば、

- ・上りエスカレーターに人々がつながり、順番待ちをしている人たちが後に続いている
- ・奥の立派な階段は、利用者がいない

ということが見てとれるだろう。

最近は、健康志向で、エレベーターやエスカレーターを使わずに、わざわざビルの階段を上り下りする人たちがいるというのに、なぜこんな現象が起きているのだろうか。

この写真から、その原因を、読者の皆さんに推測していただきたいのだ。

まず答えから申しあげよう。


改札口に向かう人々には、通路の天井が低いために階段の先が見通せない、からである

同駅に実際に立ってみるとわかることだが、改札口への階段とエスカレーターに向かう通路の天井が低く、階段がどこまで続いているのか、近づくまで見えにくい構造になっている。

この階段は実際には27段だが、通路から先を見ると、人によっては40～50段続くように錯覚しやすい。

要するに、通路の天井が低くて、先が見通しにくい。そのため、ほとんどの人が、階段に近づく前に、「エスカレーターに乗ろう」と判断してしまう。たとえ健康志向の人ですら、写真のように改札口に向かう全員がエスカレーターに乗っていたら、「私もエスカレーターで」と考えてしまうのかもしれない。

エスカレーター近くまで歩いてきて先が見通せるようになると、「なんだ、階段で上ってもよかったか」と気づく人もいるだろうが、まあいいや、とエスカレーターの列に並んでしまうのだろう。エスカレーターを選んだ人たちに直接聞いたわけではないが、群集心理のひとつの行動として、実に面白いと思い、とっさにカメラに収めたのである。

ちなみに次ページの写真（巻末に同じ写真のカラー判を添付＝写真②）は、京都駅構内の同じ27段の階段の様子である。ここは先が見通せるから、いつも歩いて上る人が大勢いる。

人間は、先が見通せないと、挑戦せずに、ついつい慣れた楽な道を選んでしまう。

私には、この2枚の写真が、こう語っているように見えるのだ。

企業経営においても、同じことがいえる。

社員は、事業の行き先が見えないと、ついつい手慣れた仕事や楽な道を選ぶ

エレベーター
KALDI

長寿経営に欠かせない経営理念とビジョン

私は、安定した利益を、永続的にあげ続ける企業経営こそ本物と考えている。

そのためには、時代の環境の変化に合わせて、わが社の新たな歴史をつくり続けていくことが欠かせない。主力事業だけで繁栄し続けることは難しい。写真フィルムメーカーが化粧品事業に進出し、造船メーカーが情報システムを主力事業としているように、事業を革新し続けることが不可欠である。

このことは、伝統産業でも変わらない。老舗旅館でもサービスの内容、設備などは革新し続けているし、老舗の和菓子店でも今の時代に合うように、常に味やパッケージ、バリエーションの改良を続けている。

そのような革新を生み出し続けるには、ブレない太い軸が必要だ。それが「何のために事業をやるのか、わが社の存在意義は何か」を明らかにした経営理念であり、その経営理念に基づいて将来「かくありたい」と目指す経営ビジョンである。

つまり「V字経営」の目指すところは、経営理念を起点に明確なビジョンを掲げ、その実現を目指しながら長期にわたって安定した発展を持続させる経営なのだ。

もし社長がビジョンを示さないと、今現在の状態と理想の姿との差が見えない。差が見えなければ、革新はおろか改善の必要性すら感じないまま、社員は「今のままでいいや」と手慣れたことを繰り返す。

実際に私の顧問先の社長は、歳の若い営業部長に「会社に対して意見はないか？」と尋ねたことがある。すると部長から、「何を目指しているのかもわからないのに、意見なんかありません」と返された。このひと言でビジョンの重要性に気づいたという。ビジョンなき経営は品川駅のエスカレーター前に並んでいる人々のように、社員から挑戦する心を忘れさせてしまうのである。

ここで私がいう理念とは、「**いつ何時でも、こうありたい**」という、「初心忘れるべからず」の初心のようなもので、時代を経てもけっしてブレない不変のもの、原点を指す。

一方、ビジョンは、経営理念に基づいた、「**数年後にこうなりたい**」というもので、不変ではなく、時代の変化に対応して5～10年で変えていくものと、私は考えている。

理念やビジョンは、戦略や戦術以上に、企業を動かす原動力となり、企業環境が激しく変わっても、たとえ経営者が交替しても、ブレることなく企業の原点と発展の方向を指し示し、新たな成長を実現させ、長く繁栄を続けるために必須のものといえよう。

ミシン屋はミシンでは守れない

このことを私は、８６年に就職したブラザー工業株式会社（以下ブラザー）で体験した。

当時、同社はまだ「ミシン屋」の色が濃かったが、当時の社内には「ミシン屋はミシンでは守れない。新しいものを生み出そう！」という気運に満ちていた。

その期待を込めて発売されたのが、『ピコワード』というワープロだった。私はワープロの営業部門に配属され、家電量販店を回る営業をした。しかし、そこで見たのは、棚からブラザー製品がどんどん消えていく「棚落ち」と呼ばれる現実だった。

店員に「なぜ、ピコワードがないのですか？」と尋ねると、「だっておたく、新商品を出さないでしょう」とバッサリやられた。次々と新商品を出す東芝、ＮＥＣ、キヤノン他大手メーカーとの開発競争にコテンパンに負けたのである。

「新商品を出さない＝市場退場」を痛感した私は、入社２年目の春に、営業部長に呼ばれてこんな特命を受けた。

「お前はどこへ行っても誰と会ってもかまわない。もう営業はしなくていい。新商品のアイデアだけを探してこい。そして、課長以上が集まった会議で見つけてきたアイデアを発表しろ。面白いのが見つかったら、つくらしてやるわ」

この指示にはビックリした。いわゆる「ブラブラ社員」である。仕事はアイデアを出すこと。傍《はた》からはブラブラしているようにしか見えないからそう呼ばれる仕事だ。

1か月ほど東京都心部をブラブラしてみたが、ちっともアイデアが浮かばない。このときは本当に辛かった。危機意識はあるのに、自分で見つけない限り打ち込む仕事がないのである。焦れば焦るほど、「俺は何をやっているんだろう?」と考えて落ち込んだ。さすがに部長に「何かヒントをください」と泣きついた。すると次のようなヒントを貰った。

「うちはワープロの技術があるからワープロの技術が使えるといいな。それと、俺はハードではなく消耗品で儲けるビジネスがやりたい」

技術×ビジネスモデルで考えてみよ、というわけだ。

この「消耗品で儲ける会社に変わる」は、当時のブラザーの経営ビジョンだった。当時の主力だったミシン、編み機、ドットプリンターなどは、いずれもハードで儲けるビジネスモデルだ。これだと、売れたら大きく儲かるが、競争に負けたら在庫の山になる。当時のブラザーはまさにそのリスクの中で喘《あえ》いでいたのだ。

そこで会社がベンチマーキングしたのが任天堂のファミコンだ。機械メーカーとして、ハードが売れた後に消耗品やソフトで儲けるビジネスモデルは、憧《あこが》れの的だった。

しかし、私の頭には何も浮かばなかった。さすがに自力では限界があると思い、社内のあちこちに何かネタがないかと訪ね歩いた。そして技術者が温めていたあるアイデアにぶつかった。それは小型のワープロだった。紙でなくテープに文字を印字して打ち出し、どこにでも貼れるラベルライターだった。

ワープロの技術を用い、本体よりテープで儲けるビジネスモデルに、直感で「これは売れる！」と判断した私は、次の会議でポンチ絵を描いてプレゼンした。

「本当にこんなものが売れるのか？」「俺は傘の柄《え》に名前を貼ることくらいしか思いつかん」などいろんな抵抗はあったものの結果的にはＧＯサインが出た。

以来、私は営業部門に所属しながら、この商品の企画担当者となった。ブラザーの設計、事業企画、デザイン等の部門を往復しながら、仕様の決定や売上予測などを担当した。

そして、約1年半後、その機械は世の中に出た。国内はＯＥＭ供給したが、海外ではブラザーブランドで「Ｐ-ｔｏｕｃｈ（ピータッチ）」の名前で発売した。狙い通り、ハードはもちろん消耗品であるカセットテープが売れに売れた。米国市場にはどこよりも早く進出した効果もあり、２５年経った今でも６０％以上のシェアをキープしている。

この当時、ブラザーの社内では「消耗品で儲ける会社に変わる」というビジョンにしたがって、ファクシミリやカラープリンタ、通信カラオケ等の事業がほぼ同時に立ち上がった。いずれもヒットし、ミシン事業から情報・通信機器メーカーとして躍進する原動力となった。

そしてそれらの事業の立ち上げを担ったのは、当時20代~30代前半の、私と同じ若者ばかりであった。上司は私たちに「若い頭で何とかしろ！」と言った。私たちはそれを真に受けて「自分たちが何とかするんだ！」という熱い思いで仕事をしていた。

現社長の小池利和《こいけとしかず》さんが『カンブリア宮殿』に出演したときに、司会の村上龍さんは、この上司の指示に驚いて、次のような質問をした。

「普通、そんな指示をしないでしょ。『若い頭で何とかしろ！』なんて言われても、できないじゃないですか」

これに対し、小池社長は「そうですね…でも、『何とかします』と受け止める社員がいたんですね」と答えている。

なぜそれが可能だったのか。私は当時のブラザーの経営理念が影響したと思っている。

当時の経営理念は「輸入産業を、輸出産業にする」だった。昭和9年（1934年）につくられたこの理念は、86年当時はすっかり時代に合わない過去の遺産となっていた。だから社内でも「こんなの意味ないじゃん」と笑う人もいたが、私は先輩から次のように教わった。

「昭和初期の『輸入産業を、輸出産業にする』というのは凄《すご》いんだよ。そのときの常識を変えろ！　というのだから。今流に言い換えれば『ボーダー(限界)を越えろ！』だな」

先輩にそう意味づけされて、すごく勇気が出た。新たな生活習慣を生み出す自分の仕事がとても価値あるものに思えたからだ。

結果的にブラザーは大きな変革を成し遂げ、１００年企業となった。その原動力となったのは、経営理念が醸《かも》し出す社風であり、「ミシン屋はミシンでは守れない」という強い危機感から生まれた経営ビジョンへの憧《あこが》れだった。

そうした経験を活かすべく、私は経営コンサルタントになった。

論より証拠。

「**チームＶ字経営**」を導入して、カリスマ社長から次世代リーダーへの上手な事業承継を果たした３社の事例を、次にご紹介しよう。

2. 靴小売チェーンK社の「チームV字経営」導入効果

後継者の専務に社長交代を拒否されて

K社は、靴の小売チェーン(年商42億円・正社員80人・48店舗)である。

創業者は某地方都市で、地元向けの靴の修理店を営んでいたが、創業者の子息である現会長が、主婦層をターゲットにチェーン店として一挙に業容を拡大、紳士靴や運動靴など商品ラインナップを拡げ、次々に出店し、今日に至っている。

現会長は二代目ではあるが、実質的な創業者であり、カリスマ経営者だ。並外れた事業勘で、地域特性を生かした品揃えをし、新店の好立地を見つけ出し、在庫の回転率にまで目配りして、30店を超えるチェーン店を築き上げた。

K会長と初めてお会いしたのは、まだ会長が社長だった5年前だ。きっかけは経営者を対象とした私の講演会。「カリスマ経営者の後を継ぐ3条件」をお伝えしたところ、さっそく相談したいと連絡をいただいた。社長はお会いすると、いきなりこう切り出した。

「先生、私がご相談したいことは、当社の次の10年をどう進むべきかです」

「私には、次の〝水飲み場所〟がどこにあるのかがわかる。しかし、そこにどう歩いていくのか、その水をどう飲むのか。私はもう68歳です。10年後は80歳近くになってしまう。だから、新しい水飲み場への歩き方は、次の世代が探し当てて、自ら歩んでもらうしかない。先生に、ぜひそのお手伝いをしていただきたい」と。

K社の次の成長を託《たく》されているのは、社長の長男で当時43歳だった専務だ。大学を出てナショナルチェーンに勤めた後、K社に入社。当時は商品部を統括していた。

その頃K社は、震災などの影響により、業績が低迷していた。

社長は「一喜一憂《いっきいちゆう》という言葉があるが、それまで自分は現場で『憂』と感じることがあると自分で改善し、それを『喜』に変えることで店の成長を実感してきた。ところがいつしか『憂』ばかりが増えるようになってしまった」と言う。

そこでこの危機を、代替わりによって乗り切ろうとした。が、専務に社長就任を打診すると拒否された。専務にしてみれば、当時は担当している自部門のことで精一杯で、とても社長の代わりを務める自信がなかったのだ。

しかし、それもやむを得ないことだった。毎月の店長会議は、いつも社長の独演会で、長いときは2時間に及ぶ。何か意見を言おうものなら、小言が何倍にもなって返ってくる。カリスマ経営者の会社にありがちな、幹部がトップの指示待ち族ばかりという状況では、会社全体をみるような戦略思考が育ちにくいのも当然だった。

私がみたところ、別の心配もあった。「社長は自分のＫＫＤ（経験・勘・度胸）に強い自信をもっている。不採算店のスクラップも新店開設も、これまで社長の勘でうまくいっていたが、それが仕組み化されない限り、自分も後継者である専務も不安で前に進めないだろう」

１０年先の水飲み場を目指した中期ビジョン

結果から申しあげると、Ｋ社は中期ビジョン策定後の1年目に、有望商圏と思われる地域に2店、その翌年に3店を新設し、大幅な増益を達成することになるのだが、ことを始める前に「１０年後のビジョンは、将来専務の右腕となる人財がチームを組んで開発することが大切です」と申しあげた。

実は、かつて社長自身でビジョンを立てたことがあったが、自ら立てた計画に納得できず計画づくりを止めてしまったという。またあるときは、これはと思う若手社員5人を選んで、一般に売られている教材をあてがって経営計画をつくらせたこともあった。しかし数字の根拠はと聞くと、メンバー一同しどろもどろになって答えられない。これでは時間の無駄と、以来、計画づくりをしていないというのである。

そこで、社長にはメンバーから外れてもらい、「社長の言う10年先の水飲み場所を目指した3年後のわが社の姿」を、次世代リーダーを中心に中期ビジョンとして開発することにした。いわば、カリスマ経営からチーム経営への一大転換である。

このとき、社長からは、「俺は余計な口出しを必死で我慢するから、夢のあるワクワクする計画をつくってください」と言われた。

また、同社の顧問税理士からもひと言いただいた。「勘ではなくロジックを積み上げた計画を策定し、自分たちの取組の成果が数字で検証できるようにしてほしい」

計画をつくっても、その計画の数字に根拠がなければ、達成時の自信も未達成時の反省も生まれない。ひとり一人の成長につながる計画にしてほしいということだ。

K社の「チームV字経営」のスタート

中期ビジョンを開発するメンバーの責任者は、後継者の専務。そこに専務より2歳年上の商品部長と、30歳代前半の若手店長ら5人が次世代経営チームとして集められた。

K社長が考える10年後の水飲み場は「100店舗チェーン」だ。

「わが社が日本人の足元を変える」が社長の口癖で、社長は日本人の靴をもっとおしゃれにしたい、それをもっとリーズナブルな価格で提供したいと考えていた。そのためには自社のPB(プライベートブランド)商品の比率を一層高めたいのだが、それを可能にするには、100店舗のバイイングパワーが必要というわけである。

その「K社の歩き方」を根拠をもって策定するのが、専務をリーダーとする5人のチームだ。計画づくりを数字の遊びに終わらせないために、まず競合店と自社の比較分析からはじめた。そして放置されたままだった当社の課題を次々に取り上げていった。

次に店頭で起きていることを各店がもち寄り、常に「何が売れているのか、なぜ売れているのか、どうしたら売れるようになるのか」など、お客様満足につながる定性情報を共有した。

さらに勘に頼らず、何事も仕組みで解決していく必要性を感じていたメンバーは、GISの活用とPB商品を強化することにした。

GIS(Geographic Information System 地理情報システム)とは、「地図」や「位置」に関連づけられた様々な情報を集め、「デジタル地図の画面上に様々な情報を重ねて、それらの情報を用いて様々な分析をおこなうシステム」である。(国土地理院の定義から)

近年では、カーナビやスマホの地図アプリで、最短ルート、渋滞回避ルート、最寄りのスポットを検索することが日常的になっているが、ＧＩＳをエリアマーケティングツールとして活用する会社も急増している。

新規出店や退店の是非《ぜひ》を考える、またチラシの配布計画を考えるときにもＧＩＳが経営判断の数字的な裏付けをしてくれるのである。

また、ＰＢ商品ついては改めて説明する必要もないだろう。

自分たちが売りたいものを企画し、それを自分たちで売る。これは人がつくったモノをどう売るかを考えるよりずっと楽しいことである。そのために日報などでお客様の要望を吸い上げて、それをＰＯＳデータで確認し、企画に活かす。その仕組みづくりをメンバー間で話し合い、日々のマネジメントに盛り込んでいった。

社長には「社長はビジョン開発会議には最初ではなく最後に顔を出してください。そこで議論の経過を専務からお伝えします。そのとき質疑応答の時間を設けます」と、伝えておいた。

社長の質問が、次世代経営メンバーにとっては経営者目線を学ぶ貴重な機会になるからだ。

議論の内容はカリスマ社長から見たら「俺がやったほうが早い」と思うことばかりだった。が、社長もよく我慢されて、メンバーが自分たちで考えるように仕向けてくれた。

こうして着手から６か月後、専務をリーダーとする５人のチームで、Ｋ社の中期ビジョン

「HS100」ができあがり、発表会を開催した。

「HS100」とは「ホップ・ステップ・100店舗」の略で次世代経営チームが命名した。ジャンプではなく100店舗としたのは、100店舗はその先のビジョン(ジャンプ)への通過点にしか過ぎないとの思いからだ。

初めての発表会で、専務は、「大変緊張したが、皆にやってもらうにはこのような機会が絶対に必要だ。指示命令ではなく、なぜそれを目指すのか、なぜそれをするのかという根拠を話さないと人は動いてくれない」と痛感したという。

実施後の成果は驚くほどであった。先に述べたように、計画初年度で新たに2店を新設したのだが、前年の7倍の経常利益を稼ぎ出したのだ(もっとも、計画前年は不採算店の処理費等がかさんで経常利益が小さかったこともあるが)。そして計画2年目は、さらに利益が倍増し、創業以来最高業績をあげる上々のスタートとなった。

自燃《じねん》社員続出で創業以来の最高業績を実現

なぜ創業以来の最高業績を実現したのか。

それは「チームV字経営」が本来もっている、全社員参画の仕組みがエネルギー源であったことは間違いない。

中期ビジョン開発から実施の過程で、いちばん変わったのは専務だろう。それまでは、仮に自分が社長になったとしても、メンバーが本当に自分についてきてくれるかどうか不安だったという。時に社員から「自分は社長の部下であって、専務の部下ではない」と言われたらどうしようか…とまで考えたという。

しかし、１００店舗に向けたビジョン開発を任され、「ここは俺がやらなければ」という自覚が生まれてからは、そんな怖さは消えた。メンバーとは朝まで腹を割って話し合い、「地獄の果てまで一緒だ」と思えるまでの仲になれた。専務は現在、彼らのことを「部下」と呼ばずに「友」と呼ぶが、そう呼び合える社内ブレーンを得て、彼は「**自燃《じねん》社員**」へと進化していったのだ。

自燃《じねん》社員とは、「**何をすべきか、自らの責任で考えて、燃えて行動する社員**」という意味だ。何かことを進めるにあたって、人から言われたからやるのではない。自分で考えて、結果責任は自分がとると覚悟して、ことにあたる。自分で燃えて、周囲に火をつける人のことだから、「自燃《じねん》社員」というわけである。

稲盛和夫さんによれば、人間には、次の３つのタイプがあるといわれている。

・**自燃性《じねんせい》の人**（何をすべきか、自らの責任で考えて、燃えて行動する人）
・**可燃性《かねんせい》の人**（周囲が熱くなると、自分も燃えるタイプ）
・**不燃性《ふねんせい》の人**（周囲が燃えても燃えないタイプ）

（編集注）「自燃性の人」「可燃性の人」「不燃性の人」の3つの用語の出典は、稲盛和夫著『京セラフィロソフィ』（サンマーク出版）による

指示命令をバンバン飛ばすカリスマ経営者のもとには、困ったことに自燃《じねん》社員が育ちにくい。「俺の指示通りやれ」と一方的に命じるため、大半の社員は自分で考えることすら放棄して指示待ち族になってしまうからだ。

次世代リーダーにとって大事な資質のひとつは、周囲を巻き込む「自燃《じねん》社員」であることだ。K社では、まず専務が社長の意を汲《く》んで自燃《じねん》社員となった。その火が次世代チームに燃え移り、発表会を通じて全社員経営の土壌がつくられていった。

専務は、各店の社員からパート社員の目つきまでが変わってきたことにも驚いている。ある店では店舗の社員たちが自ら企画して、子供の足型測定会を開催、来た子供に風船をプレゼントするイベントを開催した。このイベントの模様は社員のスマホから即座に本部に

伝えられ、全社でシェアされた。また、イベント時に「足型に関する知識が足りない」と感じた社員たちは、知識を吸収したいと自ら進んでメーカーの試し履《ば》き会に参加した。こうしたボトムアップの行動は、それまで考えられないことだった。

「なぜ目指すのか、なぜやるのか」。それを、専務をはじめとする次世代経営チームが繰り返し伝えているから、自燃《じねん》社員が増加したのである。

これこそ、創業以来の最高業績を実現した、いちばんの要因である。

ビジョン開発から５年後、専務はＫ社の三代目の社長に就任した。逞《たくま》しくなった新社長と次世代経営チームを眺めながら、近い将来にＨＳ１００を実現し、次の水飲み場に向かうことができると、Ｋ会長は確信しているのである。

3. 新聞販売・弁当宅配A社の「チームV字経営」導入の成果

新聞を読まない時代に生き残るために

A社（年商11億円・社員130人）は、某地方都市の新聞販売業を営んでいる。

創業者は手堅い経営で商圏を拡げて、数紙を扱う複合店として、営業所10店を擁《よう》する地域の有力販売店に育てた。

一般に新聞販売は、パートの契約社員や新聞奨学生と家族でまかなう会社が多いが、同社の場合は正社員が100人以上いる。正社員の比率を多くしたのは、90年代後半に、社長が顧客満足の重要性と、それを生み出すための社員満足の重要性に気づいたからだ。

新規顧客を開拓する活動は、既存客を維持するコストの8倍かかるといわれている。既存のお客様に今以上に喜んでいただくためには、ただ新聞を配達するだけで終わらせず日常のコミュニケーションが欠かせない。そのため、業界でも異例の従業員の正社員化を進めたのである。

たとえば、同社は3年に1度、全顧客に対し、お客様アンケートを実施している。そのアンケートを元にサービス内容を改善し、かつ社長がすべて直筆の返事を書いている。そうした取り組みにより、同社は地域住民から信頼されるナンバーワン新聞店となった。

しかし、近年はインターネットの普及で、若い世代の新聞離れが顕著になり、業界全体の落ち込みが止まらない現実がある。後継者難で廃業する販売店も少なくない。つまり、「10年後の明るい未来」が描きにくい業界なのである。

同社の現在の社長は、創業者の子息で二代目だ。社長は57歳で、子息は27歳。自分が65歳になったら、子息に会社を譲ろうと考えている。あと8年だ。

それまでには、子息が喜んで継いでくれるような会社にしたいと、新聞販売だけに頼らず、配達網を利用した新事業にも挑戦してきた。

最初は近隣の農家支援をうたって、有機野菜の通販を手掛けてみたが、苦戦を強いられた。なぜなら、生鮮品の取り扱いに不慣れなため商品ロスが多く出たり、そもそも有機野菜が高価なため、どうしても、近隣スーパーの安価な野菜にお客が流れてしまうからであった。

次に、地元の惣菜業者G社と提携して、弁当のケータリングを始めた。

地元に全国チェーンの弁当宅配業者が進出してきたことに危機感を募《つの》らせていたG社は、A社の提携話にすぐ乗ってきて、新聞配達するお宅からの弁当の受注・宅配・集金サービスを実施すると、これが月間1600食と大当たり。翌々年には、牛乳・ヨーグルト宅配も開始し、1日650本の実績をみるようになった。

ところが、肝心の新聞販売の下落に歯止めがかからずに、かつては新聞販売だけで10億円以上あったのに、10億円を割り込んでしまったのである。

この段階で、私のところに経営指導の依頼がもち込まれた。

A社長とは、A社が主催をしている地域の経営者の勉強会に、私が講師に呼ばれたのがご縁だ。そのとき私は「営業目標達成の仕組み」について講義したのだが、A社長は、「その目標達成の仕組みを自社にすぐ導入したい」ということになって、お付き合いが始まった。

当時の営業所長を対象に、営業目標から逆算して、ポスティングをどれだけやればいいか？顧客訪問を何軒やらなければならないか？　それまで各自の自己流に任せていた新規顧客開拓の方法を一新し、反応率の高いやり方をどんどん採用して、水平展開していった。そうこうするうちに、所長が育ち始めた。今月は目標に行った行かないという結果だけを語るのでなく、「当営業所の問題は…」と、結果に至った原因を語る人が増え、売上の下げ止まりが見えてきたのである。

この間、A社長が口癖のように語ってくれたことは、「酒井先生、新聞配達は朝刊時と夕刊時の1日に2度出勤する特殊な勤務で過酷な労働です。できるだけ彼らの負担を減らしてやりたい」ということであった。

その実現のためには、会社の事業構成のあるべき姿を描くことと、業務のやり方の徹底した見直しが必要だと考えた私は、社長に中期ビジョンを開発することを提言した。それを機に、A社の中期ビジョンを考えるための、次世代を担うリーダーたちが招集されることになった。

5年後の4月に社員300人で花見をする

「チームV字経営」では、次世代を担う人たちがチームを組んで、次の5年～10年のビジョンを開発し、そこへ到達するための歩き方を、全社員の具体的な行動計画にまで、それぞれが納得のうえ、1年ごとに落とし込む。

そこで、10店舗から選ばれた若手社員10人によるチームを編成し、5年後に向けた「経営ビジョン」を策定する合宿が実施された。

「チームV字経営」の大きな特徴は、「経営の見える化＝ビジョン化」である。経営ビジョンの策定にあたっても、社長から役員、幹部社員や末端の一般社員まで、同じ映像を頭に浮かべながら、それぞれが考えて共有できることを重視する。

そのためには、「将来のあるべき姿」を考えるにあたって、理屈で考える左脳だけでなく、感性が支配する右脳も使わなければならない。理屈だけのきれいごとを、文字だけで並べたビジョンでは、全社員レベルで共有されにくい。

そこで、文字でなく映像で、将来の姿を考える。

具体的には、未来のある日、「メンバー全員の思いが実現している情景」を、各メンバーが思い浮かべ、その映像を共有する。そしてそれを実現できたいちばんの要因は、あれがあったからだ、こんなことに恵まれたからだと空想する。ここで大事なことは、現在の姿から未来を想定するのではなく、将来のあるべき姿から、現在までを逆算して具体化していくということである。

そうすることによって、将来のあるべき姿を実現するためには、いま何をしなければならないか、現状との差が、チーム全員の共通認識として明確になってくる。

では、A社の次世代経営チームのメンバーが5年後の姿をどう描いたか。結論から申しあげると、チームが打ち出したビジョンは、なんと「5年後の4月に社員300人で花見をする」というものであった。

業績の下げ止まりから再上昇へ

新聞業界は４月がかき入れ時だ。転勤や、大学や専門学校の新入生などが集中し、休日も返上して拡販に回らなければならない。テレビで花見の光景を見ることはあっても、社員が集まって花見をしたことがないというのが現実である。

満開の桜の下で、全社員が集まってワイワイ花見をする。何とも楽しい光景だ。

このときの社員数は、現在の１００人から、５年後は３００人と想定している。

新聞販売という本業は死守していくが、新聞販売事業だけを拡大していったのでは、とうてい３００人が一堂で花見に行く暇はとれない。５年後の事業構成の５０％は、新聞販売以外の事業でなければ、花見に全員で行けない。

そこで、新聞配達固有の「ラスト５メートル」機能を活かし、弁当をはじめとした宅配事業、アナログな顧客接点が多いことを強みに、情報弱者や買い物難民になりやすい高齢者へのサポート事業を想定した。また地域に密着しているからできる、定年退職者や奥様のためのカルチャースクールや講演会などのカルチャー事業も、事業の柱として伸ばして、地域になくてはならない存在となる。

新聞事業以外の事業構成比を高めていけば、「全員で花見」が実現するはずだ。

４本の事業を軌道に乗せて、「５年後の４月に全員花見」というビジョンを実現するためには、初年度は何に着手するか、２年目は、３年目はと、メンバーの頭に中期経営計画がありありと描かれていったのである。

もちろんその過程で、実行可能な施策にするため、社長と次世代経営チームのすり合わせが何度もおこなわれたのだが、社長は「５年後の花見」という楽しいビジョンに大賛成で、新しい事業の柱として、「高齢者のサポート事業」がいちばん見えやすいから、まずこれからスタートさせたらどうか、人員の配置はこうしたらどうか、５Ｓを徹底して業務の効率化を図るのはどうかなど、次世代経営チームと何度もディスカッションをした。

こうして全社員が目指す「花見ビジョン」は、翌年から実施されたのだ。

推進リーダーの社長の子息は自燃性《じねんせい》を発揮して、若いながら一戦力として精力的に新規開拓に邁進。１０店舗の所長クラスも、「花見ビジョン」に共感して火がつき、弁当や牛乳の宅配顧客の新規獲得や、高齢者支援サービスの市場調査に気が入ってきた。会社全体が、次の成長目標に対して確実に前に動き出したのだ。

そして計画初年度の実績は、売上５％のアップとなって表れた。なんだ、わずか５％か、と思われる読者もいらっしゃるかもしれない。しかし同業者は相変わらず２％ダウンの中だから、Ａ社だけが下げ止まりに成功したということである。

翌２年目は、さらに８％アップし１２億円となったが、新聞販売事業は微減で、その分を弁当宅配事業の売上アップがカバーした。この間に、地域の高齢者向けに、機能回復デイサービスをスタートさせている。

社長はこの変化を見守りながら、社長をバトンタッチするまでに、新聞販売業の多角化ノウハウ、本業死守ノウハウ、ＣＳノウハウ、経営管理ノウハウを確立し、後継者不足に悩む新聞販売業界を救う一助にしたいと考えている。

4．Ｈ鉄工の「チームＶ字経営」導入効果

操業停止に追い込まれる

Ｈ社は、大型プレス加工メーカー（社員数１５０人・売上３３億円）である。大手輸送機器メーカーの下請け色が強く、売上の８０％を特定の一社に依存していた。

同社の専務は３９歳。二代目社長の長男で、次期社長である。私が若手経営者の勉強会の講師をした時に、「相談したいことがある」と本人から連絡をいただいた。

訪問すると、そこには社長もいらっしゃった。社長は７２歳。見た目はお元気だが持病をおもちで、いつそれが発症するかわからないという。そのため、実質的な権限をどんどん専務に渡している最中だった。

ご相談内容は「現在の管理職を次の経営層に育てたい」であった。

専務がこの想いを強くしたのはリーマンショックの時だという。同社はそれまで親会社から注文がどんどん入ってきて、２４時間操業や人員の補強なども検討していた矢先だった。オーダーが突然ゼロになった。やむなく操業停止、社員は自宅待機させた。約３０名いた

派遣社員は全員解雇した。

このとき、専務には頼りにしていた幹部が１０人いた。４０代半ば〜３０代半ばの部課長クラスである。

専務は同社に入社したとき、直感的に感じたことがある。それは、自分がいつかＨ社の社長になったとき、仮に社長に要求されていることが１００だとすると、１００全部をひとりで背負うことはとてもできないということだ。

この会社を大きくした今の社長ならできるかもしれない。しかし、途中から参加した自分にできるのはせいぜい３０くらいではないか。残りの７０は手分けして誰かにやってもらうしかない。自分にはその仲間が必要だ。その候補が専務と歳の近い１０人の部課長たちだった。

ところが、会社が大変な危機に瀕《ひん》したとき、彼らから「ああしましょう、こうしましょう」という発言はなかった。ただ社長と専務からの指示を待つだけだった。

「もの足りないな…」

そうイライラしていたときに、今度は東日本大震災が起きた。仕事のオーダーは再びストップし、Ｈ社は再び操業停止に追い込まれた。

が、このときも彼らはただ指示を待つだけだった。

「これではいけない。何としても自分が社長になる前に彼らを鍛え、もっと自主性を発揮してほしい」。そう考えていた専務は、私の「チームV字経営」の話を聞いて「これだ！」と閃《ひらめ》いたのである。

私が最初に専務から聞いた同社管理職の主な問題点は以下の通りであった。

①主体性がない
②会社全体の問題指摘ができない
③他責化する傾向がある
④自分の仕事に追われ部下育成ができない
⑤部門間のコミュニケーションが不足している

また同席した社長は、次のように言った。

「彼らは非常にまじめで、言われたことに対しては誰よりも一生懸命やる。が、いかんせん、おとなしい。その原因は、『あれしろ、次はこれしろ』と指示ばかりして、自分自身で考える環境を与えてこなかった自分にある。それを何とかしたい」

専務が社長になるまで、数年しかない。それまでに文字通り次世代経営チームを育てたいとのことだった。

次世代経営チームを育てる

そこでまず、私はメンバーたちの主体性を引き出すことから始めた。

そのときのＨ社の経営計画は、社長から現場に落とされ、現場はそれに粛々《しゅくしゅく》と従って行動していた。月次の会議で生産性や納期遵守《じゅんしゅ》の面で思うような成果が出ていないと、社長や専務から「なぜできないのか！」と厳しく追及された。会議では「できなかった言い訳」をするシーンや、叱責に沈黙するシーンが多く見られた。

これは典型的な強制計画である。強制計画とは、現場の人が「強制的にやらされている」と感じる計画だ。

そこで私は納得計画のつくり方を指導した。納得計画とは、与えられた目標値に対し、幹部と現場が一緒になって「どうしたら、この目標を達成できるのか？」について、それぞれの意見を出し合い、皆でつくり上げるひとり一人の納得感が高い計画のことだ。

自分たちでつくる計画だからメンバーの納得感が高く、主体的に取り組みたい！　という意欲が強い。また、思うように進まないときはやり方を振り返り、自発的に改善する。そして何より目標達成したときは達成感がある。

そして、半年程度でできる組織横断型の課題を自分たちで設定し、納得計画を立案・実践してもらった。

このとき彼らが選んだ課題は、「溶接加工のA君を業界の技能コンクールでチャンピオンにする」だった。テーマとしては小さいかもしれないが、メンバーが嬉々として話し合っている姿をみて、H社の最初の一歩としてはちょうど良いと感じた。

半年後、A君は自動車部品メーカーの一流職人たちを押しのけて、同社初の技能チャンピオンに輝いた。H社のような小さな会社が受賞するのは前代未聞のことで、社内中でその快挙を讃《たた》えた。そして、これからは何事も納得計画をつくって実践しよう！　となった。

納得計画Vプラン

私の指導では、納得計画のことをV字経営にちなんで「**Vプラン**」と呼んでいる。Vプランは人財育成に限らず、組織の生産性向上や受注力向上など、様々な目標達成に応用できる。

同社は年度計画の策定や改善計画の立案時にＶプランを作成し、目の前の課題をいくつもクリアした。

こうして専務が期待する部課長クラスに少しずつ自主性が見えた段階で、Ｈ社は５年先のビジョン開発に取り組んだ。

それまでＨ社は５年先のビジョンを考えたことはなかった。なぜなら同社は受注の８割を特定の一社に頼っていたからだ。ビジョンを描いても、その一社の動向次第で未来はいくらでも変わる。だから、つくっても仕方がないと考えていたのだ。

しかし、専務もこのまま一社依存の経営を続けるのがよいとは考えていなかった。いつまたリーマンショックのような事件が起きるかわからない。そのとき社員とその家族を守るには、一本足打法から数本足打法に変えていく必要がある。

私は「未来が見えないからこそ、未来を見出すビジョンを皆で描きましょう」と専務に提案した。専務もまた、社員のモチベーションの使い途を考えていた。課題が明確で任せれば社員はそれを楽しみ動き出す。そのための進むべき方向性と課題を示してくれるのが、ビジョンだ。専務はその必要性を強く感じた。

そこで、その必要性を専務から社長に進言。社長の了承を得て、メンバーを集めたビジョン開発合宿がおこなわれた。

その合宿の冒頭で、社長は次のように述べた。

「今のままでは次の時代は生き残れない。これからの時代は社長や専務でなく、自分たちがつくる。そのつもりで取り組んでほしい」

後《あと》を託《たく》す期待を込めた言葉だった。

経営幹部がイエスマンから自燃《じねん》社員へ変身

ところがその合宿で、ある事件が起きた。合宿初日に専務が別件で3時間ほど離席したときだ。あるメンバーが「当社は離職率が高いが、辞めていくのは専務のせいだ」と発言したのである。

その意見に多くのメンバーが賛同した。「給料がちっとも上がらない。だから一定のスキルを身につけた30歳前後の社員がこれからというときに辞めてしまう」「何度も給料を上げてくれと交渉したのに応えてくれない専務が悪い」

会議室は、専務批判の大合唱となった。

この合唱は専務が戻ってきたときには止んだ。が、私はそれを専務に素直に伝えた。専務は相当ショックを受けたようだった。そして翌日、専務は皆に向かって次のように語った。

「昨夜のことは酒井先生から聞いた。自分はイエスマンではなく、本当のことを言ってくれる人を周りに置きたいと思っていた。皆が正直なことを言ってくれるのは嬉しい」

「そして、皆の意見を聞きながら、こんなことを考えた。今のＨ社をつくったのは自分ではない。だから、自分にも『こんな会社にした社長が悪い』と言いたいことだらけだ。が、そんなことを言ったところで、結局何も変わらない。困るのは自分自身だ。

給料水準もそうだ。どう逆立ちしても、当社が大手に勝てるわけがない。それを、会社のせいにしたところで、社員に辞められて困るのは自分たちだ。

だったら、今の自分たちにできることは何かを考えよう。自分も人のせいにするのを止めるから、皆も人のせいにするのは止めよう。部下を育てるために、やっていなかったことは何か。それを書き出してやっていこう」

この議論を機にＨ社のメンバーは変わった。専務が自分たちの意見を真摯《しんし》に聞いてくれた器の大きさが、彼らに自燃性《じねんせい》の火を点《とも》したのだ。

このとき策定したビジョンで、Ｈ社は5年後の売上を１３５％アップに設定した。一社依存体質を改め、新規先を全体の４０％にまで高めるこの計画は、特装メーカーＹ社からの受注成功などもあり、確実に実現に向かっている。

また、この合宿以降、若手社員の離職が嘘のようになくなった。これはビジョンの中に「人が育つ職場づくり」を織り込み、社内研修を充実させたこともあるが、それ以上にメンバーが毎日うるさすぎるくらい声がけをし、チャンスを与え、ひとり一人の取組を承認するようになったことが大きい。

この様子を見ながら、専務は同社のビジョンが「自分たちが前に進まないといけないという『経営の外枠』の役目を果たしている」と感じたという。そして、自燃性《じねんせい》を発揮しはじめた幹部を見ながらビジョン実現を目指す経営に変えて本当に良かったと振り返る。

それからしばらくして、専務は社長に自分から進言した。

「自分もいい歳です。同業者は皆、代替わりしています。社長が元気なうちに自分が社長になって、社長は会長として自分を厳しく見守っていただきたい」

社長は、そのひと言を待っていたようだったという。

その半年後、専務は社長就任を果たした。私と講演会で出会ってから、4年半が経過していた。

チームV字経営

第1章

代替わりしても稼ぎ続ける

1．何代も繁栄する経営を目指して

100年続いた会社の社長から地銀行員への質問

「チームV字経営」でもっとも重要視することは、導入した会社が、長期にわたって安定的に発展し続けることだ。

ではなぜ、会社が長期にわたって発展し続ける必要があるのだろうか。

ここで、私のコンサルタント経験の中で「なるほど、だから長期持続的な成長が必要なのだ」と痛感した出来事を2つ紹介しよう。

ある地銀の行員のSさんと創業100年を越える酒卸問屋を訪問したときのことだ。

Sさんは私よりひと回り以上若い友人で、その当時、大学の社会人スクールに通っていた。

そして「今、老舗《しにせ》の事業承継について研究している。ついては後継者の方に会って事業承継のときの想いなどインタビューしたい」と私に頼んできたのである。

そこで、私は顧問先であった酒問屋の社長の元にSさんを連れていった。社長は三代目で当時48歳。その頃同社は酒卸問屋プラスαの新規ビジネスとして、コンビニや外食産業などに進出し、事業の多角化を図っていた。

友人は社長に事業承継当時の様々な想いを聴いた。そして、ひと通り質問が終わったところで、今度は社長がSさんに質問をした。

「地銀の行員ということでSさんにひとつお聞きしたいのですが、よろしいですか?」

「今ここに2つの会社があるとします。1社は、100年を越える老舗《しにせ》の蔵元です。その地域のシンボル的な存在で、地元の人から愛されています。しかしながら、昨今の日本酒離れで業績は下降を続けています。もう1社は、創業10年くらいですが、成長産業で業績も好調です。若い社員が多く、有望企業としてマスコミからも注目されてます。さて、Sさんはどちらを支援したいですか?」

この突然の質問に、横で聞いていた私も驚いた。

そしてSさんは、次のように答えた。

「それは成長産業のほうを支援したいです」

私も同感だった。銀行員ならSさんと同じ答えである。

地域の文化・誇りを守るための長期持続経営

それを聞いた社長は小さくうなずいて、「確かにそうだろうな」という顔をした。そして、Ｓさんのほうを向いて次のように語った。

「その気持ちはわかります。銀行員として当然でしょう。が、ちょっと考え方を変えてほしいのです。先日、創業１８０年の老舗《しにせ》の蔵元が倒産しました。世間の人はそれを『あの会社は経営努力が足りないのだ』で片づけました。しかし私は、『そんなに簡単に片づけていいのか？』と疑問に思いました。１８０年続いた蔵は地域のシンボルです。そのブランドは地域の資産のはず。会社が倒産すれば、それすら消滅してしまうのです。地元の銀行はもちろんですが、地域の人がそれを守ってやれなかったのか。それを思うと、とても悔《くや》しいのです。経営は負けたら終わりの麻雀のゲームではありません。地域の文化や誇りを守る大事な使命もあるのです」

これを聞いてハッとさせられた。確かに、老舗《しにせ》企業は地域の象徴であり、精神的支柱である。Ｓさんも私もそのような側面を完全に見落としていた。

社長は、さらに続けた。

「ですから、そういう老舗《しにせ》を援《たす》けてあげるような銀行員になってほしいのです。しかし、ただ融資しろというわけではありません」

そう言って、社長はテーブルの下から１８０mlの紙パックに入った小型の日本酒を取り出した。そしてそれを手にもって、「こういう紙パックに入れて日本酒を販売して売上を伸ばしている蔵元もあります。老舗《しにせ》がこのようなパック化をしても同じように売れたかどうかはわかりません。が、苦しんでいる老舗《しにせ》を立ち直らせるためにそういうことを提案する、そんな銀行員になってほしいのです」

これを聞いた私は、衝撃を受けた。

この蔵元が苦しんだのは、発展する社会の中で、「今、求められる日本酒の姿」に気がつかなかっただけである。一升瓶での流通、祝いの宴《うたげ》の必需品…そんなニーズを追っても衰退するのは明白だ。誰かがそのズレに気づかせることができれば、事態は変わったかもしれない。

社長が語ったのは、まさにコンサルタントの存在理由そのものだ。そして、Ｓさんと同じように成長産業に惹《ひ》かれた自分は、そんな当たり前のことをわかっていなかったと痛感したのである。

長く続くことは大事である。家族を養う社員のことを考えれば、それは当たり前のことだ。

しかし、それだけではない。企業は地域の文化や誇りに大きく影響を与える存在だからこそ、何代にもわたって繁栄し続けるべきなのだ。

お客様の財産を守るための長期持続経営

もうひとつ、企業の長期発展の必要性を痛感させられた出来事を紹介しておきたい。

ある機械メーカーで、幹部数人で２０年先のビジョンを考える支援していたときである。

同社では5年先ではなく１０年先でもなく、２０年先のビジョンをつくっていた。

同社にはかつて２０年後のビジョンを掲《かか》げ、それを目指した歴史があったからである。このとき、プロジェクトメンバーの若い役員からこんな質問を受けた。

「先生、ビジョンというのは、売上○億円とか、利益○億円というように、絶対に数字が入っていないといけないものなのですか？」

これに対し、私は次のように答えた。

「もしこれが5年後のビジョンだとしたら、具体的な目標がないと詳細な計画を詰められませんから、数字目標は必須です。ですが、２０年後のビジョンは、そこまで具体的でなくてもかまいません。『これを目指そう！』と聞いたときに、皆の胸が熱くなる夢のようなものでＯＫです。それより『業界ナンバーワンになる』『海外のお客様にこれだけ展開している』、

『こんな夢のような機械をつくる』『機械だけでなく、福祉サポート企業としても必要とされている』など、そういう状態的なビジョンでＯＫです」

すると彼は嬉しそうな顔をしてこう言った。

「そうですよね！　『２０年後に売上や利益が何億円の会社を目指そう！』なんてことを掲《かか》げても、喜ぶのは銀行だけですもんね！」

これを聞いて私は笑ってしまった。確かに、ここに設備投資計画でも入ってくれば、銀行は興味津々だろう。

そして彼はこう続けた。

「僕たちは、売ったお客さんと５０年、１００年とお付き合いしたくて、この仕事をやっているんです。うちの機械を５０年近く使っていただいているお客様は今でもザラにいます。そんなお客様の機械がずっと使えるようにメンテナンスをし、部品供給していかないといけない。もちろん、時代のニーズに合わせた最先端の機械も提供していかないといけない。銀行を喜ばすために事業やっているんじゃないんです。お客さんのためなのです」

私はこの言葉を聞いて感動した。

長く続くのは、商品をご愛顧いただいているお客様のため。そして、そのお客様にさらに喜んでいただくために、次の商品をつくるという。

ほとんどの企業がビジョンを考えるとき、「自社がどうなりたいか」から発想する。自分たちの未来なんだから、自分たち基点で考えて問題はない。

が、この会社には「自分のため」という視点がない。「お客様のために自分たちがある」という発想だ。「お客様のために」を考え続けていると、自社の商品やサービスのどこを変えていけばよいかが見えてくる。

「お客様にとって良きことをわが社にとって良きことに」。この考え方がビジョンを生むのだが、後継者にはこの考え方をもっていただきたい。

同社が提供する機械設備は、客先で今日もお客様の売りものを生産している。お客様にとっては生きるための糧《かて》であり、世代を超えて受け継いでいく財産である。

その財産を守り続ける。そのために、企業が長期発展し続ける必要があるのだ。

2. 企業永続発展の条件

あなたはあと何年、社長業を続けられますか

コンサルタント業25年、ベテランの創業社長、小さな事業を親から受け継いで、地域の代表企業にまで育て、中興の祖といわれるような二代目社長、80歳を超える高齢で今も現役バリバリの社長、トップが交通事故で急逝され、突然経営を任された娘婿社長など、さまざまな経歴の経営者と直接かかわりをもった。

そして、生まれも育ちも社長となったいきさつも、それぞれ異なりながら、皆さんに共通しているのは、「自分の代で、持続可能な成長力を育て、長く続く素晴らしい会社を築きたい」という熱い想いだ。

しかし現在の日本に260万社(国税庁調べ)以上あるといわれるすべての企業が、社長の望むように、成長発展をいつまでも持続できるかといえば、けっしてそうではない。

他社との有意差がなくなって伸び悩み、次第に業績が落ち込んでくる。無理な成長拡大を狙って債務超過になり身動きが取れなくなる。後継者の力不足から企業承継に失敗する。企

業が100年続くどころか、途中で消滅してしまう例のほうが圧倒的に多いのである。

ここで読者の皆さんに問いたいことは、

「あなたはあと何年、社長業を続けられますか」ということである。

ここに、衝撃的な調査結果がある。

中小企業庁が2016年4月に発表した最新データによれば、中小企業の経営者の高齢化が進み、年齢分布のピークが、この20年間で47歳から66歳と、19歳も上昇しているのだ。ほぼ1年に1歳上がっている。

もしこのペースがそのまま続くとしたら、計算の上では、10年後には経営者年齢のピークが75・5歳、20年後はなんと85歳になる。

2014年の日本人の平均寿命は、男性80・5歳、女性86・8歳だから、経営者の年齢上昇ペースを抑えない限り、20年後には、経営者の年齢ピークが日本人の平均寿命を大幅に上回ることになるから、大半の中小企業が存在できなくなっている計算だ。

いかに優秀な社長といえども、生身の人間には変わりがない。たとえ100歳まで生きられたとしても120歳は到底無理だ。皆さんが社長業を続けたとしても、どう頑張っても、現役として活躍できる残りの年数は限られている。社長がこの世からいなくなるのと同時に、手塩にかけた企業までが消滅するというのでは、あまりにむなしい。

わが社の成長を持続させ、かつ永続発展させるために、自分はこれから何年、社長として現役でいられるのか、また現役でいるうちに、自分の次の代にどう継承して、事業を継続させていくのかを真剣にお考えいただかないと、わが社消滅の危機が待っているのだ。

3つの経営スタイル

多くの社長の考え方を伺っていると、次の3つの経営スタイルがあることがわかる。

①事業規模を急成長・急拡大させて、上場を狙う（積極拡大経営）
②事業規模はそこそこでいいから、堅実で社員がイキイキしている会社に（堅実安定経営）
③事業を継続させていくために、企業価値を上げてM&Aする

かつてバブル期には、地方の経営者の中でも、①の積極拡大派が元気であったが、近年、とくに2008年のリーマンショック後は、②の堅実安定派が多くなってきたのが実感だ。

欧米のようなドライな感覚で企業を売却するという③は、まだ少数派だが、後継者難のために、事業継続のためにやむを得ずという例が出てきたことも事実である。

さて、あなたはどのタイプの経営者だろうか。

事業の永続発展ということから考えると、①の経営者は、多くがワンマン・カリスマ経営者化して、そもそも後継者が育ちにくい。

②のタイプは、①よりは後継者が育ちやすいが、後継者候補の計画的育成を忘れると、同じく事業の継続は望めない。

積極拡大経営に挑むにしても、堅実安定経営を続けるにしても、あなたはこれから何年、事業の先頭に立つことができるのだろうか。いずれの経営を続けるにしても、あなたの経営意図と手法を理解して、事業を継続発展させてくれる後継者が、必ず必要になってくる。

もし後継者づくりに失敗すると、急成長も安定成長も絵に描いた餅《もち》に終わるだけだ。事業を継続させるだけなら、残る③の道があるが、あなたは納得できるだろうか。

カリスマの下では自燃《じねん》社員が育ちにくい

そう考えれば、いち早く後継者を育てたいところだが、悩みは尽きない。社内の後継者候補を頭に思い浮かべてみるものの、次のような不安が次々と浮かんでくる。

①任せたいが、社長という責任の重さに耐えられるだろうか？
②金融機関が自分と同じように信用してくれるだろうか？
③取引先が自分と同じように関係を維持してくれるだろうか？
④社員が自分と同じように支持、理解してくれるだろうか？
⑤役員や幹部が自分と同じように盛り立ててくれるだろうか？

こうした悩みが浮かんでくるのも無理はない。

私のみたところでは、今の中小企業の９割はワンマン経営である。そうでないと回らないというのが現実だ。

ワンマン経営は、人材の少ない中小企業にとって、必然的な選択だろう。

かつて中小企業経営の神様といわれた、経営コンサルタントの故一倉定《いちくらさだむ》氏は、「郵便ポストが赤いのも、電信柱が高いのも、すべて社長のせい」という名言を吐《は》かれたが、私はコンサルタントになった当時は、その言葉の本当の意味がよくわからなかった。しかし、中小企業への「V字経営」導入例が増えていくに従って、一倉氏の真意が飲み込めるようになった。

私がお手伝いする多くが、中小企業経営者で、その多くがワンマン経営である。ところが、お手伝いの過程で、業績不振の原因を、「役員がボンクラだから」「ろくな社員しかいない」と部下のせいにしたり、あげくには「経済対策が後手すぎて経営環境が悪すぎる」と政治や役所に文句をつける。そんな社長の場合は、指導依頼をお断りすることもある。

業績に対する最高責任者が、業績不振を他人のせいにしていたのでは、いつまでたっても業績回復の対策が生まれないだろう。他人のせいにしても、明日も、明後日も何も変わらない。落ち込みが続くだけだ。周囲の多くの意見を取り入れながらも、最後は社長が決め、その決定責任をとる。つまり、ワンマン経営とは、ワンマン決定責任経営のことなのだ。

そして、何から何まで、すべて、最終決定者の社長の責任なのである。

「役員がボンクラなのも、ろくな社員しかいないのも、その結果、業績が悪くなったのも」、すべて社長の責任だということである。良くも、悪くも、すべて社長の責任。それを極言して、一倉氏は「郵便ポストが赤いのも電信柱が高いのも社長のせい」と表現されたのだ。

「そうか、不振の原因は社長である俺だった。俺が変わらなければ、何も変わらない」と気づき、「よし、変えよう」と腹《はら》をくくることから、再成長が始まるということである。

そして、ワンマン決定責任経営で、会社の業績が伸びていくと、次第に社長がカリスマ化していくものである。

創業者や中興の祖と呼ばれる人は、これまで何度か訪れた企業継続発展の危機に際して、それを乗り越える思考力や行動力を発揮して今日がある。

「社長の判断には舌を巻く」「この社長についていけば間違いない」と、周囲は信頼し、また社長も自分の経営判断に自信をもつようになる。実際、社長の技量と器《うつわ》も、危機を乗り越え、業容が拡大し業績が上がるにつれ、確実に成長していく。

もともと中小企業で、いちばん経営能力のある人材で、危機突破能力にも飛び抜けているのが社長だ。だから事業がうまく軌道に乗り業績が拡大していく過程で、ワンマン経営の社長にカリスマ性が備わってくることになる。

それ自体はけっして悪いことではないのだが、問題は、役員がイエスマンになりやすいことだ。

なぜならカリスマ社長のもとでは、役員は自分で考えることを放棄するほうが楽だからだ。

実際に、カリスマ経営者の後を継いだ広告代理店の社長に「いい役員と悪い役員は何が違いますか」と聞いたことがある。

彼は先代の肉親でもなんでもなく、サラリーマンから会社を継いだ人だったが、はっきりとこう言った。

「私に意見具申するのが良い役員」

「何も言わないのが悪い役員」

同社には後者のような役員が大勢いたのだ。

この社長によると、彼らも一度や二度は先代に意見具申したことがあるという。しかし「そんなのはダメだ！　１０年早い！」「黙れ！　いちいちお前から言われたくない！」あるいは「お前は『デキル』と言ったじゃないか。上手くいかなかったのはお前のせいだ。責任をとれ！」などと言われて、それ以来、「言わぬが花」の姿勢が身についてしまったのだという。

その結果、役員の中から自燃性《じねんせい》が失われ、カリスマによって火をつけられることを待つ可燃性《かねんせい》の人ばかりの集団となる。その保身術は、後継者に代替わりしても同じなのだ。

これこそ、企業継続の一大危機なのである。

後継者のためいき

役員のみならず後継者も、カリスマ社長に何か意見を言うと、「それはまるで違う」と問答無用とばかりに叩きつぶされてしまうことが多い。

そのダメージが半端ないために、意見を言わないほうがましと黙り込み、思考停止する。

周囲の役員も同じ思考停止・指示待ちタイプだから、無言の役員の中で相談もできずに孤立してしまう。私が、後継者たちからよく聞く「ためいき」のひとつだ。

後継者が、カリスマの言うとおりに行動することが日常化すると、依存心ばかり強くなり、自分で決断することができなくなる。そもそも決断力を養うには、場数が勝負だ。どれだけ多くの決断の場面を切り抜けてきたかで磨かれる。逆に決断の場を与えられないまま、カリスマの指示にだけ従っていると、自燃性《じねんせい》が失われ自分の意見もなくなってくる。

ところがカリスマ社長に言わせれば、「あいつは意見を求めても何も出てこない」となる。この繰り返しを10年続け、業界で圧倒的トップだった電子部品商社が業績を悪化させ2位に転落したり、地元でいちばんの建設会社が、社長と子息の専務との対立が続いて、銀行管理会社になってしまった悲劇が実際にある。

また、「社長は私の考えを否定しかしない」とためいきをつく後継者もいる。

後継者が、カリスマ社長の未着手分野で新事業を立ち上げて成果を出そうとする。が、途中で社長から口を出される。「こんなときはどうするのだ?」「なぜ、今までの取引先を使わないのだ?」など、社長は後継者に親切心からアドバイスをしているつもりなのだが、後継者は「文句ばかりつけられ、やることなすこと否定される」と受け取りがちだ。

その結果、社長への報告をしなくなり、コミュニケーションが途切れてしまう。

そこで、なかなか実績を出せない後継者を支援するため、カリスマ社長が、後継者に相談もせずに、子飼いの役員や外からスカウトした役員を後継者のサポートにつける。しかし、まずうまくいかない。

後継者は、御目付役を送り込んできたととらえ、その人を頼らず、成果を出そうとする。そのため、派遣した役員と後継者とのコミュニケーションが疎《うと》くなる。それがカリスマ社長に伝わり、「彼をないがしろにするのは許さん」と怒り、後継者のためいきは、社長にまったく伝わっていないために、ますます両者の溝《みぞ》が深くなる。

カリスマ社長が「勝手なことをやるのは許さん」、一方、後継者は「自分は社長と同じようにはなれない。自分は自分」と開き直る。その結果、彼我《ひが》の力関係から、後継者を叩きつぶしておいて、「うちには後継者が育たない」と社長が嘆く。

こうした事態を防ぎ、事業の発展継続を、次の世代にどう継ぐべきだろうか。

過去の自分と後継者を比較しない

ここでお願いしたいのは、カリスマ経営者の皆さんには、自分がまだまだ元気なうちに、ワンマン決定をしながら、同時に後継者も育てるおおらかさをもっていただきたいということだ。

では、「おおらかさ」とはどういうことか。

前にも述べたが、ワンマン・カリスマ社長は、後継者候補(多くは社長の子息)と現在の自分とを比較して、「どうにも頼りない」「弱弱しい」と考えがちだ。

社長が事業を始めたときは、たとえば、年商も現在の数分の一、社員数も比較にならないほど少数で、扱う事業も少なく、取引先も仕入先も限られていたはずである。

ところが継がせる会社規模は、当時の数倍、ときには数十、数百倍に大きくなっている。そして社長の経営手腕も、事業の発展とともに成長して、今日がある。大きくなった規模の事業経営に必要な手腕を、いきなり若い後継者に求めても、すぐには無理というものだろう。

後継者の年齢のときに、自分が何をしていたか。

「あいつは35歳だが、俺はその年齢《とし》で夜もろくに寝ないで得意先を開拓して、大きな利益を稼いでいた。それに比較して、あいつはのんびりし過ぎだ、力不足だ」と考えたのでは、後継者の立つ瀬がない。

「俺があいつと同じ年齢《とし》の頃は、金も人もなく孤軍奮闘したが、規模も小さかったからこそ、自由に思うままやれて楽しかった。しかし今は、人も増え、うるさ型の役員もいる。大きい資金を動かしているが、銀行が目を光らせ、得意先も仕入先も多岐にわたっているから、35歳で、会社を同じように動かすのは大変だ」と、思いやる余裕をもつ。そうすることで啐啄《そったく》のタイミングが合ってくる。

啐啄《そったく》とは「導く側と修業者の呼吸がぴたりと合う」という意味だが、「啐《そつ》」の語源はひなが殻《から》を破って出ようとして鳴く声、「啄《たく》」は母鳥が殻《から》をつつき割る音だ。両者の呼吸がピタッと合うと、ひなは殻《から》を破って外に出ることができる。

人によって成長するスピードはまちまちである。「早く早く何をやっているんだ！」と突っつきすぎて、殻《から》を壊してしまってはひなは死んでしまうのだ。

カリスマ経営を後継者ひとりで引き継ぐのは難しい

社長が後継者を見ていて感じる不安の源《みなもと》は、後継者を一人の個人として見ていることだ。大きな規模になった会社を後継者個人が支える、と考えれば、不安で仕方ないのは当然である。

この不安を図で表現してみよう。

図表２　会社の大きさと経営者の大きさ

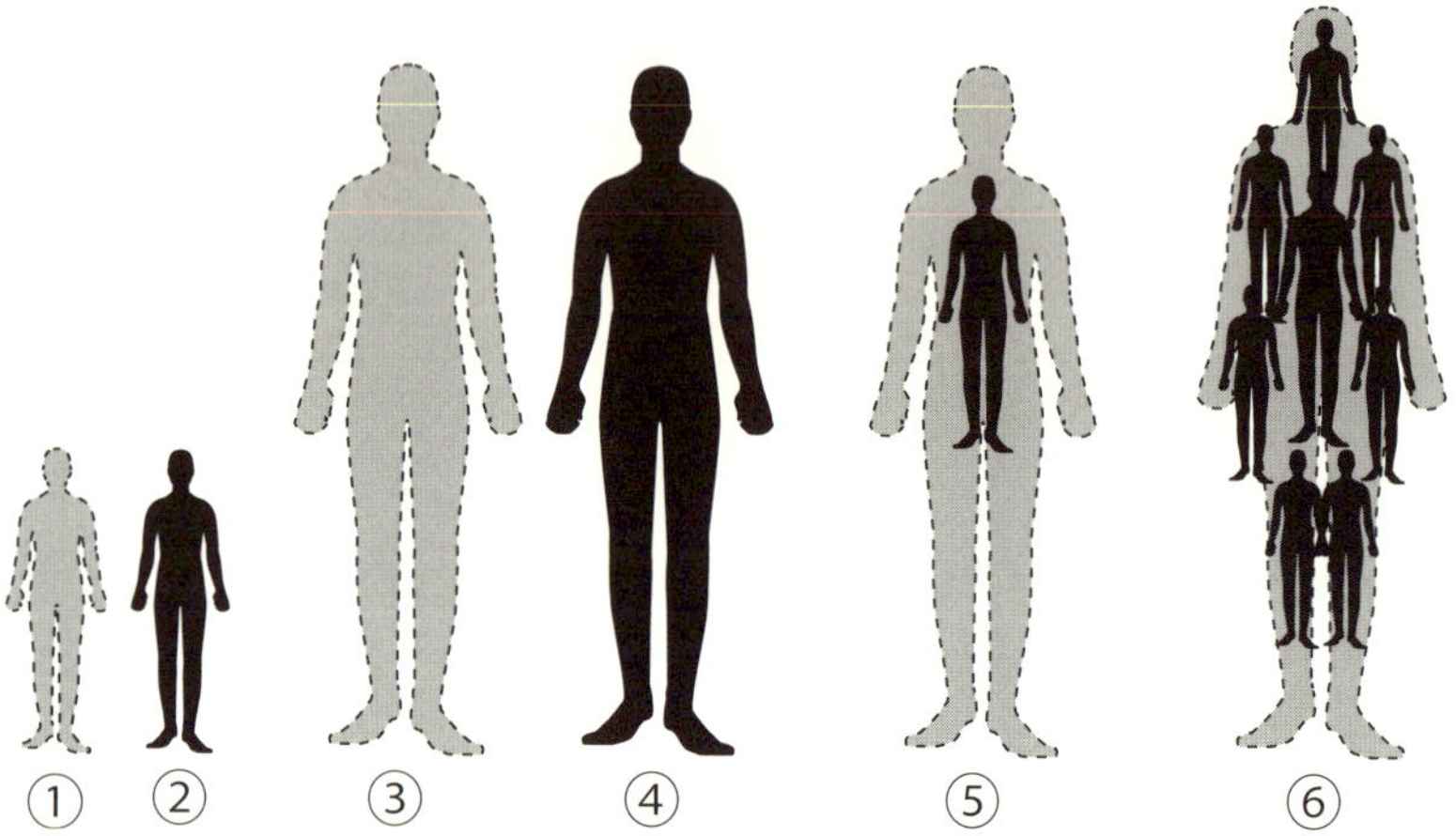

図表2を見ていただきたい。人型の破線は会社の大きさを表している。いちばん左①は創業後で会社がまだ小さかったときだ。このとき、その横の色の濃い人影②は社長の器の大きさである。会社の大きさと社長の大きさは同じなのだ。

次に、③の人型の破線は、今の会社の大きさを表している。その右の色の濃い人影④は、今の社長の器の大きさである。会社の成長に合わせ、社長もまた多くの意思決定経験を通じて大きくなるのである。

そしてその右の図⑤が、社長の後に後継者が座ったときの図である。会社の大きさより後継者が小さく、大きな隙間《すきま》ができる。

この隙間《すきま》こそが後継者が頼りなく見える原因

である。そして、後継者はこの隙間《すきま》を自分の至らなさと自覚し、「自分に社長の後継者が務まるだろうか…？」と不安を覚えるのである。

この隙間《すきま》解消法として社長は、後継者を急激にパワーアップさせたいと考える。ＭＢＡを取得させるのもそのひとつだ。しかし、ＴＶゲームのキャラクターのように、隠しキャラをゲットしてググッ！　と一気に巨大化すればいいが、悲しいかなそんな魔法はどこにもない。かといって、自然に大きくなるのを待っていられるほどの時間の余裕もない。

そこで提案したいのが、いちばん右の図⑥のように人で埋めることだ。経営に不可欠な「営業」「開発」「仕入」「生産」「会計」等を司る分野に１人以上、後継者と世代の近い頼れる人物を社内ブレーンとして育てるのである。

これが、チームＶ字経営の担い手となる次世代経営チームである。武田信玄は「人は石垣、人は城」と語ったが、ひとりのカリスマをひとりの人間が継承するのではなく、次世代経営チームで引き継ぐ。そして、後継者はその中心にいて、会社の進むべき方向性と結果に対する責任を負っていくのである。

後継者が「チームで成長したい」2つの理由

ここで、私がチームV字経営を意識したときのことに触れたい。20年以上も前のことだ。この頃出会った指導先の社長の多くは戦前・戦中生まれで、高度成長期に起業した創業者や、明治～大正期の創業で会社を引き継いだ二代目社長が多かった。

いずれもバブル以前に会社を数十人～100人規模へと大きくされ、バブル崩壊の波を乗り越えて、60歳前後にしてカリスマ性があった人ばかりである。

このとき、彼らの子息は30代前半で、私と同じくらいの年齢である。

子息の社内での役職は課長や部長、役員など様々だったが、マネージャー的な仕事は全体の10％程度で仕事の90％はプレイヤーだった。社内でマネージャーらしいことをしていたのは唯一社長だけである。

この頃、コンサルタントである私への社長の要望は、「**息子が一人前になるように教えてやってくれ**」だった。家庭教師のようになってほしい、という意味合いだった。

ある社長は次のように言った。

「仕事は誰でもできる。仕事でなくて経営を勉強させたい」

社長は視線を窓の外に移した。そこには同社の倉庫でフォークリフトを運転しているご子息の副社長がいた。そして「あんなことをやっていちゃ、いかんのだ」とつぶやいた。

その光景を一緒に眺めながら、私はご子息が、「現業の中に逃げ込んでしまっているな」と感じた。ブラザーでブラブラ社員をしていたときの自分と同じだった。本当は何かに打ち込みたいのに、何をしていいのかわからない。そんな自分のモチベーションをもて余し、とりあえず目の前の出荷仕事をこなしているように見えた。

「経営を勉強させたい」ということだから、「座学より、ヒト・モノ・カネ・情報・時間などの経営資源を使って結果を出す体験をさせないといけないな」と思った私は、直接ご子息に会って話を聞いてみた。

案の定、やる気はありながらも、何をしていいかわからずにいた。「私は何をしたらいいのでしょうか？」と逆に質問してきたくらいだ。

私にはその気持ちがよくわかった。彼は打ち込めるものを探していたのだ。

そこで、「あなたが短期計画を立案し、目標達成にトライしてみるのはどうか？」ともち掛けてみた。すると強い興味を示した。そして、次のように言った。

「私は勉強します。が、できればAさんとBさんとCさんも一緒に鍛《きた》えてほしい」

ここで出てきたAさん、Bさん、Cさんは、ご子息と年齢の近い社員たちである。自分ひとりができるようになるより、**チームで成長したい**と願っていたのである。

なぜ仲間を巻き込もうとしたのか。

主な理由は2つある。

ひとつは、**ひとりで継ぐのは難しい**と知っていたからだ。

会社規模も30人を超えてくると、社内には複数の部門がある。それをひとりでみて、ああだこうだと指示するのは容易ではないからだ。社長は自分がやってきたからできるのだが、途中で入社した自分にはそれができない。そのため、代わりに統括してくれる役職者が必要なのだ。

もうひとつは、その当時の**経営幹部に満足していなかった**からだ。

AさんBさんCさんの属する社内の部門にはそれぞれ50代の役員がいた。彼らは社長とともに長年歩んできた猛者《もさ》たちだ。どこどこの顧客に通いつめて新規開拓に成功した、画期的な商品を創った、信じられないような大量注文に徹夜を重ねて納期に間に合わせたなど、武勇伝は豊富だ。経験的には申し分ない。

しかし、彼らが後継者にとって頼りにできる右腕になるかといえば、けっしてそうとは限らない。確かに彼らは、指示されたらなんだってやる猛者《もさ》である。しかし彼らからは、「こうしたほうがいい」「変えましょう」という改善案が出ないのである。

社長から命令されたら、たとえ火の中、水の中でも飛び込む。そして「よくやってくれた。ありがとう」と言われることに、やりがいを感じる人たちだ。

そのため、社長から後継者に代替わりすると役員会で何が起こるか。

これまでと同じように社長からの指示を待つのである。

「若社長、どうか先代と同じように、私にも指示してください」と。

その指示を果たすことによって、同じようにやりがいを得たい指示待ち族なのだ。

しかし残念ながら、後継者にはそれができない。カリスマ社長ほどのＫＫＤ（勘・経験・度胸）がないのである。指示を待たれても「ああしろ、こうしろ」と矢継ぎ早に指示できるわけではない。むしろ、

「現場でこんなことが起こっているから、こう改善したいのですが」

「他社がこんな動きをしているから、先手を打ちましょう」

「昨日、講演会に参加したのですが、そこでわが社の問題点に気がつきました」

「工場の稼働状況がひっ迫しています。営業部門と調整して対処します」

など、現場からの提案や意見が欲しいのだ。

人を育てるには成功体験しかない

私は実際に名前が上がったAさん、Bさん、Cさんにも話を聞いてみた。すると、彼らもまた、経営者視点で会社を考えてみたい、事業の高付加価値化や成長戦略を描いてみたいと意欲的だった。

さらに、実際のところ、社長から子息に経営を教えてほしいと依頼されても、密室で講義をしたりマンツーマン指導するだけで後継者が成長するとは思えなかった。

もちろん、そういう家庭教師的な指導スタイルが得意なコンサルタントはいるのだろうが、私自身が後継者のサリバン先生（編集注／ヘレン・ケラーの家庭教師）になれる自信がなかった。

スポーツの世界では白星《しろぼし》が最大の良薬だという。高校野球では「一戦ごとに強くなっていった」という監督のコメントをよく聞く。

若き後継者を相手に、私にできる指導法は、これしかなかった。

短期的な小さな目標でもかまわない。皆で計画を立てて、皆でやり切る。途中、上手くいかなくてもやり方を変えて再トライする。そして目標達成したら皆で喜ぶ。

実戦で結果を出せば、人は「こうすればいいんだ」と自信を得る。その自信を重ねて、徐々に強くなるしかない。

そこでカリスマ社長の許可を得て、後継者であるご子息を中心としたチーム１０人で短期の事業計画を立案した。

経営計画書の内容は、途中何度も社長にチェックしていただいた。ダメ出しを喰らうこともあったが、「大事なことは計画通りにやれるかどうかだ」と、社長はおおらかに受け入れてくれた。

そして、それを一冊の経営計画書にまとめ、後継者がスピーカーとなって全社員を前に発表したのである。

結果は1年後、決算賞与支給という形で出た。１年間で3社、同じようなチームで事業計画を立案し、チームで成果を出す後継者指導をしたが、すべてで史上最高益を得た。

このときは、まだチームV字経営という言葉は私の頭にはなかったが、３社で同じような成果が出て、ひとりのヒーローではなく、次世代経営チームを育てる指導スタイルでいいのだという確信を得たのだ。

とくにC社の副社長の進歩は嬉しかった。彼は、当時３４歳。初めて約６０名の全社員の前で短期の事業計画を発表したときに、「○○したいと思います」という言葉を繰り返した。語尾が「思います」の連発だったため、皆に自分の決意を語っているというよりも願望を語っているように聞こえた。それは、本人の自信のなさの表れだった。

ところが、翌年は「○○します」「○○をやります」と言い切るようになった。後継者の自信は語尾に表れる。前年の成功体験が、彼を頼もしいリーダーへと成長させたのである。

納得計画でないと人は動かない

一方、その後2年間に2度、失敗も経験している。

当時、都銀系シンクタンクに勤務していた私は、先の3社の成功で「二世経営者の育成には酒井が良いらしい」と銀行内で評判になっていた。

そのため、後継者に問題のある会社のコンサルがいくつかもち込まれた。

そのひとつが、明治に創業した社員数150人の老舗の機械メーカーだ。

社長は40代で三代目。大人しい性格でほとんど表に出てこない、いわゆる穴熊社長であった。依頼は「赤字体質なので、建て直すための経営戦略を立案してほしい」ということだった。

メインバンクと常務からの進言に、社長が了承した依頼だった。

そこで私は、次世代経営チームをつくるよう進言した。しかしつくれなかった。社長に「該当者なし」と拒否されたからだ。

やむなく私ひとりで戦略を立案することにした。同社の役員から現場社員までインタビューをし、顧客や取引先を十数件訪問し、同社の課題や同社に期待していること、競合の動向なども インタビューした。同社の創業以来の歴史をつづった社史も読んだ。それらの調査結果をもとに今後２年間に取るべき戦略を立案し、後日提案した。このときの戦略の中身としては、今でも良い内容だったと思っている。

しかし、この戦略が実行されることはなかった。常務以外に「これに従ってやろう」「私、やりたいです！」と言う幹部と社員がいなかったからだ。

社長は私の前ではやるか、やらないか最後まで明言をしなかった。こうしてこの会社では何ごとも先送りしていくのだろうと感じ、私はお手伝いを終えた。

２件目は、社員数７０人の設備プラントメーカーだった。創業社長は当時７０歳。同社の技術の多くは社長が生み出した技術のカリスマだった。

後継者の専務はご子息で４０歳。文系出身で、ＭＢＡを取得した秀才だった。彼は営業統括の責任者だったが、彼も穴熊だった。とにかく親子の仲が悪く、社長と面談すれば専務に対する批判を、専務に面談すれば社長への不満ばかりを聞いた。

現場は危機感を募らせていた。優秀な営業管理者が複数いたが、トップがこんな調子だから前年割れが続いていた。私は何とか現場主導で再生プランをつくり、そのリーダーに専務を据えたプロジェクトを立ち上げようとした。

しかし、専務はなかなか会議に出てはくれなかった。それでも幹部たちが粘って、プランづくりの必要性を訴え、しぶしぶ了承を取り付けた。そしてその後は専務から社長にプレゼンしてもらう段取りだった。

が、このプレゼンは結局実現しなかった。「何を上げても社長に叩き潰される」。そう考えた専務は、そのプランを自分で握り潰してしまったのだ。

結局私は、営業幹部向けの研修を数回やってこの仕事を終えた。

この2件の後継者は、私から見たらいずれも不燃社員だった。後継者が不燃社員では、どれだけ描かれた戦略が優れていても、現場に熱意があっても、企業は成長できない。この失敗で私は、後継者が自燃社員であり、それをサポートする人財が一枚岩のチームになっているかどうかが成長の鍵だと気が付いた。

それにはまず、後継者を中心とした次世代経営チームをつくる。次にそのチームが現状分析と事業計画の立案法を学び、そして、自分たちで事業立案に必要な情報や材料を集め、考え、事業計画をつくる。それを社長に答申し、「こんなのだめだ！　やり直し！」と何度も突き返

図表3　承継後の先代経営者の関与と承継後の業績（中企業）

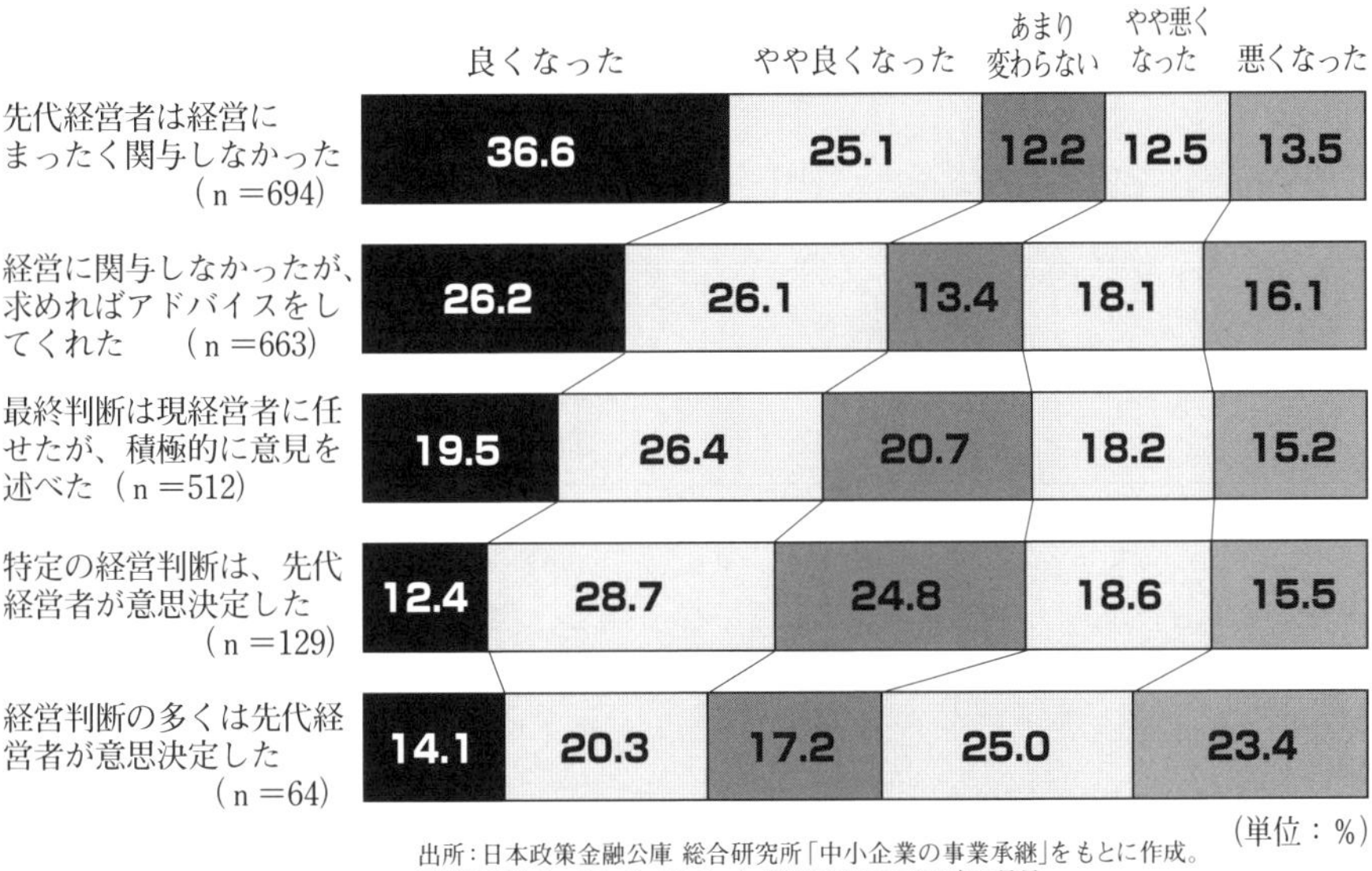

出所：日本政策金融公庫 総合研究所「中小企業の事業承継」をもとに作成。
三菱UFJリサーチ＆コンサルティング㈱SQUET2012年5月号

されながらも、最後には承認を得る。コンサルタントはそのガイド役を務める。

こうしたプロセスを踏むからこそ、後継者は「自分たちで考え、やると決めたことだから何が何でもやり切ろう！」と覚悟を決めて取り組むことができる。そしてチームメンバー全員が後継者としての自信を深めていくことができるのだ。

口出しをせずに任せたほうが事業承継はうまくいく

次に図表3を見ていただきたい。

「事業承継後の先代の関わり方」を示唆する興味あるデータだ。一目瞭然、先代がまったく関与しなかったケースの6割強が、承継後の業績をアップさせている。また関与しなかったが、後継者から求められたらアドバイスしたケースの5割以上が業績をアップさせている。

一方、承継後でも経営判断の多くを先代が意思決定したケースでは、業績アップは34％に落ち、5割近くが業績を悪化させているのである。要するに、継がせたからには、口出ししない。このほうが事業承継はうまくいくということだ。

実際に、序章で紹介した大型プレスメーカーH社の専務は、いよいよ新社長に就任するときに先代から何も言われなかったという。この事実を彼は「先代は私が失敗するところを見たかったのでしょう」と振り返る。

先代は、任せたと言いながら決して新社長のやり方に無関心でいるわけではない。「新社長は自分で考えて、何を始めるのか」をじっと見ていた。先代の奥さんによれば「見ていて歯がゆくなるほど、我慢して我慢しているのがわかった」という。

しかし、口を出してしまったら、新社長の前に進む力は弱くなってしまう。先代の顔色を見ながら経営をやっても面白いはずがない。そもそも、新社長に「任せられない」と思ったら事業承継は成り立たない。だから、「やってみろ！」と言って知らんぷりしているのだ。

その視線を、新社長は「後ろに先代がいるときは何を失敗してもいい」と受けとめ、安心して自分たちのやりたいことにトライした。そして、それが好結果を生み、大きな自信につながっている。

しかし、社長にとっては、図表3の「先代が経営にまったく関与しなかったら、業績が悪くなった会社が26％ある」という事実も無視できないだろう。4社に1社という数字は、決して少なくはない。

この結果をどう考えるべきだろうか。

考えられることは、悪くなった26％のケースの中には事業を引き継ぐ上での準備が不十分だったケースが多数あるのではないか、ということだ。

たとえば、ある建設用足場レンタル会社では、先代の急逝によって、娘婿さんが入社わずか半年で急きょ後継社長となった。

業界のこともわからないまま継いだために、先代と親交の深かった古参幹部や職人など周囲の納得が得られず、業績も伸び悩んだ。大変つらい思いをされる様子を見るにつけ、承継を準備する時間がもっとあれば…と思ったものだ。

また、ある日用品メーカーでは、先代が病気で入院された。先代は営業力と企画力に優れ、

図表４　日本人の年代別の死因順位

<table>
<tr><th>年齢</th><th>１位</th><th>２位</th><th>３位</th><th>４位</th><th>５位</th></tr>
<tr><td>20～24</td><td rowspan="4">自殺</td><td rowspan="2">不慮の事故</td><td rowspan="2">悪性新生物</td><td rowspan="3">心疾患</td><td rowspan="4">脳血管疾患</td></tr>
<tr><td>25～29</td></tr>
<tr><td>30～34</td><td rowspan="2">悪性新生物</td><td>不慮の事故</td></tr>
<tr><td>35～39</td><td rowspan="3">心疾患</td><td>不慮の事故</td></tr>
<tr><td>40～44</td><td rowspan="10">悪性新生物</td><td rowspan="2">自殺</td><td rowspan="3">脳血管疾患</td><td rowspan="9">不慮の事故</td></tr>
<tr><td>45～49</td></tr>
<tr><td>50～54</td><td rowspan="8">心疾患</td><td>自殺</td></tr>
<tr><td>55～59</td><td rowspan="5">脳血管疾患</td><td rowspan="2">自殺</td></tr>
<tr><td>60～64</td></tr>
<tr><td>65～69</td><td rowspan="3">肺炎</td></tr>
<tr><td>70～74</td></tr>
<tr><td>75～79</td></tr>
<tr><td>80～84</td><td rowspan="2">肺炎</td><td rowspan="5">脳血管疾患</td></tr>
<tr><td>85～89</td><td rowspan="2">老衰</td></tr>
<tr><td>90～94</td><td rowspan="2">心疾患</td><td rowspan="2">肺炎</td><td>悪性新生物</td></tr>
<tr><td>95～99</td><td>老衰</td><td rowspan="2">悪性新生物</td></tr>
<tr><td>100～</td><td>老衰</td><td>心疾患</td><td>肺炎</td></tr>
</table>

※厚生労働省「平成22年人口動態統計」

開発と生産を息子に任せていた。後を継いだ息子は、開発、生産の他に、先代がやっていた営業と企画の対応に追われた。

が、さすがにひとりで何から何まで切り盛りするのには限界があった。そのため顧客が求めるタイミングで新商品を発売できず、業績は下降した。息子以外の次世代経営チームを育ててこなかったことが原因だった。

これら準備不足の原因は、カリスマ社長の健康状態に端を発している。

図表4は、わが国の年齢別の死因一覧表である。

あなたは今何歳だろうか？

４０歳から８９歳までのどの年代でも1位は「悪性新生物（癌）」である。癌は早期発見ならば今は治る病気だ。しかし、「５０歳～７９歳までで2位の「心疾患」や3位の「脳血管疾患」は、ある日突然襲ってくる類の病気である。5位の「不慮の事故」と合わせ、短期間で死に至る可能性もある。

不吉な話をして恐縮だが、事業承継はマサカの出来事に備え、早め早めの準備が必要なのだ。

並行して走るバトンゾーンで鍛え上げる

ではこの準備はいつ、どのようにしておこなえばよいのだろうか？

まず時期だが、社長から後継者がバトンパスされるまでに並行して走る5～10年でおこなうのが望ましい。「並行して走る」と書いたのは陸上のリレー競技に置き換えての表現で、リレーでは前走者が次走者にバトンを渡すテイクオーバーゾーン（バトンゾーンともいう）が設けられている。

前走者がある場所まで来ると次走者はバトンを受け取るまで助走をつけて走り出す。そして、トップスピードに入ったところでバトンを受け取る。この助走から受け取るまでの期間が並行して走る並走期間である。

並走期間の長さは企業規模や社長の年齢によっても異なるが、5年～10年が一般的であるように思う。このときの後継者の役職は部長、役員、役付き役員などトップ層の一角を担う。後継者の年齢は30代～40代前半であることがほとんどだ。なぜなら、30代がいちばん動けるからだ。40代も半ばを過ぎると行動量が落ちる。55歳を過ぎたら仕事をせずに遊んでしまう。

30代のうちに動けるだけ動いて、人脈を広げる。どんどんトライ&エラーをして、楽しいことも辛いことも分かち合うから、生涯信頼できる経営チームの仲間ができる。それが、30代の特権なのだ。

魚を取り続けられる経営者になるために

長期にわたって安定的に発展し続けることを重視する「チームV字経営」では、社長と後継者が並走する期間に、後継者に逞《たくま》しく育ってもらうが、そのためには条件がある。その条件とは、

①理念の継承と成功体験
②目標達成マネジメントの仕組み
③新たな歴史をつくる事業開発

の3つである。

後継者からみればカリスマの後を継ぐための条件なので私は、「**あとカリの3条件**」と呼んでいる。

図表５　あとカリの３条件で後継者を逞しく育てる

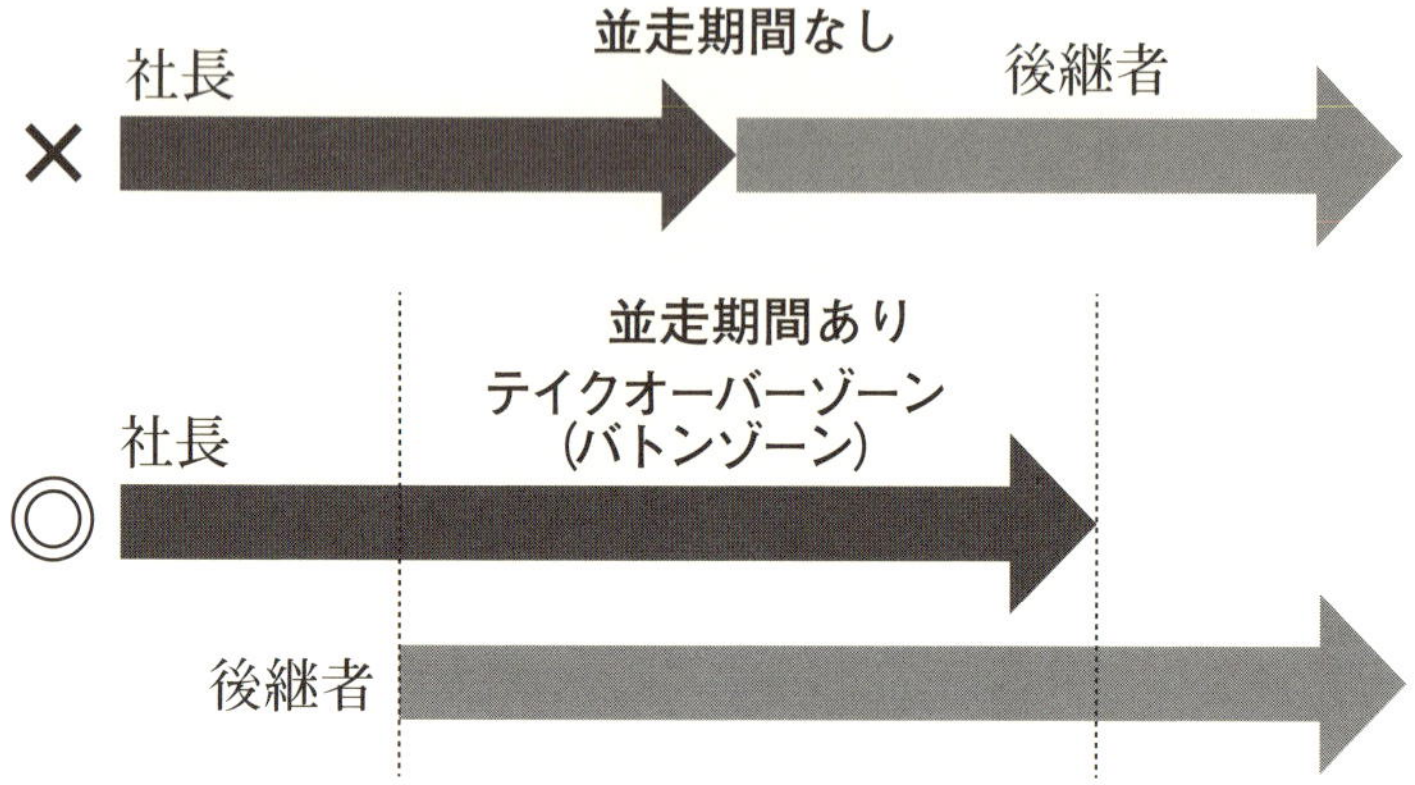

並走期間に「あとカリの３条件」で逞《たくま》しく育てる

①理念の継承と成功体験
②目標達成できるマネジメントの仕組み
③新たな歴史をつくる事業開発

中国のことわざに「ある人に魚を一匹与えれば、その人は一日食える。魚の取り方を教えれば、その人は一生を通して食える」というのがある。

このことわざを後継者に応用してみよう。

後継者の仕事は「皆で魚を取って永続的に皆で分け合う状況をつくる」ことである。

そのために、「**自分にはそれができる**」という自信と周囲から信頼される実績をつくる。

次に、誰もが、「**魚を取り続けていける仕組み**」を定着させる。さらに「**新しい魚はここで取れる**」という新領域を示す。

そして、この３つを修得しながら、後継者を中心とした次世代経営チーム全体を逞《たくま》しく育てるのだ。

なぜこの３つなのかといえば、武道でいうところの「心《しん》・技《ぎ》・体《たい》」に該当するからである。武道でいわれる「心《しん》・技《ぎ》・体《たい》」とは、人間の「心」と「技」と「体」の３つが三位一体となった状態が、もっとも力を発揮することができるという意味である。そして後継者が修得すべき心《しん》・技《ぎ》・体《たい》がこの３つの内容であるからだ。

では、後継者が修得すべき「心《しん》」とはなんだろうか。

後継者は、カリスマ社長のような過去の実績と人間性で、部下を惹《ひ》きつけられない。ある梱包資材卸の社長から、「後継者の息子の評判が社内でとにかく悪い」とのご相談を受けた。

くだんの子息に会ってみて驚いた。言動が社長そっくりなのだ。言葉遣い、顔つき、手振り身振りまで、さすが親子という相似形。それが「ろくに実績もないのに偉そうな態度で鼻持ちならない」と、社員から総スカンを食う原因となっていたのである。真似るべきは先代の経営手腕なのに、とんだ勘違いである。しかしこんな笑い話のようなことが実際にあるから怖い。

そもそも先代のカリスマ性を、子息がそのまま引き継ぐことは難しい。不可能といってもいい。またカリスマ社長の現在の器《うつわ》に後継者が追いつくのを待つほど時間の余裕はない。

そこで先代のカリスマ性に対応して、「ビジョンと理念」で社員を惹《ひ》きつける。ビジョンを掲《かか》げて、後継者とそのブレーンとなるべき人材でチームを組んで、経営手腕不足を補完し、掲《かか》げたビジョン達成に向かうことで、社内はもちろん取引先とお客様を巻き込みながら「**理念共同体**」をつくっていくことだ。

ただし、この理念共同体が社員や取引先、お客様から認められるには、実績が必要だ。立派な業績でなくても構わない。どんな会社にも思うような成果が出せない問題のセクションがあるはずだ。そのようなセクションの建て直しを任せてみるのである。

最初は苦しむかもしれないが、後継者が現場の社員を動機づけながら目標達成を目指していく姿は、周囲の共感を呼ぶであろう。そして、業績をV字回復させたり、それ以上の実績をあげたりすれば何より本人の自信になる。そして、周囲も彼こそ後継者に相応しい人だと認め、より協力的になるだろう。

これこそ、カリスマ経営からチームによる「V字経営」への転換である。

次に後継者が修得すべき「技《ぎ》」だが、これは「仕組み」をもつことだ。

「仕組み」は、たとえるならジュースの自動販売機のようなものだ。お金を投入して、選びたい商品を押せば、ジュースが出てくる。誰がやってもいつでも同じようなアウトプットが出せる。個人技ではなくパターン化できるもの。これが仕組みだ。

もしこのような仕組みが多数あれば、後継者や現場のリーダーでも社長が指揮したときと同じような結果を出すことができる。

会社の中には、カリスマ社長のＫＫＤ（直感・経験・度胸）に頼ってマネジメントしている部分が多数ある。それらは社長が引退したら消えてしまうものだ。よって、そうなる前に、可能な限り仕組み化するのである。

何をどのように仕組み化するべきかは、企業によって違う。ただし、どんな企業でも、「**目標達成マネジメント**」だけは仕組み化したほうがよい。

とりわけ、これまで社長がひとりで戦略を考え、指示命令を飛ばして社員を動かしてきた会社は要注意だ。社長がいなくなれば、課題を見つける人も、実行を命令する人も、チェックする人もいなくなってしまう。

そうなる前に、誰もができるよう、「目標達成マネジメント」を仕組み化する。

詳しくは後で述べるが、皆で問題点を出し合い、解決策を立案しプランニングする。各自が実践し、その進捗を定期的に確認し、上手くいかなければ知恵を出す。

そして、上手くいったらそのやり方を仲間に教え、全員でレベルアップしていく。

これらのことが仕組み化できたら、後継者があれこれ指示しなくても社員は自分がやるべきことに気づき、自分から進んで動くようになる。現場がより主体性を発揮する経営へと進化していくのである。

「目標達成マネジメントの仕組み化」は、社長のやり方を手本にできる間に、ぜひとも整えたい経営の武器である。

最後の「体《たい》」は、未来に向かう会社の事業構造のことだ。

後継者に必要なのは「会社を継ぐのではなくて、新たな歴史をつくる」という覚悟であり、そこから生まれる具体的な「明日の事業」である。

とりわけ伝統産業は、「伝統は守るものだ」という考えに囚《とら》われがちである。しかし、伝統を守るだけでは会社の未来は危うい。先に触れた酒問屋の取引先の酒造メーカーは、伝統の先にある次の一手が打てなかったから潰《つぶ》れてしまった。

もし酒問屋の社長がおっしゃるように、小さな酒パックによる新しい酒の飲み方の提案など「攻め」に転じていたら結果は変わったかもしれない。「伝統は守るものではなく、攻めるもの」なのだ。

また、伝統産業でない会社も、「今主力にしている本業で今後も会社を守っていけるのか？」を真剣に考えてみていただきたい。

私が入社した当時のブラザー工業には「ミシン屋はミシンでは守れない」という危機感があった。その危機感をベースに、もてる技術を応用して小型のファクシミリやプリンターの複合機、ラベルライター、通信カラオケ事業など新規事業を立ち上げた。

この転換には約10年を要したが、これらの成功体験によりその後のブラザー工業は独創性の高い会社になった。そして今日では「ブラザーといえばミシン」と連想する人はほとんどいなくなった。歴史が書き換えられたのである。

今後、国内市場縮小の影響を受けない企業はまずないだろう。一方で、海外に新市場を求め成功している中小企業は多数ある。業態を変えなければどの企業も生き残れない時代である。

後継者を含む次世代経営チームにはぜひとも「当社の10年後は今のままでよいのか？

本業で会社は守れるか？　潰《つぶ》れるリスクはないか？」と、自問自答させたい。

そして、後継者自身が「わが社の新たな歴史をつくる」担い手として、先代との並走期間中に「明日の事業開発」に着手するのである。

「明日の事業」に手応えが感じられれば、未来への視界が開け、社内は俄然《がぜん》活気づく。明日の事業は後継者の社長就任前にぜひとも着手したい課題だ。

先代が越えられなかったカベを破る

序章で述べたように、「チームV字経営」を導入した企業の中から、すでに先代が越えられなかったカベを打ち破るケースが何社も出てきている。

後継者の成長のみならず、チームV字経営に携わった後継者のブレーンもまた、次の世代を担う経営幹部として成長し、新たな発展体制の推進役となっているからだ。

２５年もコンサルタントをやっていると、当時３０歳だった後継者は５０歳を超え、立派な社長になっている。彼を支えている取締役たちもまた、２０年前に後継者とともに学んだ人たちだ。歳を経るごとに頼もしさを増し、素晴らしい経営チームになっている。

この間、低成長時代にもかかわらず、売上や利益が5倍~十数倍になっていて、企業はつくづく人だなぁと実感している。

ある社長は、次世代経営チームのビジョン開発合宿の冒頭で次のように語った。

「これまでずっとトップダウンでやってきました。市場開拓も新事業の立ち上げも、採用も、新システムの導入も、撤退もです。当社の社員は皆まじめでよくついてきてくれています。しかし、当社には全体を俯瞰して見ることができる人財が育っていないことに気が付きました。また、目標を具現化できなかったときの責任に対する意識が、希薄なぬるま湯体質にあります。私はそこに強い危機意識をもちました。

いま展開している戦略、戦術は、時代の変化とともに通じなくなります。しかし、そこに人財がいたら、その人財がその時代に合わせた戦略、戦術を生み出します。それさえできれば、会社は永遠に続きます。そのために人財を育てます。君たちはそのような人財になってください。これからの当社を創っていくという想いをもって参画してください」と。

核心を突いた社長の話に感動した私は、後藤新平《ごとうしんぺい》の名言を思い出した。

後藤新平《ごとうしんぺい》という人物について、名前だけは聞いたことがある人も多いだろう。

明治から昭和にかけて、台湾総督府長官、満鉄初代総裁、内務大臣、外務大臣、東京市長などを歴任した傑物だ。関東大震災後の東京再建構想があまりにも大きいので「大風呂敷《おおぶろしき》」とあだ名がついたが、その構想のおかげで、震災にあった東京をいち早く再建できた。

その後藤新平《ごとうしんぺい》が、次のような言葉を残している。

「財を遺《のこ》すは下《げ》、事業を遺《のこ》すは中《ちゅう》、人を遺《のこ》すは上《じょう》なり」と。

「よく聞け、
金を残して死ぬ者は下《げ》だ。
仕事を残して死ぬ者は中《ちゅう》だ。
人を残して死ぬ者は上《じょう》だ。
よく覚えておけ」

さらに後藤は、こう続けている。

「されど財無《な》くんば事業保《たも》ち難《がた》く、事業無《な》くんば人育ち難《がた》し」

いずれも、私の「チームV字経営」に通底する名言と思い、片時も忘れないようにしている。

チーム V字経営

TEAM V-SHAPED MANAGEMENT

第2章

V字成長を実現する〈5ステップ〉

1．次世代経営チームのメンバーを選定する

チームメンバー選定のやり方

カリスマ経営はひとりでは継げない、と第1章で申しあげた。

カリスマ経営から「チームＶ字経営」に切り替えて、「ビジョン」と「次世代経営チーム」によって、カリスマ経営でも成し遂げられなかった、さらなる高みを目指せと。

そのためには、チームを構成するメンバーの選定がきわめて重要になってくる。

メンバーの適正規模は、もちろん会社の規模によって違ってくるが、中小企業なら４人から１０人ぐらいが適当な人数である。

その選定は、原則的にチームリーダーである後継者候補が考え、現社長に進言しアドバイスや承認を受ける。

ここで注意したいのは、カリスマ社長のもとで手堅く仕事をこなしていた役員を、社長のアドバイスでメンバーに加えてしまうことだ。

次の経営の新たな方向づけを、若手チームに任せるといっても、社長としては不安だか

ら、長年社長を支えたベテランの役員もメンバーの一員に加えたほうがいいだろうと考えやすい。しかし、それが間違いのもとになることが多いのだ。

カリスマ社長のもとでは、自分の頭で考え行動することを放棄して、言われたことだけを忠実にやり遂げる、結果管理の申し子のような人が多い。いちばん困るのは、何も言わないダンマリ役員や３Ｄ（どうせ、でも、だって）役員だ。

では、実績十分の役員で、バリバリの実力者なら安心か？

あるとき、開発輸入型の問屋Ｌ社で、３人の役員に業績低迷の打開策をたずねた。

すると営業担当役員は「国内営業力強化を急ぐべきだ」と言う。また仕入加工担当役員は「海外拠点づくりが最優先だ」と言う。さらに管理部門の役員は「物流費削減に取り組むべきだ」と言う。三者三様、言うことがバラバラで驚いた。

それぞれの立場で考える「部分最適」ばかり。だれも全社を俯瞰《ふかん》する視点をもっていなかったのだ。カリスマ社長のもとだから、それでも通用しただけのことである。

また、当然のことながら、チームメンバーにカリスマ社長が絶対に入ってはいけない。

もしカリスマ社長がメンバーに入ってしまうと、「Ｖ字編隊飛行」はその瞬間、「カリスマ縦列飛行」になってしまうからである。

では、どんな人を次世代経営チームのメンバーに選ぶべきか？　その絶対条件は、次の2つである。

・後継候補者と価値観を共有できる人

・人間的に信頼できる人

ある会社の後継者が、社長が次世代経営メンバーに推薦した部長を「彼だけは勘弁してほしい」と拒否したことがある。

その部長は、赤字部門の再建を任されているベテランだが、口癖のように、「自分の給料はゼロでもいい」と言っていた。いかにも責任感あふれる誠実な人物のようだが、後継者には次のように見えていた。

「いつも、その場しのぎの判断で、一時期は黒字になっても、恒久的な黒字体質にはならない。目先の計算で黒字にすることと、黒字体質に変えることの違いがわからない人は、メンバーにしたくない」

また、ある包装資材問屋の後継候補となっている娘婿が、「あの人を戻してくれるなら、会社を継いでもいい」と、先代に条件を出した例がある。

戻してほしい人は元総務部長で、当時は本社を離れ子会社に出向していた。同社は営業畑の人財が幅を利かせていて、直接利益を稼がない部門の幹部はどちらかというと軽く見られる傾向があった。が、娘婿からすれば「あの総務部長がいたから、会社全体が活き活きしていて、安心して仕事ができた」という思いがあった。

社長はそのとき、実力幹部の営業部長を加えるように指示したのだが、「あの人は自分の給料のことしか関心がない」と、娘婿は同意しなかった。

その営業部長は、目先の売上高の帳尻を合わせるために、採算を度外視した強引な売り込みが目につくこともあり、ふたこと目には、「稼ぎの割には俺がもらってる給料が少ない」と愚痴《ぐち》る姿を現場で見聞きしていたからだ。

社長は娘婿の要求を認め、元総務部長を出向先から戻して次世代経営チームに加えたが、その後は、娘婿を支え続ける名番頭になっている。

社長がひとりで考え指示してきたことをチームで引き継ぐのだから、メンバーは、後継者と価値観が同じで、信頼できる人物であることが絶対条件なのだ。

メンバー選定の４つの基準

次に、メンバーを選定するときの基準をテスト形式でお伝えしたい。テストは全部で４つである。

【テスト１】「あなたの部門は、現在、目標達成が難しい状態にあります。その原因を３つ挙げてください」

この問いの回答は2種類に分かれる。ひとつは環境が悪い、他部門が悪い、上司や部下に問題があると考える他責の回答。もうひとつは、矢印を自分に向けて、自分の努力不足が目標達成を困難にしているという自責の回答である。

メンバーは、経営幹部としてほかの社員を引っ張っていかなければならない。計画通り進まないとき、それを他人や環境のせいにしていたのでは、部下たちはついてこない。ネガティヴな発言を控え、責任の矢印を自分に向けて、ポジティヴに考える自燃《じねん》社員でなければ、後継チームのメンバーに加えてはならない。

もし、他責の回答が並ぶようなら失格だ。自責の回答なら、「では、どうすべきか？」を尋ねてみよう。明確な答えが返るようなら合格だ。

【テスト2】「テスト1に対し、あなたは事態打開のため、この1か月間で何をしましたか？具体的に教えてください」

テスト1の続きの質問で、目標達成を難しくしている原因がわかったら、対策を考えすぐに行動に移す。至極、当たり前のことだ。

ところが、実は何もしていない人が多い。わかっていてもやらないのだ。理由を聞くと「目の前のことで忙しくてつい…」「面倒くさくて」「それは自分の役割じゃないですよ」など、言い訳が次々出てくる。こういう人の仕事は遅い。

物事が思考から実施完了するまでの時間を、5つに細分化してみよう。

（時間1）何かを観て聞いて「そうか！」と気づくまでの時間
（時間2）1を「よし実施するぞ！」と決めるまでの時間
（時間3）2で決めた事を実行するまでの準備の時間
（時間4）実行段階で要する時間
（時間5）実行後、アウトプットを検証する時間仕事をスピードアップしよう、時短を図ろうとするとき、人は誰しも時間４の実行段階でのスピードアップを考えがちである。しかし、仕事が速い人や納期が短い会社はけっして４のスピードが速いわけではない。むしろ４は他人とさほど変わらない。

速いのは、その前段階の時間１〜３だ。取り掛かるまでが速いのである。

よって、この質問に「ＮＯ」の回答の人だと、仕事が遅くて行動力に乏しい人となる。

課題が見えたら即行動する。やってみてから考える。そういう人は結果的に成果に辿《たど》り着くのが速い。メンバーには、速攻で動く人が相応しい。


【テスト３】「今の目標を達成するメリットは何ですか？　３つ以上挙げてみてください」

この問の答えは大きく２種類に分かれる。

ひとつは、「ノウハウが構築できる」「顧客からの信用獲得につながる」「ブランド力が上がる」「皆の賞与が増える」など組織のメリットを書いた組織指向の回答だ。

もうひとつは、「自分がスキルアップできる」「自分が出世できる」「自分の評価が上がる」「自分の賞与が増える」など、自分のメリットを書いた個人指向の回答である。

書いた３つのメリットのうち、２つ以上が個人指向だと、組織より自分第一で仕事をしている人だと考えられる。もしその人に部下がいないのならそれでもいいだろう。が、部課長などの立場で組織を率いている人であれば、部下は自分たちのことよりも自分第一で考えている上司にはついていかないだろう。

メンバーは経営幹部としてわが社の未来を託す人だから、会社のこと、仲間のことを第一に考えてくれる人でなければならない。いくら有能で仕事ができても「自分さえよければいい」「部下は皆、自分の出世の道具」などと考える人物では失格だということだ。

個人指向の人は、自分を高く評価してくれる会社があれば移る可能性がある。一方、組織指向の人は、今の会社が好きだから、自分のことより会社と社員のことを第一に考えてくれる。次世代経営メンバーには、組織指向の人を選びたい。

【テスト４】「この本を読んだ感想を聞かせてください」

メンバーはさきに述べたように、「価値観」が近く、「人間的に信頼できる」ことが大前提だ。だからといって、気心の知れた取り巻きのお仲間だけを選んでいたのでは、「仲良しグループのお遊び」に終わる危険がある。ここは、社内から「これは」と思う人財を広く求めたいところだ。

では、それほど親しく付き合っていない人物の価値観をどう判断すればよいのだろうか。

私がおすすめするのは、社長が企業経営について感銘を受けた本を1冊渡して、「この本から、わが社を変えるために気づいたことを教えて」と尋ねる。後日、他のメンバーと気づきの読書会を開いて、同じような価値観や問題意識があるか確かめるのだ。

このとき、「申し訳ないが、忙しくてまだ読んでません」と言う人は問題意識が足りない人で、とてもメンバーにはできない。

次に感想は言うものの、わが社を変えるほどの気づきのない人、これも失格だ。

合格する人は、感想を述べた後、「当社は、この本に書かれている○○ができていませんね。これをやらないといけないと気づきました」「社長は『うちはまだまだ赤ん坊のようなものだ』とおっしゃるが、その意味がこの本を読んでやっとわかりました」など、自社の問題提起ができる人だ。

一般に「問題解決は課長の仕事、問題提起は部長以上の仕事」である。問題提起ができる人は、より広範囲で長期的な視点をもっている。自分と同じ一冊の本を読んだときに、そこに書かれた幾多の事例や提言から、自社の未来を変える一行を見つける力をもった人は、後継者の頼れるブレーンになるだろう。

なおメンバーの年齢の幅も大切だ。一般に、後継者の年齢プラスかマイナス10歳までが、よけいな気苦労もなく親近感がわきやすい。リーダーが35歳なら、25〜45歳が範囲ということだ。

もちろんこれは原則であって、社員数50人の建設業を指導したとき、リーダーが40歳であったが、ビジョン開発チームのメンバーに60歳以上の部長が3人いて驚いたことがある。仕事上、彼らのもつ経験や技術がこれからも必要だったからだ。

ビジョンを描くことが苦手でも

世の中には、創造性にあふれて、将来の夢を面白おかしく描いてみせる人がいる。

一方で、そういうのは苦手だという人がいる。

将来をどんどん描ける人を、私は、「**開拓型人間**」と呼んでいる。

未来の光景が、次々に頭に浮かんでしまうのだろう。思い浮かんだら、それを人に伝え、そして周囲の人を、自分の描いた「夢の世界」に巻き込んでいく。「夢に日付を」と言う人は、こういうタイプだ。

対して、将来の夢を描くことは苦手でも、伝統技術の職人のように、現在もっている技術を磨きに磨き続け、現在よりはるかに高いレベルで仕事をしたいと考える人もいる。こういう人を、私は「**引き受け型人間**」と呼んでいる。

派手さはないが、もっている技術で、目の前の人を喜ばせることに全力を尽くす。自分がどんなに忙しくても、必ずやり切る。依頼した人は、その出来栄えに感心し、より水準の高い仕事も、「彼なら引き受けてくれるのでは」と発注すると、技術をさらに磨いて見事期待に応える。

よりお客様に喜んでいただくために、「数年後には、ここまで技術レベルを上げたい」と高みを目指し研鑽《けんさん》を続ける。これもまた将来の夢を描いている人といえる。

一般には、「将来の夢がどんどん広がる」タイプは起業家精神に富んで経営者向きとされ、逆にそれができない人は、「経営者向きじゃない」と考えがちだ。

しかし「引き受け型人間」は「開拓型人間」をみて劣等感をもつ必要はないのだ。たとえば、「自分たちの技術は、５年先の誰のどのような要求にも応えられるものにしたい」と考えたとすれば、それは立派な経営ビジョンなのだ。

メンバーはどんな役職であれ経営幹部の目線をもて

こうして選ばれた次世代経営チームのメンバーの役職は、役員、部長、課長など多岐にわたる。が、メンバーに選ばれた以上、目線だけは「トップを支える役員・部長クラス」に揃えたい。

そこでメンバー選出時に、課長と役員・部長の違いを以下の3点に絞り説明し、正しく理解してもらう。

1．課長は「問題解決」、部長以上は「問題発見・提起」
2．課長は「短期目標達成100％」、部長以上は「中期で現状比200％」を目指せ
3．課長は「ＯＪＴ」、部長以上は「学校をつくる」

何がどう違うのか、詳しくお伝えしよう。

1に関して、課長のミッションは年度目標の達成だ。そのために部下を預かっている。

一方、部長は自部門だけでなく全社を見渡して「わが社のここがおかしいですね」「わが社の弱みはここですね」「ここを直さないと同じ問題が繰り返し発生してしまう」など、社長の目となり耳となって問題点を見つけ、よりよくなるよう社内に問題提起するのが仕事だ。

創業者と違い、二世、三世の社長の場合は会社の隅々まで理解しているわけではない。たたき上げてきた人特有の直観力もない。よって自部門はもちろん、関連部門の姿を俯瞰《ふかん》して見ることができる部長からの提言が欠かせないのだ。

こうした問題を見つけるには３つの要素が必要だ。

①社内外の現状を高所から俯瞰《ふかん》する
②本来あるべき姿と比較して至らない点を見つける
③優れた他社と比較してわが社の至らない点を見つける

この中でとくにおすすめしたいのが、③である。次のような疑問をもって、優れた他社の見学会や視察会に参加し、ベンチマーキングするのだ。

・なぜあの会社はあんなにも儲かっているのか？
・なぜあの会社は社員の売上目標なしでもやっていけるのか？

・なぜあの会社は営業マン0人でもやっていけるのか？
・なぜあの会社の社員はいつもあんなにも元気なのか？
・どうやってあの会社は残業ゼロを実現したのか？

そのような事例に生で触れると、それまで気がつかなかった自社の至らない点が見えてくる。その気づきが成長の出発点になる。

次に、2の「部長は中期で現状比200％を目指せ」とは、部長は現状のメイン事業の運営を課長に任せ、空いた時間で新事業の種探しや既存事業の拡大支援、不振事業の建て直しなどをおこなう。大切なのは、それができる環境を整えることだ。

ヒト・モノ・カネ・情報の必要性を検討し、投入するための準備はもちろんだが、2〜3年で現状比200％アップということは、魅力的な提携先を探すことも重要な仕事になる。

そして3の「学校をつくる」とは、人が育つ仕組みを社内につくることをいう。

これには公平な人事制度の導入はもちろんだが、それ以外にも、朝礼の工夫や研修の受講、成果発表会の開催など、社内に自燃社員が多く育つ仕掛けをつくることだ。

人が育つ仕組みづくりも、どうやってやったらいいのか、やり方を見つけるのが難しい。

これも先行している他社をベンチマーキングするのが最も有効であろう。

こうした部長以上の目線をもっている幹部が周りにいてくれたら、後継者は心強いだろう。彼らからの報告や進言を聞くだけで、最新の現場情報、業界情報がリアルタイムで入ってきて、会議も研修も発言が多く賑《にぎ》やかなものになる。ダンマリ役員や３Ｄ（でも・だって・どうせ）役員に囲まれているときの孤独感や閉塞感とは雲泥の差のはずだ。

次世代経営メンバーは、第４章以降で述べるＶ字成長への５ステップを歩むことで、ごく自然にこのような目線の違いを身につけることができる。そして、いつしか意識も行動も次世代経営者らしくなっていく。

そのことが社長に伝わるからであろう、【ステップ３】のビジョン開発を終えたタイミングで、ワンランク昇進する人が多い。

役員は役付き役員へ、部長は役員へ、次長は部長へ、課長は次長へ。私から「○○さんを昇進させたほうがよい」と社長や後継者に申しあげたことは一度もない。が、それがどの顧問先でも起こるということは、次世代経営メンバーに選出されることで、それだけ逞《たくま》しくなっているということだ。

そして、その昇進がモチベーションとなり、さらなる成功体験を重ねていくのである。

2. 新たな歴史をつくる〈V字成長への5ステップ〉

次世代経営チームによる「新たな歴史づくり」はどのように進めるべきだろうか。

これには5段階あるが、そのアウトラインを簡単に説明しておこう。


【チームV字経営ステップ1】再成長への足元を固める

このステップでの狙いは、社内問題の発見と、原因を特定するスキルの修得である。

いきなり後継者が、10年先の遠くのビジョンを掲《かか》げて「さあ、やるぞ！」と言っても、人はついてこない。それどころか呆《あき》れるだろう。

それよりも、まずは昨日よりは今日、今日よりは明日が少しでも良くなるように、社内に潜《ひそ》む問題を発見し、改善していくことである。

実は当社にコンサルティングをご相談にみえる会社で、「業績が急降下して、潰《つぶ》れそうだ。どうしたらよいか」というような、切羽《せっぱ》詰まったケースは稀《まれ》である。

ほとんどのケースは、業績が停滞気味、あるいは前年割れ続きで、「どうやって、わが社を再び成長軌道に乗せたらいいか」というものだ。まだまだ財務的には余裕があるが、先を考えると、このままではいけない、今のうちに手を打たなければという、健全な危機意識をもった経営者からのご相談がほとんどである。

ある建築資材卸業のカリスマ社長が、こんなことをおっしゃっていた。

「最近10年、うちは順調だ。このままじゃ、若い部長たちが天狗《てんぐ》になってしまう。一度くらい凹《へこ》んだほうがいい。修羅場《しゅらば》をくぐらせないと、あいつらが育たない」と。

好業績の後に落とし穴がある。有能な経営者ほどそのことを知っている。

そこで、業績のわずかな「凹《へこ》み」を利用する。凹《へこ》みを大事《おおごと》にとらえ、社内の危機意識を高め、「ピンチはチャンス」と、凹《へこ》みを改革の糸口にする。ここで第三者である経営コンサルタントを入れて、これまでにない新たな目標を掲《かか》げる。「ここまでやらないと、勝ち残れないぞ」というような、新たな高い目標だ。そうしておいて凹《へこ》みの真因をあぶり出して、複数の問題点を一挙に解決する。平和ボケして危機感のない役員や幹部社員を覚醒させるには、業績のわずかな凹《へこ》みこそ、チャンスというわけである。

そして、凹《へこ》んだ分の2倍も3倍も業績を伸ばしてしまう。凹《へこ》んだ分を取り返すだけではなく、凹《へこ》んだ分以上に会社を成長させる。倍返し、3倍返しの経営だ。

私はこのような軌跡をV字回復ではなく、凹《へこ》みをカバーして新たな成長軌道を描く「**V字成長**」と呼んでいる。そしてV字成長するためには、今回の取り組みを翌年からはルーチンワーク化して誰でもできるようにする覚悟が、経営者に必要なのである。

そのためには、社長だけでなく次世代経営チームのメンバーが業績の凹《へこ》みに早い段階で気づくよう、凹《へこ》みを見える化する仕組みを構築する。

そして凹《へこ》みに気づいたら、直ちに現状を確認し原因を特定する。これをメンバーなら誰もができるようスキルアップしていく。これが第一歩である。

【チームV字経営ステップ2】凹《へこ》み脱出プランの実践

このステップでの狙いは、「目標達成マネジメントの仕組み化」だ。

突然だが、あなたの会社では、社員が「自分たちの目標を達成したい！」という気持ちで取り組んでいるだろうか？　それとも「やらされ感」いっぱいで、仕事をしているだろうか？

さらに計画を立てたら、各部門でちゃんとPDCAを回し、目標達成できるように皆で力を合わせることができているだろうか？

実は、その通りにできない企業がほとんどだ。

計画を立てたら立てっぱなし。行動したらやりっぱなし。振り返ることをしない。振り返って上手《うま》くいかない場合でも、原因を追究しない。あるいは「あいつのせいだ」と人のせいにして終わりである。

この状態のまま、ビジョンを掲《かか》げても、会社はいっこうに良くならない。短期間のＰＤＣＡが当たり前に回る仕組みがあってこそ、中長期ビジョンの実現に近づくことができる。

そこで、【ステップ１】で問題を発見した後、それを解決するための計画を、社員参画型で策定し、その後ＰＤＣＡが回る仕組みをつくり定着させる。

このときのポイントは、社員を巻き込んで計画をつくる「参画」である。計画段階から加わることを参画《さんかく》というが、自分の意見の入った計画には、誰もが関心をもち、結果を出したいと思うもの。そのモチベーションでやりっぱなしを防ぎ、ＰＤＣＡを回すのである。

このとき次世代経営チームのメンバーは、凹《へこ》んだ組織の責任者または総括責任者として成果を出し、会社のＶ字成長に貢献する。

これができれば、業績は下げ止まり、上向き始める。成果を出した後継者は、自信を深めるだろう。そして、この成功体験と、ＰＤＣＡが回る仕組みが、次のビジョン立案～実行時に生きてくるのである。

【チームV字経営ステップ3】ビジョン開発の実際

【ステップ1】「再成長への足元を固める」および【ステップ2】「凹《へこ》み脱出Vプランの実践」をクリアしたら、次に当社が将来どうなりたいのか、次世代経営チームでビジョンを開発する。

ビジョンとは、経営理念を近未来に合わせて具現化した姿である。が、美辞麗句《びじれいく》の羅列《られつ》であってはならない。根幹は、理想の事業構造の実現である。

事業分野の構成比、商品別の構成比、顧客別の構成比、エリア別の構成比など、安定した利益が得られる構成比へと事業構造を変えるのである。

次に、そこに向けて原則的には5年後のゴールを設定する。

5年が良いと思うのは、そこから逆算して、これから3年間の中期ビジョン（中期経営計画）を策定できるからだ。

そして、中期ビジョンによって年度計画を策定し、実施していくのである。

この策定時に、次世代経営チームは何度も社長に自分たちのプランを答申する。

社長はそのプランに質問を返す。「本当にできるのか?」「このような場合はどうなるのか?」「費用対効果は計算したのか?」など。頭ごなしの否定ではない。より良いプランに進めるための質問である。

この答申を通して、次世代経営チームは経営者視点を学ぶのである。

できあがったビジョンは、社員全員に大々的に発表する。

この発表会を次世代経営チームが仕切ることにより、社内に将来のトップ交代を印象づける。

「俺にもひとこと言わせろ」という社長も多いが、良きリーダーは実行段階では後方に退くものだ。後継者を信頼し、黙って見ているくらいのほうが先代としての大器量が伝わるだろう。

【チームＶ字経営ステップ４】明日の商品・事業づくり

ビジョンの中には必ず「明日の商品・事業」が描かれるはずである。それが現実のものとなると、それだけで会社の雰囲気はガラッと変わる。

リピート需要で儲かる商品やサービスがあれば、経営者が資金繰りに追われず、経営に余裕が出るだけでなく、その商品やサービスを求める新たなお客様やコラボレーションパートナーとの新たな出会いもあり、未来が劇的に開ける。

このことは百戦錬磨のカリスマ社長ならとっくに経験済みだろう。それゆえに、「新たな売りもの」が出ていないときは、社長は焦《あせ》る。ましてどんどん強みが失われていくわが社の現状を知れば知るほど、将来が心配でたまらなくなる。

ところが、後継者はこの経験に乏しい。

もし財務基盤が安定している会社なら、そこに胡坐《あぐら》をかいてしまう。そして、未来のことをさしおいて、社内規定の改定や、人事評価制度の見直しなど内部管理を優先しがちだ。

しかしそればかりではいけないのである。社内規定の改定や、人事評価制度の見直しは、すべて稼ぐ体質の維持のためであって、失われる未来がそこまで来ているのなら、何よりも「次に稼ぐ売りもの」をつくらないことには始まらないのだ。

次世代経営チームには、カリスマ社長並みに、会社の将来に対して心配性になってほしい。そして社員の給与を上げ続けるために、「『明日の商品・事業』は、何が何でも私が見つける」というカリスマ社長の使命感と、それがなくなれば会社の未来はなくなるという危機感を継承してほしいのだ。

新商品・サービスや新事業の開発には様々な方法があるが、理念を今の時代に当てはめて具現化すれば、横道にそれることなく、やるべきことは見えてくる。それによって新たな販売方法や業態の開発を検討することも生じてくる。

しかし資本力と人材にも限りがある中小企業では、それほど簡単なことではない。

そこで、とりわけ「**予期せざるオファー**」（7章で解説）に着目し、そこに特化した商品・サービスや売り方の開発に絞って資源を投入することで、他社と差別化した商品や新事業を生み出す。

キーワードは「予期せざるオファーを探せ」である。

中小企業は大企業と違い、技術での差別化は難しい。一方で、短納期や、小回りの利いた対応力、おもてなし力などサービス力での差別化は得意である。そのためには次のステップである人財育成も大事となってくる。


【チームＶ字経営ステップ５】自燃《じねん》社員が育つ仕組みづくり

人財で独自性を発揮し、他社と違いを出せる会社へと進化する。

そのための人財育成のキーワードは「自燃《じねん》社員の育成」である。何をすべきか自発的に考え行動する人財なしに、「チームＶ字経営」は成り立たない。

その先頭に立つべきは、自燃性《じねんせい》を発揮する後継者であり、次世代経営チームだ。

ここまでのプロセスで、次世代経営チームのメンバーは皆、自燃《じねん》社員に進化しているはずだ。が、それだけで会社は強くならない。さらに意識したいのは、企業力は自燃《じねん》社員の数で決まるということだ。お客様にとっては、出会うひとりがその会社の代表である。そのひとりの態度で、お客様が固定客になるか否かが決まる。だから、幹部のみならず全社員の自燃性《じねんせい》を引き出していかなければならない。

自燃性《じねんせい》はもともと誰もがもっているものである。自分が必要とされていて、やりがいをもって働ける環境であれば、自燃性《じねんせい》は自然と出てくるし、そうでなければ引っ込んだままである。よって、社員ひとり一人が必要とされている環境をつくることが、次世代経営者の重要な仕事なのだ。

以上が、チームV字経営による、会社を創り変える基本的なステップの要点である。

本書では、4章から、ステップ1から5までの具体的な実践を解説する。その前に、前提として社長と後継者に知っておいていただきたいことを次に述べよう。

第3章

継続発展になぜビジョンが必要か

TEAM V-SHAPED MANAGEMENT

１．「誰にでも見える」からビジョン

事業を継続的に発展させるためは、ビジョンが絶対的に必要である。その重要性を、序章で品川駅と京都駅の写真を見比べて、「人間は先が見通せないと、挑戦せずについつい慣れた楽な道を選んでしまう」ことを述べた。本章では、さらにビジョンの重要性を別の角度から解説し、さらにビジョンと混同されがちな「理念」について述べたい。

全体像が見えないと純白地獄になる

まず巻末に添付してある「真っ白なジグソーパズル」の写真③を見ていただきたい。

これは、全トヨタディーラー中、顧客満足度１３年連続№１のネッツトヨタ南国の横田社長から教えてもらったジグソーパズル「純白地獄」という商品である。

この写真をご覧になって、皆さんは何を感じ取れるだろうか。

次に、巻末の写真④の「一般的なジグソーパズル」の写真を見て、写真③「真っ白なジグ

ソーパズル」と見比べていただきたい。

「純白地獄」は、ご覧のように、何も印刷されていない真っ白なボードを、ジグソーパズルに加工したものだ。いったい誰が買うのかと不思議な商品だが、マニアがいて、結構売れているというから驚く。しかしもし皆さんがどうしても、どちらかを買わなければならないとすれば、よほどのへそ曲がりでもない限り、写真④の一般的なパズルを選ぶはずだ。

ここで、私が何を言いたいのか、大体ご想像がつくだろう。

毎日の経営の現場は、まるでジグソーパズルのように、複雑に入り組んだ様々な要因を何とか組み合わせて、かたちにして成果に結びつけることが必要になる。

このとき、バラバラになっている破片を、手がかりになる要素を何とか見つけて組み合わせていくわけだが、**仕上がりの全体像が見える場合と見えない場合**では、組み合わせる困難度はまるで違うことが、容易に想像できるだろう。

全体が見えないまま、細部の仕事を任せられても、社員は純白地獄に陥《おちい》る

もし、社員に仕事の仕上がり像を見せないまま、細部の仕事だけに専念させているとした

ら、「純白地獄」のような仕事の流れをつくっていることにならないだろうか？

本を読まない世代にも買ってもらう強力ＰＯＰ

もうひとつ、巻末に添付した写真⑤をご覧いただきたい。

これは、ヴィレッジヴァンガードという、全国に３９５店舗展開する複合型書店の、書籍売り場にある手づくりＰＯＰ広告だ。

同社は一般の書店からスタートし、現在では売上の７割を占める中南米やアジア各国の民芸品や雑貨の販売、オリジナル衣料雑貨の製造・販売など、書籍だけではなく幅広い雑貨も扱う複合型書店である。

最近の若い人たちの活字離れ、書籍離れが顕著になって、マンガですらスマホで観るような時代となり、出版界の長期低落傾向が続いている。ところが、同社は本を読まない若い世代を対象にする書店なのだ。

その店づくりの大きな特徴は、店舗の担当者の裁量で展示や陳列を任せ、店ごとに異なったレイアウトで独創的な「今まで世の中になかった空間づくり」をして、９０か月連続増収など快進撃を続け、「サブカルチャーの殿堂」といわれるまでになっている。

お店に並べられた商品には、担当者がなぜこの本をすすめるのか、その理由を手書きしたＰＯＰが貼られているのだが、それがありきたりの推薦文ではなく、お客の購買動機を強くそそるコトバになっているのである。

何はともあれ、巻末の写真⑤に紹介する書籍のＰＯＰ広告をお読みいただきたい。

ＰＯＰにいわく、

「社会人３年生あたりが読むと、グッとくる」

「読了後の疲れ、スゲエ」

「ずっと、ず〜〜〜っと一緒にいたい人が見つかったら、プレゼントしようと思ってます」

「岐阜ええとこですやん？『何もねぇ。』って思ってたけど、こんなにいろいろありました」

など、どれも顧客目線のユニークなＰＯＰの文面だが、購買意欲を強くそそると思いませんか。

この頃は、どの書店でも、店員の手書きの推薦ＰＯＰが掲示されていることが多いが、ここまでお客の心に飛び込んでくるＰＯＰは少ないように思える。

どうして、これらの言葉が、読む人の心に飛び込んでくるのだろうか。

読んだ後の効用を、お客と同じ目線で、目に見える情景として語っている

からだ。

結果を見せられると、人は「どうしてそうなったのだろう？」と強い興味をもつものだ。

読後のイメージが誰にでも見えてくるＰＯＰだからこそ、中身に惹かれるのである。

以上のことから、経営ビジョンとは、次のようなものでなければならない。

- 到達すべきゴールを「誰にも同じように見せる」ことによって、
- 全社員の挑戦心の源となり
- 自分の仕事のプロセスに関心をもたせ、達成過程で楽しく速度アップさせ、
- ビジョン実現後の「幸福で充実した世界」が実感できる

2. ビジョンをストーリーにする

ビジョンをストーリー化すると訴える力が強烈になる

以前、農業テーマパーク「モクモク手づくりファーム」の創業者、木村修《おさむ》社長理事（当時、現在は会長）を訪ねたことがある。

モクモク手づくりファームは、三重県と滋賀県の県境《けんざかい》の山間部にありながら、年間来場者数50万人（2015年）をほこる全国の農業テーマパークのモデル的存在だ。創業から26年を経た現在は、農業組合法人から株式会社組織になり、社員250人、年商50億円をあげ、創設当時のメンバーである松尾尚之《なおゆき》さんが二代目社長に就任している。

私が木村社長を訪ねたときは、まだ農業組合法人で年商も30億円程度と記憶しているが、開口一番言われたことは、

「私がやりたいのは、農業をロマンと夢のある未来産業にすることです」であった。そして、

「日本の農業がいま置かれている現状」

「なぜ変えなければならないのか、その動機」
「どう変えていくのか、その未来ビジョン」

と続いた。私は、「何らかのかたちで、加わりたい」と思うほど、木村社長の話にすっかり引き込まれてしまった。

木村社長は、大学を出ると三重県経済農業協同組合連合会に就職、地元の農畜産物の営業担当をしていた。そして伊賀地方特産の豚をブランド化しようと、職場の同期生を巻き込んで、地元の畜産農家１６軒と組合を設立、高品質な肉の売り込みを図る。しかし「半額でもまだ高い」と言われ、なかなか売れない。当時の豚肉は、国産も外国産も区別なく売られており、スーパーなどでは値段だけが勝負の世界であった。

そのころ木村社長は、百貨店でお歳暮用として売られていた高級ハムの値段を見て、目をむいた。１本１万円。自分たちの肉が高い高いと相手にされていないのに、材料費としてはせいぜい１０００円程度の豚肉が、１万円に化けている。

そのとき木村社長は、「これからは自分たちで価格を決めることのできる農畜産業でなければだめだ。生産から加工、販売までおこなって、下請けにならない農業を目指そう」と決意されたそうである。そして１９８８年、事務所兼食堂兼作業場として１軒のログハウスを建て、伊賀豚を原料に、手づくりウインナーの製造販売をスタートさせる。

原材料すべて地元の農産物にこだわった手づくり高級ウインナーをログハウスで売る。やがて地元の人を対象にした「手づくりウインナー教室」の成功をきっかけに、高級ウインナーが売れはじめる。続いて手掛けたハム、地ビール、パン、パスタなどの「体験工房」が人気を集め、自家製の食材を使った農場直営レストランを併設する。

こうして１０数年後には、訪れた人たちが、放し飼いの伊賀豚と直接触れ合うことのできる１４ヘクタールの農業テーマパークを展開するまでになる。

その間に伊賀豚を原料に、防腐剤を使わない手づくりハムが贈答用としてヒット、味が評判となってリピーターが増え、現在では、レストランと直営店を東京・大阪・名古屋に出店するに至っている。まさに「下請けにならない農業」が実現しているのだ。

私がお会いしたときの木村社長は、さらにこれからの課題として、インターネットを利用した通販事業、伊賀豚だけでなく伊賀牛のブランド振興など、次々に当時の夢を語ってくれた。

ストーリーを伴ったビジョンは、人を巻き込む力がある。このときの木村社長の話には、誰もが共感できるストーリーがあった。だから引き込まれたのだ。

図表６　ビジョンを伝えるNBA法

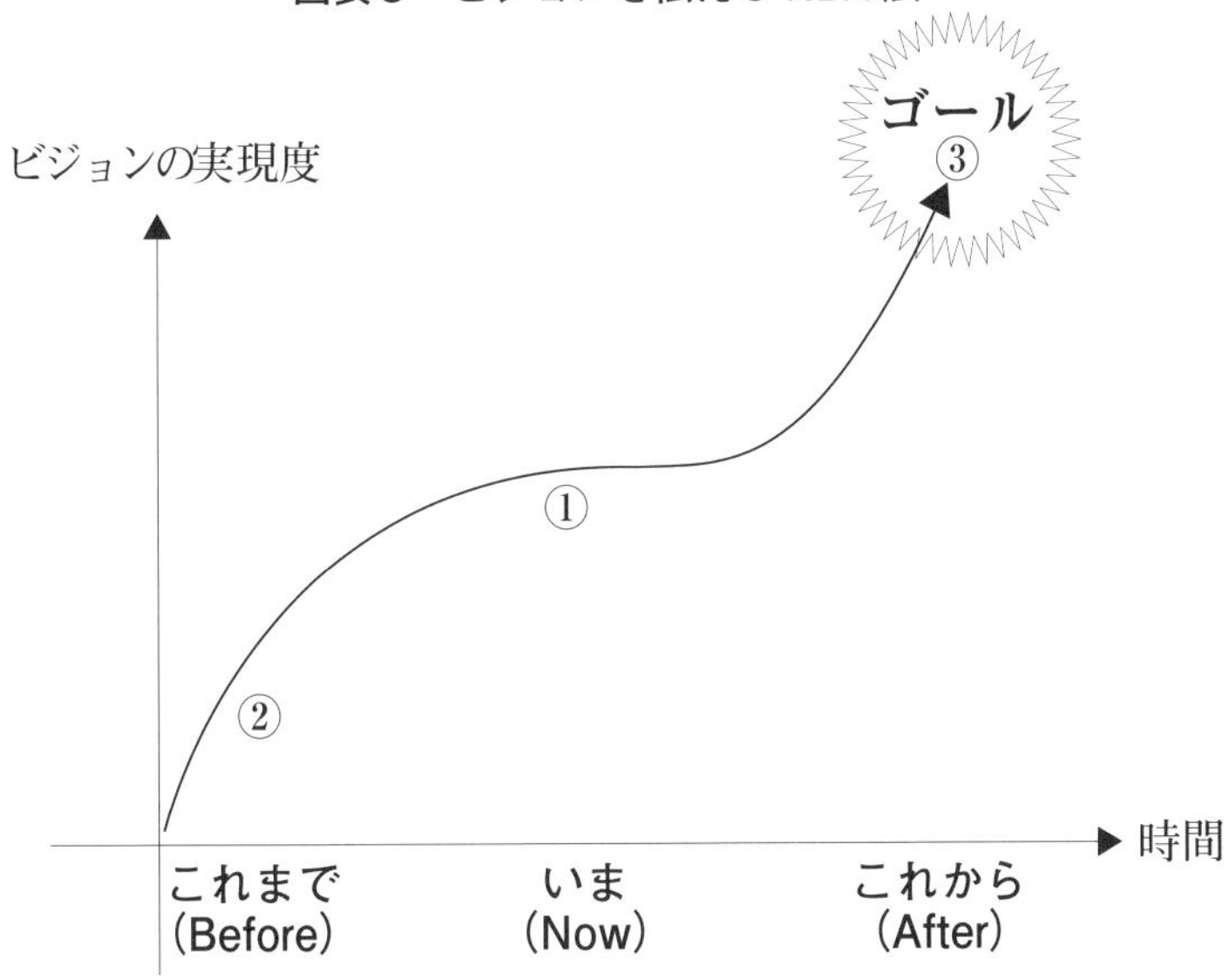

未来のゴールと現在の姿をつなぐ

ストーリーとは、現在の姿と未来の姿をつなぐものである。

すなわち**ビジョンの達成具合を「いま(Now)・これまで(Before)・これから(After)」**で示すことを指す。

図表６をご覧いただきたい。縦軸は「ビジョンの実現度」、横軸は「時間の経過」を指している。

①**今、どのような現状なのか**＝現在の状態、ビジョン実現までの達成程度

②**今までどうだったのか**＝始めた動機、これまでの軌跡

③**未来のゴール**＝実現したいビジョン

ビジョンを示すときに、この順番で話されると、聴く者は思わずビジョン達成に加わりたくなる。なぜなら、それは「関わる人の夢と幸福を具体的にかなえる物語」だからだ。

私はこの伝え方をアルファベットの頭文字をとって「**ＮＢＡ法**」と呼んでいる。ＮＢＡ法を使ってビジョンをストーリー化すると、訴える力が強烈になる。

社員にビジョン達成までのストーリーを示し、「これから○○を担当する人材が必要だ。それにはあなたが適任だ」と、ビジョンを「わがこと」として共感、共有してもらうのである。

単にゴールを示すだけではなく、「私たちは今日まで何を目指してやってきたのか？　だから、これからは何をすべきなのか？」と問いかけ、社員に考えさせながら伝えると、効果抜群である。彼らはゴールまでの道筋を、ワクワクしながら自分の脳裏に刻み込むだろう。

会議のたびに観るＤＶＤ

Ｊ金庫は、２５支店の地方金融機関である。

県内の主要都市には、都市銀行はもちろん、地銀、信金、信組などの競合が支店を構えているから、Ｊ金庫は列強に囲まれ、いつ飲み込まれてもおかしくないような存在だ。

しかし山椒《さんしょう》は小粒でもピリリと辛い。規模的には圧倒的に不利であっても、地元の顧客に支持されて、確実に業績を伸ばしている。

その原動力となっているのが、Ｊ金庫の「群を抜くサービスでお客に愛され、県下一番のすごい会社になる」というビジョンだ。

このビジョンづくりについては、第４章で改めて詳しく触れたいと思うが、ここでは、会議のたびに、開始冒頭で必ず流されるＤＶＤについて紹介しておきたい。

ＤＶＤの長さは全１３分だ。

冒頭、真っ黒の画面に、次のテロップが流れる。

「Ｊ金庫に就職が決まって友達に言ったら、誰も知らなかった…」続いて、

・なんとなく自信がもてなかった自分
・お客様の喜びの声に目覚めていく自分
・会社が小さくても、ホスピタリティ力で、お客様から選ばれていく自分
・「群を抜くサービスで、県下でいちばんすごい会社になる」とテロップで強調

・その変化を感じてJ金庫ファンになったお客様の顔と声
・その変化をリードする各支店長の言葉

といった構成になっている。

このDVDを、J金庫では「ベクトル合わせのDVD」と呼んでいる。そして、営業部門の会議の冒頭で必ず、参加者全員で観る。各支店を結ぶTV会議の冒頭でも、例外はない。これが、全員をビジョン実現に巻き込む強力なツールとなっているのだ。

ビジョン実現に向かう行動は、日々の積み重ねである。

しかし、ともすれば、毎日の行動が「ビジョンに向かっているのか」忘れてしまうこともある。絶えずビジョンを意識して行動するということは、現場で日々働く人たちにとって、そうやさしいことではない。

だからこそ、「全社員のベクトル合わせ」のために、全員で会議の前に必ず観て、「何のため、誰のため、どこを目指すのか」を改めて確認し合い、脳裏に刷り込むのである。

ビジョンを単に思いつきや願望の羅列に終わらせてはならない。各自の日々の行動にきちんと反映されてこそのビジョン、ということである。

数字だけのビジョンは「純白地獄」と同じ

多くの中小企業の経営者にとって、たとえば「年商１００億円を目指す」というのは、ひとかどの企業となるために挑戦心を燃やす、区切りのよい数字目標だろう。

一般に、年商3億円の会社は、とりあえず区切りのよい5億円・１０億円を目指し、年商１０億円の会社は、３０億円・５０億円を目指すが、社長の胸の奥には、「いつかは１００億円企業にしたい」という漠然とした想いを秘めている方も多いはずだ。

１００億円は、単に区切りのよい数字にしかすぎないが、１００億円売れば一目置かれるような規模と考えて、社長の経営エネルギー源とするのは決して悪いことではない。

しかし、社長の胸の奥に秘めた１００億円という数字だけが独り歩きし、「わが社は将来１００億円企業になる」という、数字だけのビジョンを打ち出しても、社員にとっては「何のための１００億円か」がまるで伝わらない。その結果、先に取り上げた「純白地獄」のような強制労働になってしまう。

このことを私に気づかせてくれたのは、ブラザーの安井義博《よしひろ》社長（現・相談役）である。私は退社するとき、当時の安井社長に挨拶に行った。そのとき安井社長に「辞めてコンサルタントになります」と伝えたら、次のように言われたのだ。

「酒井君がコンサルタントになるのなら、言っておきたいことがある。企画の『かく』という字はどんな字を書くかな？」

私は変なことを聞くなあ…と思いつつ、「『画』という字です」と答えた。すると、

「そうだろう。『画』だ。画いたものだ。ビジュアルで、あたかも映画のシーンのようにありありと、映像で頭に浮かんでくるようなもの。企画とはそのようなものでなければならない。ところが、俺のところに毎日のように届く企画書は、企画書といいながら数字ばかりが並んでいる。これらは皆、ただ『書いた』だけ。何もビジュアルなシーンが浮かばない」

「君はビジュアルな企画書をつくれよ。ワクワクドキドキ感じないと人は動かないものだから」

この言葉は、この日以降、顧問先のビジョン開発支援を生業にする私の座右の銘のひとつになった。

私がビジョンを伝えるときにストーリー性のあるNBA法を用いるのは、「ワクワクドキドキ感じないと人は動かない」という安井社長の教えによるところが大きい。

序章で紹介した靴小売チェーンK社は、「わが社が日本人の足元を変える」という理念から、自主企画商品をもつための「チェーン100店舗」という数字目標が打ち出された。「100

店舗クリアすると、われわれは別の世界に行けるぞ」と、あたかもロールプレイングゲームの場面クリアのように、ワクワクするような指標になっている。

数字はゴールではなく通過点であり、ビジョンの実現具合を確認する尺度なのだ。

ビジョン達成のための経営計画には、もちろん数値目標は欠かせない。数字がないとゴールまでのズレに気がつかないからだ。しかし数字だけのビジョンでは、社員を「純白地獄」に突き落とすようなもので、もっといけない。

3. 全員をやる気にさせる理念パワー

理念の3つの力

次に「理念」の重要性について考えてみよう。私は、理念には次の3つの力があると考えている。

(1) 帰るべき原点

事業経営の現場では、右に行くべきか、左に行くべきか、決断を迫られるさまざまな選択肢が毎日のように現れる。社長は、ワンマン決定責任者だから、どちらに決めても、最終責任を負わなければならない。だから即断できずに迷うような案件を抱えることも多い。

理念は、そもそも何のため、誰のための事業だったのかを明らかにするものだ。迷ったら帰るべき原点であり、どちらを選択すれば将来の正しい方向づけができるかの判断基準となる。

たとえば、本田技研工業株式会社（以下ホンダ）はリーマンショックのとき、赤字転落の危機に陥った。

このとき、当時の福井威夫《たけお》社長はF１から撤退すべきか否かを迫られた。彼自身、F１が好きで入社したエンジニアのひとりであり、ホンダのF１参戦の社会的な意義も重要性も知り尽くしていた。誰よりも継続したい気持ちをもっていた。

しかし、社長としてF１に参戦することの経済的な負担が大きいことも知っていた。このままF１を続けても会社が潰《つぶ》れるようなことはない。が、赤字が大きくなり、雇用が守れない恐れもある。果たして赤字になっても続けるべきことなのか？

悩んだ福井社長は、同社の経営理念に立ち返った。それは次のようなものである。

Hondaフィロソフィーは、「人間尊重」「三つの喜び」から成る〝基本理念〟と、〝社是〟〝運営方針〟で構成されています。Hondaフィロソフィーは、Hondaグループで働く従業員一人ひとりの価値観として共有されているだけでなく、行動や判断の基準となっており、まさに企業活動の基礎を成すものといえます。Hondaは「夢」を原動力とし、この価値観をベースにすべての企業活動を通じて、世界中のお客様や社会と喜びと感動を分かちあうことで、「存在を期待される企業」をめざして、チャレンジを続けていきます。

さらに福井社長は、この言葉の深い意味を確認したくて、創業者である本田宗一郎さんが創業の志を記した書物を開いた。そこには次のように書いてあったという。

「当社は、存在を期待される企業をめざす。その原点は『納税義務』と『雇用の維持』である」

この「存在を期待される企業」の意味を知った福井社長はF1撤退を即決・即断した。ホンダはF1を『走る実験室』だと位置づけていたが、納税と雇用に優先してまでやることではないと判断したのだ。

F1撤退には、世界中で同社へのバッシングや不買運動が起きるかもしれないリスクがあった。が、それは杞憂《きゆう》に終わった。この選択に対し、消費者はホンダをきちんとした優先順位をもっている会社だと評価したのである。

そして2013年にF1への復帰を発表したときは、「これは素晴らしいニュースだよ、ホンダのターボエンジンは本当に素晴らしいからな」「おかえりホンダ！　休暇をとって力を取り戻した。ホンダの活躍を期待しているよ！」など、その復帰を世界中のモーターファンが歓迎したのである。

正しい方向を見極めることは、社長でなければできない役割だ。

社長は、事業経営の源流である理念とピュアに向き合って、わが社の長期発展への正しい選択をし続けなければならない。

（２）同じ志《こころざし》の人を集め求心力を強める

ちょっと極端な言い方だが、ビジネスにおいては、次の２つの要素の求心力が大きいと私は考えている。

ひとつは、「**お金の匂い**」。

たとえばアジアのように、伸び盛りの新興国には、世界中からビジネスチャンスを求めて人が集まってくる。「儲かりそうだ」と感じるようなマーケットやモノに、多くの関心が集まるのは、人の常だ。

もうひとつは、「**共感できるこころざし**」である。

登山家の栗城史多《くりきのぶかず》という方をご存じだろうか。世界七大陸最高峰の単独・無酸素登頂に挑戦し、その様子を「冒険の共有」としてインターネット生中継して話題となっている。

３０代前半ながら、全国から共感者を集め、熱烈な栗城《くりき》ファン（私もそのひとりだが）が彼の活動を応援する、知る人ぞ知る存在だ。

栗城《くりき》さんは、ホームページの冒頭でこう綴《つづ》っている。

［見えない山を登っている全ての人たちへ］
人は誰もが冒険し、見えない山を登っている。
見えない山を登っている全ての人達と冒険を共有し、
夢を否定しないで自分の中にあるエベレストに一歩踏み出す人を増やすこと。
それが、冒険の共有であり、僕が登る山です。

そして「冒険の共有」をテーマに全国で講演活動をし、講演会場でグッズを売り、登山資金を集める。通常、海外登山のためには、入山料、渡航費用、シェルパを含むスタッフなど莫大な経費がかかる。その費用を捻出《ねんしゅつ》するために、講演活動以外にも、大企業のトップと直接交渉して、共感した複数のスポンサーを得ているのである。

「冒険の共有」という理念が、多くの人たちの共感を呼び、彼のもとに集まってくる。

このように、理念には、共感する人たちを広く集める求心力があるのだ。

（3）次の事業の可能性を示す

理念がもつもうひとつの力は「次の戦略を示してくれる」ということだ。会社が継続的に成長していくには、時代の変化にそって、絶えず新たな事業、新たな商品・サービスの開発が必要となる。

そのとき、ヨソがやっているからという安易な発想では価格競争は避けられない。新たな戦略を見つけていかなければならない。このとき、理念の中にそのヒントが見つかるのだ。

理念は高速道路のガードレールである

大塚製薬の経営理念を、次に紹介しよう。

「Otsuka-people creating new products for better health worldwide」

意訳すれば、「世界中の健康増進につながる新たな商品を創りだそう」となるだろう。

この理念の良いところは、「何をすればよいか」がわかると同時に、「何をしてはいけないか」もわかることだ。

最初に「creating」とある。だから、人まねした商品や先行メーカー追従型の企画は、「ダメだ、やり直し」と却下される。

次に「new」とある。世の中に新しい価値をもたらす企画でなければ「ダメだ、やり直し」と却下される。

さらに「product」。売りものは「商品」でないといけない。「サービス」を売るだけの企画は、「ダメだ、やり直し」と却下される。

そして「for better health」。技術的に可能でも、健康に貢献しない企画は却下される。

最後の「worldwide」。日本の国内限定や、特定の国でしか売れない企画は「ダメだ、やり直し」と却下される。

ここまで禁止事項を並べたが、制約があれば、かえって人は自由になれる。

組織として新しいものに挑戦し続けるということは、失敗も山ほどすることにつながる。そのため現場には「何が失敗で、何が失敗でないのか」を自分で判断する大まかな基準が必要だ。同社にとっては、「独自性のないもの」「特定の国でしか売れないもの」は失敗であり、逆に**それさえしなかったら、「何をしてもいい」**ということだ。

私はこれを、「**ガードレール理論**」と呼んでいる。

もしハイウェイにガードレールがなかったら、道路から落ちるのを恐れ、誰もがセンターライン寄りにゆっくりと走るだろう。しかしガードレールがあれば、方向を確認しながら道路の端でも安心してスピードをあげて走ることができる。その分、思考や行動の幅が広がり、イノベーションが生まれる可能性が高くなる道理だ。

「何でもいいから、とにかく自由にやってみろ」と思い切って任せる方法も、もちろんある。しかし、山野に放し飼いにしている家畜が行方不明にならないのと同じで、放任されると、人は行動や思考の枠を、自分で勝手に決めがちである。そのために高速道路のセンターライン寄りだけを選んで無難に走っていては、斬新なアイデアが出なくなってしまう。

「ここからは逸脱するな」という明確なガードレールさえあれば、その中では自由でいいんだとなり、革新を生み出す原動力が生まれるということだ。

「理念」は、まさに広大なガードレールでもあるのだ。

私が出会った大塚製薬の元役員は、「この理念を信じて努力した。この理念があったから迷わず踏ん張れた」と語っていたが、理念というガードレールがあるから、「やるべきこと」に思い切って突き進むことができる。

理念とは、漫然と唱和するものではない。「やるべきこと」を明確に示してくれるガードレールなのだから、理念に対する造詣《ぞうけい》を深め、それをわかりやすく社員に伝えていくこと。そのうえで、今、取り組むべきことを明示するのは経営者の大事な仕事なのだ。

結婚式を「結魂式」に

「理念」が社員の毛細血管のすみずみまで浸透すると、サービス力もいっそう磨かれ、他社が容易にまねのできない独創的なものになる。

株式会社シャンテは社員40人の、地域でCSナンバーワンの結婚式場『オ・バルキーニョ』を経営している。

シャンテの浅田孝枝《たかえ》社長は三代目だ。社長を継いだときに、当時の料理長はじめベテラン職人たちが新社長に反発し集団離職してしまった。社長は、突然の異常事態に悩みぬいたそうだ。

そして、「社員が一丸となって仲間を誇れる会社をつくりたい」との想いから、次の3つの理念を掲げ《かか》、これに共感してくれる仲間とだけで、今後の結婚式場を運営していこうと心に決めたのである。

その3つとは、

①ひとり一人の夢や想いを大切に、「**よろこびを創造**」します

②「**感動を共有**」することによる最良のホスピタリティのために最善をつくします

③向上心をもち、何事にも果敢にチャレンジし社会に貢献できる「**人間力**」を磨きます

これらを、仲間を選ぶ基準とする。さらには社長自身の判断や行動の基準とする。そして毎日の仕事の中で、「よろこびの創造」「感動の共有」「人間力」の３つを、たえず自問自答していったという。そこから、理念を凝縮《ぎょうしゅく》した次の言葉が紡《つむ》ぎ出された。

「**結婚式を結魂式に**」である。

自分たちが提供しているのは、魂を結ぶ式だ。これこそ真の理念ではないかと。そして「結婚式を結魂式に」を基本理念とし、「よろこびの創造」「感動の共有」「人間力を磨く」を三大綱領に、全社員が理念を共有し、自ら提供するサービスを磨いていったのである。

ところで晴れの結婚式のはずだが、新郎新婦の両親のうち、どちらかの親の仲が悪かったり、問題を抱えていて、片方の両親の１人が出たくないと欠席するケースがあるという。新郎新婦にしてみれば、相手の家への配慮から、両親揃って出席してほしいのはやまやまなのだが、ここに至ってどうしようもないと諦《あきら》めている。

それを知った担当者は奔走して、あの手この手で、欠席するつもりの親を説得し、結婚式

当日には両家のご両親が揃う。

これを見ていちばん驚くのが、事情を知る親戚一同だそうである。「あの人がまさか出席するとは思わなかった。やっぱり可愛い娘の晴れ舞台だものな。よかったよかった」と。

もちろん新郎新婦にとって、大感動の結魂式となる。

またある結婚式は、花嫁の親のうち、母親がすでに亡くなっていて父親だけの参列となっていた。

担当者は、亡くなった母親はヒマワリの花が大好きだったということを聞き出して、「お母さんの代わりに会場いっぱいにヒマワリの花を咲かせよう」と、新郎新婦に提案した。

しかし挙式予定は晩秋、ヒマワリのシーズンは終わっている。担当者は、出入りの花屋に相談し、苗を温度調節して育ててもらい、会場をヒマワリで埋めた。母親代わりのヒマワリに見守られた新郎新婦の感激はいかばかりか。

式に参列し、担当者の配慮を知った未婚の友人たちは「私もここで式をあげたい」、親戚の人たちは、「自分の子供の結婚式もここで必ずあげたい」となる。このような申し込みが、同社利用客の半分以上を占めているのだ。

シャンテでは社員の発案で、結婚式をあげたカップルを毎年招待してＯＢ客の集《つど》いを開いている。赤ちゃんや子連れの和やかでにぎやかなパーティだが、これも「魂を結ぶ」発想から生まれたものだ。そして参加者は、友人や親戚に「結婚式をあげるならシャンテに限る」と強力に推してくれ、多くの紹介客を集めているのである。

私は社員が自社理念に共感し、そこから生まれる自発的な行動を「**理念行動**」と呼んでいる。ここに紹介した事例はすべて彼らにとっては当たり前の理念行動だ。

理念行動の中には、「そこまでやらなくてもいいのでは？」と思えるような、儲けにつながらないことも多数ある。が、それゆえに同業他社は真似しようとしない。そのためオンリーワンになり、熱烈なファンをつくることができる。これが理念による差別化であり、中小企業のひとつの成功モデルである。

では次章から、チームＶ字経営の具体的な実践を解説しよう。

チーム
V字
経営
実践
チームV字経営

ステップ1

再成長への足元を固める

1. 業績の凹《へこ》みを再成長の起爆剤とする

まずは絶対に潰《つぶ》れない経営基盤

「衣食足りて礼節を知る」という故事を、皆さんもご存じだろう。

これは、春秋時代の斉《せい》の宰相管仲《かんちゅう》の言葉、「倉廩《そうりん》実《み》ちて、すなわち礼節を知り、衣食足りて、すなわち栄辱《えいじょく》を知る」(『史記』)がもとになっている。

紀元前7世紀の古代中国は、周《しゅう》王朝が弱体化し諸国が勃興《ぼっこう》、その一国であった斉《せい》の桓公《かんこう》から「わが国が強国となる方法は何か」と聞かれ、管仲《かんちゅう》が「人々は、倉庫がものでいっぱいになり物質的に不自由がなくなって、初めて礼儀に配慮する余裕ができ、また衣食十分になって栄誉恥辱《えいよちじょく》を知るようになる」と答えたという故事だ。

その意味は、国が栄え強くなるには、まず国民の生活を豊かにすることであり、そのためには、農業を奨励し、斉《せい》が海に接しているので塩づくりをすすめ漁業を奨励する。そうなると諸国から商人が集まり、お金が集まる。その富で武器を手に入れ国を護《まも》る。もし戦争になっても、膨大な戦費を賄《まかな》えるようになる。つまり富国強兵の第一歩は、民生の安定であると。

こうして斉《せい》は、当時の一大産業国家へと発展していったのだ。

ここで、私が何を言いたいのか。

斉《せい》の宰相・管仲《かんちゅう》の言葉は、国と企業との違いこそあるが、そのまま、**企業力を強化するプロセス**ではないかということだ。

まずは現業の足場を固めて、社員の「この会社は将来大丈夫か」という不安を払拭《ふっしょく》し、次に新たな事業を加えて財務を豊かにし、教育を施し人材を育てる。その過程で、企業体質を強靭《きょうじん》にし、同時に企業文化を進化させていく。

管仲《かんちゅう》が説く、富国の最初の一歩である農業や漁業、塩業の奨励。これは生活の足場を固める、「飢えの恐怖からの解放」であり、企業経営にとっては「**絶対に潰《つぶ》れない経営基盤づくり、社員の素朴な安心**」につながることになる。

すなわち「チームV字経営」の第一歩も、現在の経営基盤を固めることから始める。

具体的には後継者が中心になって「業績の凹《へこ》み止め」を短期間でおこなう。これにより、後継者が自信をもつのと同時に、PDCAが回る仕組みをつくることから「チームV字経営」をスタートさせるのである。

業績が低迷気味の会社の幹部に、「低迷の原因は何ですか?」と尋ねると「わが社にビジョンがないからだ」と答える人が多い。しかし、**低迷の一番の原因はビジョンのなさではなく、ＰＤＣＡが回る仕組みがないことにある**。

もし、ビジョンレスが原因だからといってビジョンを開発し策定しても、その先にＰＤＣＡが回る仕組みがなければ、実行が伴わずビジョンはあっという間に絵に描いた餅《もち》になってしまう。ビジョンの前にＰＤＣＡが回る仕組みづくり。これを肝に銘じていただきたい。

凹《へこ》みはこれまでの経営常識が通じなくなったサイン

名経営者は、会社を変革させるきっかけとして、業績のわずかな凹《へこ》みを見逃さず、むしろ逆にそれを利用して、旧来のビジネスモデルの大幅な創り変えをおこない再成長の起爆剤とする。

凹《へこ》みは、これまでの経営の常識が通じなくなったサインであり、「チームＶ字経営」導入のチャンスでもある。

「業績の凹《へこ》み」→「儲けを急ぐ」→「場当たり対応」→「雑になる」→「クレームの増加」→「モチベーション・ダウン」→「業績の低迷」

これを私は、「**衰退導線**」と呼んでいる。一方、

「業績の凹《へこ》み」→「原因の特定」→「対策立案」→「丁寧な対応」→「CSの向上」→「モチベーション・アップ」→「業績の向上」

これを私は「**繁栄導線**」と呼んでいる。

業績の凹《へこ》みは、「このままいくと危険だから、早急に原因を特定し、対策を練って繁栄導線に切り替えよ」という経営者への合図なのである。

収益が低迷してきたときに、一番危険なことは、「儲けを急ぐ」ことだ。安易な値引きや検査不十分なままの出荷、アフターサービスの手抜きなど、仕事が場当たり的で雑になる。そこから「衰退導線」に引きずり込まれることになる。

凹《へこ》みに気づいたら、こここそが切り替えポイントだと考えて、従来のやり方にいたずらに

図表７　衰退導線と繁栄導線

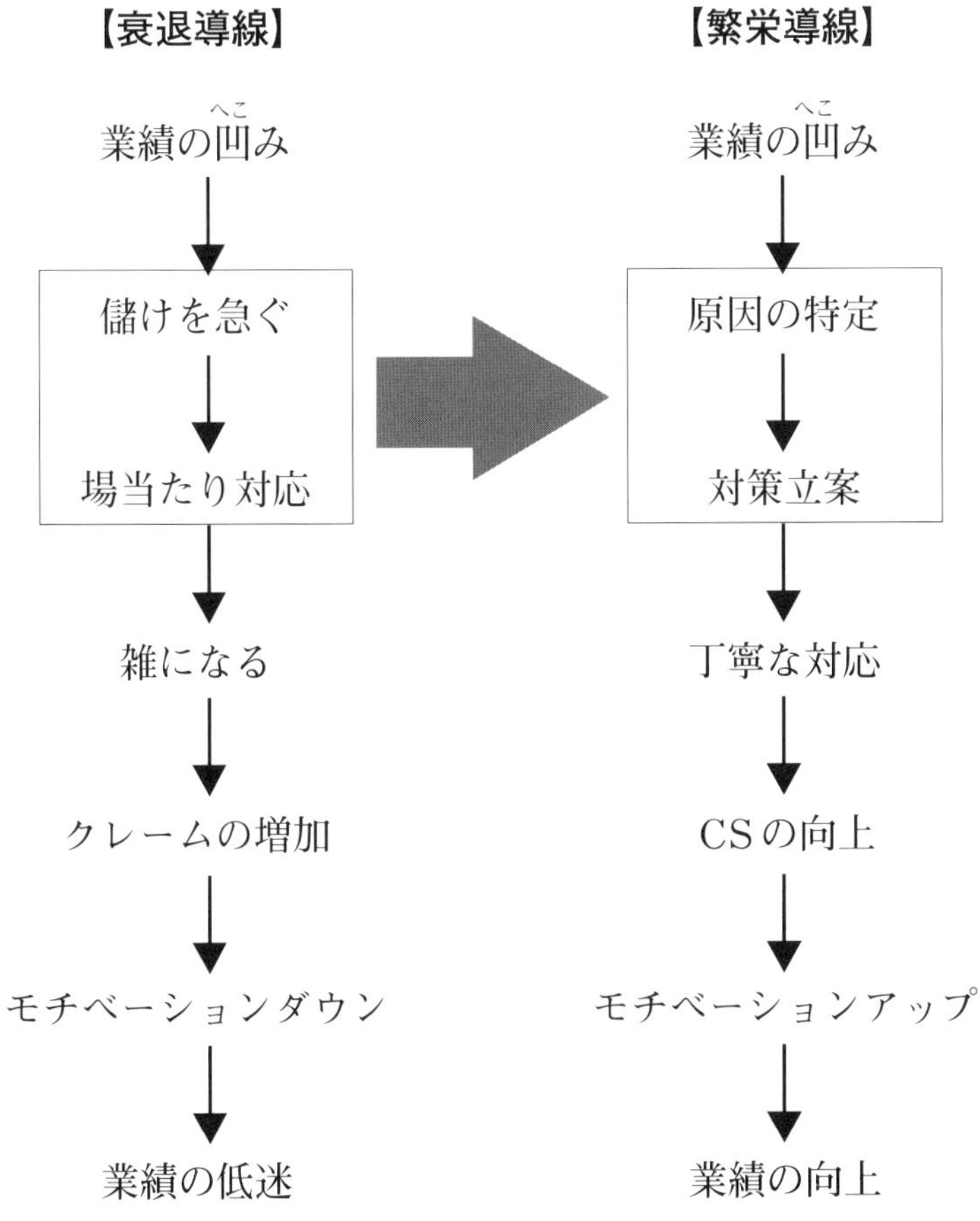

執着《しゅうちゃく》しないで、まだ余力のあるうちに「V字成長」できる会社へと創り変えることである。

次の「繁栄導線」発動に向けて、しゃがむ時期も必要なのだ。


わが社のわずかな凹《へこ》みを見逃さない4つの急所

①お客様の未満足情報で「なんとなく」を見える化する

あなたは、現在の会社の中に、「なんとなく○○だ」と感じていることはないだろうか。

- ・なんとなく「儲かってないのでは」
- ・なんとなく「お客が離れているのでは」
- ・なんとなく「社員がやる気をなくしているのでは」

社長が感じる「なんとなく」は、多くの場合当たっているから困るのだ。

しかも、「なんとなく」のままでは、具体的な手を打てない。

そこで大事になるのが、「**なんとなく**」**を見える化する現場の仕組み**をつくることだ。

たとえば、ある回転寿司のチェーン店を経営している社長は、その日の営業日報を店長からＦＡＸで入れさせている。所定のフォーマットに、その日の実績、目標との対比、前年同日比、客数、クレーム、気がついたことなどを記入するようになっている。

なぜ今時パソコンではなく、手書きのＦＡＸなのか。パソコンだと前に書いた文章を安易にコピーペーストできてしまう。手書きなら、毎日書く内容を考えなくてはならないからで、自ら考える人を育てたい社長の想いの表れである。

各店からのＦＡＸは、社長のスマホに画像転送される。これにより、社長は自分がどこにいても、その日の各店の営業状態を把握できる。

そして、「なんとなく変だな…」を感じた店や、明らかに業績の前年割れが続く店、アルバイトの定着率が悪いような店は、社長自ら現場に足を運んで状況を確認する。

とくにチェックするポイントは、店長室だ。整理整頓の状況はその人の心理を表すというが、缶コーヒーの空き缶が置いたままになっているなど机上が乱れていると、注意力が散漫になっている証拠。乱れの原因をよく聞き出すことによって、凹《へこ》みが大きくなる前に早期解決策を図っているのだ。

その社長が、最近、さらなる「なんとなくの見える化」のために、ＦＡＸのフォーマットにある情報の記入欄を追加した。

それは、「**お客様の未満足情報**」だ。未満足とは、クレームとして店員に訴えるほどの「不満」ではないが、かといって「満足でもない」状態のことをいう。

たとえば、「お味噌汁がちょっとだけぬる目だった」「子供用のフォークが大きすぎる」などが未満足情報である。

これらはクレームではないが、店のサービス品質を高めていくためにはとても貴重な情報だ。

こうした未満足情報は、店員からお客様に「今日はいかがでしたか？」と声がけをすることでしか得ることができない。よって、「日報に未満足情報を記せ」は、同時に「レジでの精算時にお客様に声がけして、意見をお伺いせよ」という指示と同じなのだ。

この仕組みの導入でいちばん変わったのは、現場の幹部と社員たちの意識だ。お客様から指摘されたことの多くは、実は自分たちが「なんとなく」気づいていたことばかりだからだ。

これを機に「クレームさえなければ問題なし」という体質から、自分たちが感じる「なんとなく」を、自分で集めて自分で解決できる創発集団に変わっていったのである。

あなたの会社には、現場の「なんとなく」を見える化する仕組みがあるだろうか？

②三行提報《さんぎょうていほう》で「なんとなく」を見える化する

凹《へこ》みを少しでも早く見つけようとするなら、現場からの悪い情報が常時集まる仕組みをつくることだ。

ところが会社組織では、現場の悪い情報が、社長までほとんど上がってこない。トップが聞いたら耳の痛い情報ほど、途中のどこかで隠されてしまう。社員や幹部のミス、ときには「聞いたらびっくりするような凡ミス」やお客様から寄せられたクレームが、ことごとく社長の耳には入ってこない。

なぜなら、悪い情報を耳にした社長が、最初に「こんなけしからんミスをしたやつは誰だ」と犯人捜しをするからだ。ワンマン・カリスマ社長の会社ほど、この傾向が強い。

そこで、トップの耳に痛い情報が、現場から脚色されずにすぐに上がってくる仕組みを紹介しよう。

「三行提報《さんぎょうていほう》」という仕組みをご存知だろうか？

三行提報《さんぎょうていほう》は、バーコードなどの自動認識技術を利用したソリューションで№１企業のサトーホールディングス(株)でおこなわれている改善提案や情報の共有をおこなう制度で、毎日全社員が三行、１３０字程度でその日に気づいたことや感じたことを社長に提出するというものだ。

同社の社員数は全世界で4800人、うち国内の社員と一部の海外の社員およそ2000人が、毎日提報を提出しており、年間50万通集まる。秘書室および関連部署約10名でスクリーニングをおこない、その中から「これは社長に伝えたほうがいいかな？」と思うものを社長に提出する。社長は年間およそ2万通を読むことになる。

もともと三行提報《さんぎょうていほう》は中間の上司を通さず、現場から直接社長に提出されるが、システムの検索画面より中身を誰でも見ることができる。しかし、「上司には内緒ですが」という枕詞をつければ、検索にもかからず、秘匿性《ひとくせい》を保ったまま社長に届けることも可能だ。

中小企業の良さのひとつは、現場と社長がダイレクトにつながる一体感だ。同社はこの仕組みを、まだ中小企業だった40年前から始めた。今では一部上場企業へと成長したが、「どれだけ会社が大きくなっても永遠の中小企業でいよう」という思いからこれだけの規模になった現在でも続けている。

このやり方を参考にしている社員70人の製造業がある。同社では毎日電子メールで社長に届けるので「三行メール」と呼んでいる。サトーホールディングスと同様に、自分の上司にCCで入れることはなく、社長にだけダイレクトに送る仕組みだ。

同社の社長は、返事は書かない。書きたいが、毎日70通の返事を書いていたら、身がもたないという。そこで内容を読み、詳細を確認したほうがいい場合は、その日に声がけし、顔を見て話すようにしている。

この「三行メール」を採用して以来、社長は「現場のことが手に取るようにわかる。とくに具体的な問題だけでなく、社員ひとり一人の問題意識がわかるようになった」という。

たとえば、生産管理部の担当者が「A社向けの製品の遅れが原因で、生産キャパがなくなりB社のオーダーを断りました。もう少し正確にA社品にかかる生産工数が読めていれば、対応できたかもしれません。反省です」と書いてくる。

一方、同じ日に営業部の担当者が「B社から新しい注文がありましたが、生産キャパが足りず断りました。A社品の遅れが原因ですが、A社から安易に受注してよかったのか、受注するにしても納期を調整するなどやり方があったのではないか反省です」と書いてくる。

同じことを書いた両方の記載を読むことで、生産逼迫《ひっぱく》状況に悩む現場の問題意識が見えてくるのである。

序章で事例を紹介したH社は、三行提報《さんぎょうていほう》を参考に週に1度、「三行週報《さんぎょうしゅうほう》」という形で同じように社長へのダイレクト送信を実施している。頻度は少ないが、社長曰く、「なんとなく

の見える化」ができると喜んでいる。

さらに、社長宛てにメッセージを書く習慣が週に1度でもあれば、社員は「次は何を伝えようか」とネタを探しながら仕事をすることになる。すると、それだけ社員の気づき力・提案力がアップする効果もある。

三行提報《さんぎょうていほう》は、「なんとなく」の見える化だけでなく、人財育成にも有効なツールなのだ。

あなたの会社でも導入してみてはいかがだろうか。

③特定の指標から「なんとなく」を見える化する

主力商品や主力サービスが大丈夫だからと安心していると、競合他社にキャッチアップされたり、顧客に飽《あ》きられたりして、業績が伸び悩むことは、当たり前のように起こる。

そうした事態を防ぐためには、リスクが発生していることを察知できる仕組みが必要だ。

たとえば、社員80人の老舗設備機器メーカーN社のN専務は、**「営業担当者の顧客訪問回数」**を毎月チェックしている。

同社には東京に6人、名古屋に4人、大阪に4人の営業マンがいるが、私が営業部門の凹《へこ》み脱出のお手伝いに入った当初、業績が伸び悩んでいた。

私の第一印象は、「営業マンが社内に居る時間が長すぎる」ということだった。一日の半分以上を社内で過ごし、顧客からいただいた宿題や工場との調整で忙しそうにしているが、その分、得意先を回る時間が削られ、それが顧客が離れていく原因になっていた。が、現場にはその危機感がまるで感じられなかった。

そこで、彼らの訪問回数を調べてみた。驚いたことに、ほとんどの客先に月１回しか行っていなかったのだ。２回、３回の訪問は、クレーム対応など特別なケースに限られていた。営業マンが「老舗ブランド」に甘えて、他社に猛追を許していたのだ。

そこで私はＮ専務と、同社の主要な客先を訪問し、素直にＮ社への評価を聞いてみた。すると「おたくはちっとも来ない。他社はもっと来ているよ」との指摘を受けた。月１回だと、「来ている」という印象がほとんど残っていないのだ。月２回だと「Ｎ社も他社並みに来ているね」程度。月３回だと「Ｎ社はよく来るね。しょっちゅう見かけるよ」という印象になることがわかった。

つまり、月２回訪問と月３回では相手に与える印象が天地ほどにも違うのである。同社の凹《へこ》みの原因は、まさに訪問回数で他社に差をつけられていたことにあったのだ。

そこで、Ｎ専務が「Ａ・Ｂランク顧客には月３回訪問しよう！」と号令をかけ、訪問回数

3倍作戦を開始した。同時に各営業担当者の訪問回数の記録を取り始めた。

すると、半年経った頃から変化が表れ始めた。毎月の業績がコンスタントに前年を10～20％上回り出したのである。

N専務は、14人の訪問頻度と売上高の関係を調べてみた。すると、売上を伸ばした9人は皆、訪問回数の指示を忠実に守っていた。中には前年比で2倍超の売上を上げた担当者もいた。訪問回数が最も多い担当者は、売上でもナンバーワンだった。

しかし売上を伸ばせなかった5人の訪問回数は、N専務が指示した目標以下で、一番少なかった担当者の訪問回数は、最も多い者の半数にも届かなかった。彼らの成績は伸び悩み、前年を維持することが精一杯だった。

この半年間の活動結果から、N社では「顧客への訪問回数」こそが、売上に比例する**業績直結行動**だと確信を得た。この事実を思い知った残りの5人も訪問回数を重視して積極的に顧客訪問するようになって、業績が回復していったのである。

私は、こうした指標のことを「どうしてもやらねばならない行動」という意味の英語＝MUST《マスト》から「**マスト行動**」とネーミングしている。このマスト行動の行動量の前年対比や部門比を見ることで「なんとなく」がはっきり見えてくるのだ。

あなたの会社の「マスト行動」は、何だろうか？

④予実管理の徹底で「なんとなく」を見える化する

顧問先の現場で驚くことがある。

「なんでおたくの部門は業績が良いの？」と尋ねると、「＊＊をやっているから良いんです」と即座に答えられない部門長がいる。

こういうタイプは、「なんで悪くなったの？」と聞いても答えられない。「なんとなく」良くなって「なんとなく」悪くなっている。それで良しとしているのである。これでは成り行き任せの経営にならざるを得ない。

それは、「**予実管理**」（予定と実績の差を見える化し、ズレを修正する管理）ではなく、結果さえ残せば良しとする「**結果管理**」になっているからである。

たとえるなら、徒競走で部下を走らせ、自分はゴールで着順を決めるだけの役割しか考えていない。部下が走っている間は、「がんばれ」と大声を出すだけの傍観者で良しとしている。

実は、部門長に限らず、経営者にもこのタイプがいるから問題なのだ。

事業には上り坂の時期と下り坂の時期が、必ずある。

市場成長率が高いときは、経営者がなかば遊んでいてもうまくいく。結果オーライ、どんぶり勘定の結果管理でも、業績が上がる。そのため問題の多くが表面化しない。

しかし隠れていた問題は、下り坂のときに一挙に表面化してくる。

注文住宅請負のA工務店での話だ。仕事量が減って、社長が「とにかく新築工事を取れ」とハッパをかけていたら、採算割れの物件が増えてきた。安価で出した見積もり後の追加工事の経費がかさんで、予定の利益が確保できていないからだ。

A工務店の社長は顧客第一主義をかかげ、日ごろから「お客様の注文に誠心誠意応えるように」と指導してきた。ところが営業は、「追加工事はお客様がやってくれと言うからしょうがない。言われたとおりに対応するのが顧客第一主義だ」と勘違いし、追加工事代を請求しない。工事代が取れない工務は「誰だこんな見積もりを出したのは」と、営業に食ってかかるが、責任者は担当者のせいにして終わり。これまで着工件数が増え続けていたので、どんぶり勘定で帳尻を合わせていたが、新規着工が減り出したら、途端に問題が浮上してきたのだ。

本来であれば、追加工事契約でお金をちゃんと取れる仕組みを、社長や部門長が整備しなければならない。それなのに、結果管理で、新規注文を取れとハッパをかけるだけでは、社内の無用な対立をまねいたり、採算性が一向に上向かないのも当然なのである。

結果管理をしていると、締めてみたら赤字、そこであわてて売上拡大に走る。部下に客先回りを増やすように指示し、取れもしないコンペ案件に参加するために残業を増やす。報われず、その挙句《あげく》に社員もヘトヘトになり、１８１ページの図表７の「衰退導線」に陥ってしまう。

まずは「予実管理」に変えて、予定と現実の差異を数値にして見える化することだ。そして「なんとなく」の原因である経営環境の変化と当社の仕事の進め方の「ズレ」を見つけて、修正するのである。

「変化に最もよく適応したものが生き残る」というが、そのチャンスは「なんとなく」を見える化する仕組みをつくった者に訪れるのである。

2．再成長への足元を固める「凹《へこ》み脱出計画」の進め方

「凹《へこ》み脱出計画」を実践する2つの急所

チームV字経営導入の第一歩は、「**凹《へこ》み脱出計画**」の実践である。

「凹《へこ》み脱出計画」は、現在の業績の足を引っ張っている「凹《へこ》みの原因」を特定し、それを短期間に取り除いて、再成長への足元を固めるための計画で「**Vプラン**」と呼んでいる。

そこで「凹《へこ》み脱出Vプラン」は、次の2点が重要になる。

①スタートの3か月が勝負
②業績に直結する業績直結行動を特定する

これら2つの考え方について、次に説明していこう。

ロケットスタートを意識する

読者は2015年ラグビーのW杯で、にわかラグビーファンが急増し、日本中が盛り上がったことを覚えておいでだろうか。帰国した選手たちは大歓迎を受け、ヒーローになった。

日本代表は、これまでW杯予選リーグ1勝21敗2引き分け、参加するだけの弱小チームだったが、初戦でなんと強豪国南アフリカに勝った。しかも消化試合ではなく、世界中が注目する初戦で結果を出したことが、多くの人たちを「これはひょっとすると」と感じさせ、ラグビーのルールも知らない人たちまで熱狂に巻き込むことになったのだ。

ビジネスの世界でも、立ち上がりで何らかの結果を出すか出さないかは、その後の成否に大きく影響する。

「ファースト100デイズ（立ち上がりの100日）が勝負だ」とは、ハイアールジャパンの元CEO伊藤嘉明《よしあき》さんから伺った言葉だ。会社組織に何か新しいものをもち込んで変革させようとするとき、スタートしたら短期間で結果を出す重要性を強調しているのだ。

私は、どんなプロジェクトでも**「ロケットスタート」**すなわち**「スタートの3か月で何らかの結果を出せ」**と指導している。

新しいことに挑戦するとき、進んでやるのは自燃《じねん》社員だが、残念ながら、組織の中で少数派だ。模様眺めの可燃社員が大半。なかには、「どうせうまくいかない」と反応すらしない不燃社員もいる。そこでスタート3か月で「これはいけるのでは！」の空気をつくる。この空気に模様眺めの可燃社員たちを巻き込むことが、成否のカギを握ることになるのだ。

3か月で必ずしも目標達成しなくてよい。ラグビーW杯予選のように、「これは、ひょっとするかも」という期待感が、組織の空気を変える。

では、どうしたらそんな快挙ができるのか。

決め手は、実行する人たちひとり一人が「凹《へこ》み脱出Vプラン」の作成に参画すること。そして、立ち上がり後3か月経った時点で確実な「手ごたえ」を確かめ合うことである。

まず、**「凹《へこ》み脱出プロジェクトチーム」**を編成する。

メンバーは次世代経営チームの誰かをリーダーに、現場の社員を巻き込んで構成する。

そしてチームで、「凹《へこ》みの原因」を特定し共有する。

次に、凹《へこ》みの原因の解決策を自分たちで考え、長くても6か月で完了する**「凹《へこ》み脱出Vプラン」**を、あくまでも自分たちで作成する。

ここで計画の精度は、実はあまり問題ではない。

「これは俺たちのVプランだから、必ずやり遂げたい！」と思えるかどうかなのである。

自主的に立てた凹《へこ》み脱出Vプランは、トップから命じられて立てる「提出のための計画」ではない。ましてトップが一方的にやり方を指示した計画でもない。

上から命じられた計画は、「やります」「努力します」とは言うが、「やらされ感」が強い。そのため、「やります」と言ったそばから「できなかったときの言い訳」を用意する残念な例が少なくない。

取り組む計画に対し「達成したい」と現場全体で思えるかどうかが、一番大事なのだ。そして3か月間、自分たちが描いたVプラン通りに実行してみる。もちろんすべてが計画通りにとはいかない。それでも、自分たちのVプランを信じて、ガムシャラに取り組むのである。

私の経験から申しあげると、複数のチームがVプランに取り組むときは、最初の3か月で、必ず期待以上の成果を上げる部門やチームが出てくる。

その成果にメンバー一同が確かな手ごたえを感じ、「これは、自分たちのチームでもひょっとするといけるかも!」という期待が生まれる。そんな自分自身への期待感から、自ら改善策を考え実行する動きが加速するのである。

その結果、全社に「目標達成のクセ」がつき、「目標を達成できないとすごく悔《くや》しい」と未達を悔《くや》しがる企業文化が定着するようになったら、しめたものである。

前半前倒しの発想

立ち上がりの3か月で何らかの成果を上げるために大事なことは、「**前半前倒し**」の発想だ。凹《へこ》み脱出Vプランは、長くても**半年単位**でつくる。

そして半年後に目標100%を達成したければ、前半の3か月での目標達成率を50%ではなく、60%に設定する。つまり**前半に最低でも1割を前倒し**して設定すべきと、私は指導している。

図表8は、目標100%達成への3つの典型パターンを示している。

- ・Aラインは、目標数値を6か月で割った月平均の累積パターン
- ・Bラインは、計画期間の中間値を目標の6割に設定したときの目標追求パターン
- ・Cラインは、ほとんどの会社でみられる締切間際の追い込みパターン

図表８ 目標までのペース配分

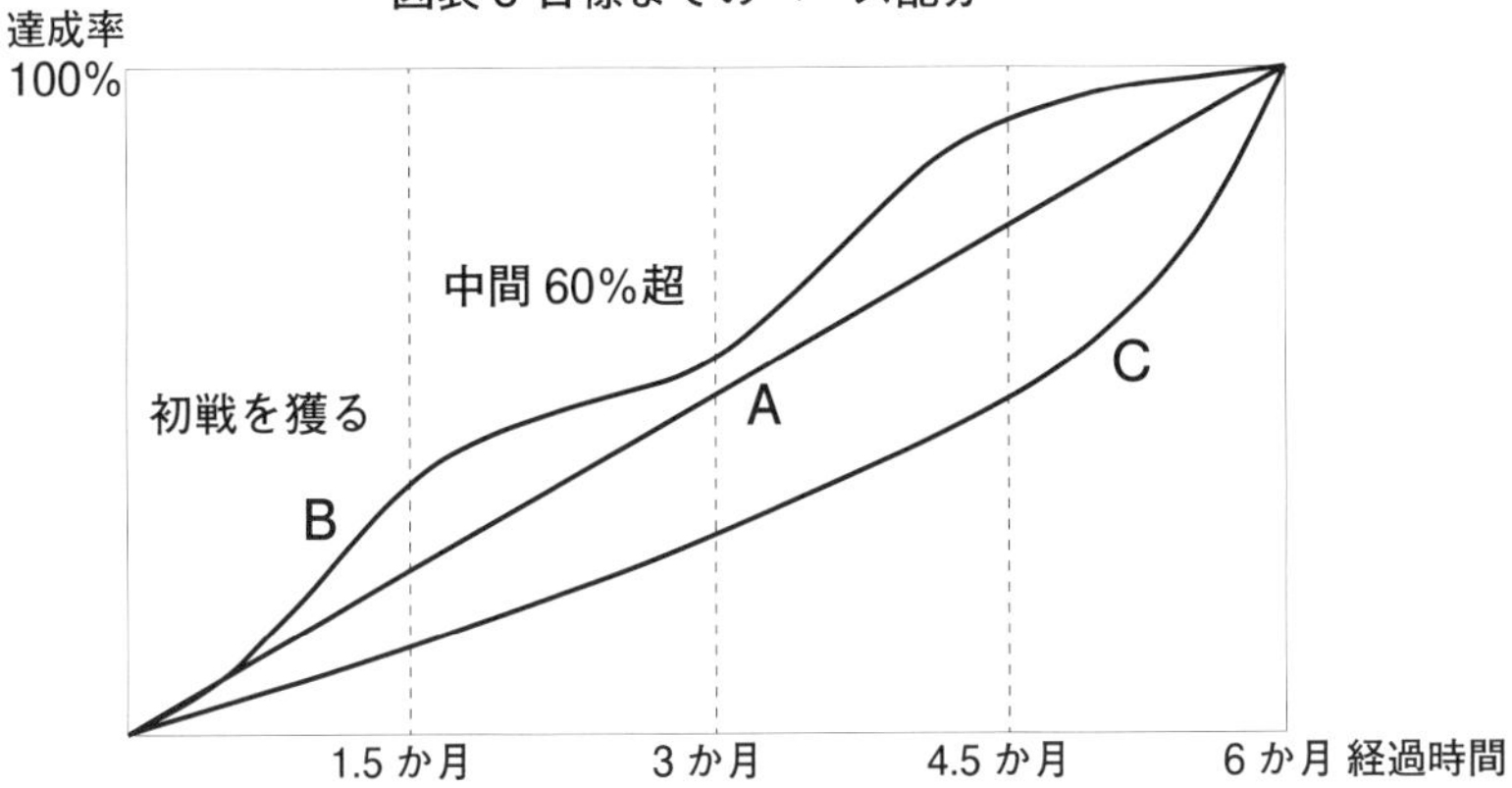

スタートの３か月は長いようでいて、あっという間に過ぎてしまう。

とくに注意したいのはＣラインだ。Ｃラインは中間の３か月を過ぎても、目標の半分に遠く及ばない。半分を過ぎてからようやく尻に火がつき、上司がハッパをかけまくって、締めの直前にむりやり帳尻合わせに走るパターンである。

間際になってあわてて行動するため、営業なら極端な値引きや押し込み販売、製造なら在庫の急増や深夜残業など、問題点を多く残したまま次期に繰り越し、悪循環に陥ることになる。

その挙句《あげく》に、ついに目標に届かなければ、現場の社員たちは無力感と疲労感を味わうだろう。そして、この疲労感は次の期にもち越され、再び低調なスタートを切ることとなる。

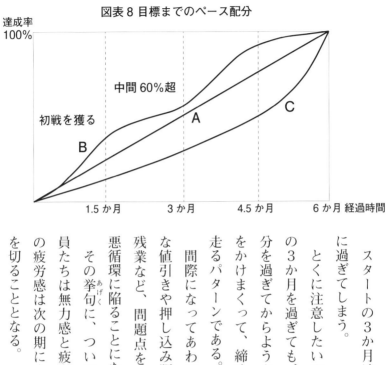

Bラインは、中間の達成目標を60%において、ロケットスタートを目指すパターンだ。最初の2週間で、いいスタートを切ったかどうかを確認する。1か月たったら、やるべきことをやっているか、当初のモチベーションは維持されているか、想定外のことは起きていないか確認する。立ち上がりがうまくいけば問題ないが、もしズレがあれば至急修正する。

これができれば、後半は余裕をもって目標達成に向かうことができる。この余裕を生かし、最後の1か月を次の6か月間の準備にすれば、次の期もまた良いスタートが切れる。

したがって**凹《へこ》み脱出Vプランは、Bラインで考えることが大前提**になる。

そして、ロケットスタートを切るためには、次の2つのことがポイントになってくる。

ひとつは、**「凹《へこ》み脱出Vプランの目玉作戦」**であり、

ひとつは、**「15%時点の進行度チェック」**である。

このことは重要なので、次章で改めて説明することにして、話を先に進めよう。

周囲を巻き込む「しゃべり場」の活用

各現場には、正社員以外にもパートやアルバイトのアシスタントスタッフ、受注処理をするバックヤード、アフターサービスをおこなうサービススタッフなどがいる。凹《へこ》み脱出Vプ

ランを立ち上げ、６か月間で高い目標を達成するためには、彼らの協力が欠かせない。

そこで全員の力を借りるために、「会社が変わるらしいから、自分たちも協力しよう」という空気を、スタートの段階でつくり出す。

それには「目標達成できる職場にするには、何を改めたらよいか」と、部門管理者から現場の社員に問いかける。

私は、「**しゃべり場**」と呼んでいるが、パート社員も含め5〜6人を一組とした、ざっくばらんな雰囲気のミーティングを開く。全員から意見を聞くため、ミーティングはメンバーを変えて何度も開催する。そこで「目標達成するには、うちの職場がこうだったらいいのにな」をテーマに、１時間程度、自由に発言してもらうのだ。

すると、部門管理者が気づかなかった職場内の問題点がいろいろ出てくる。

たとえばある会社では、
・相談しようにも上司が忙しくしていて席にいない。デスクにいる時間がわかるようにしてほしい
・事務所は8時半点灯だが、私は8時15分には出社している。職場が暗い
・ＰＣ立ち上げのパスワードが長すぎる

・コピー機が部屋の隅にあってコピーするのに不便。中央にもってこれないか
・空気清浄機が7台もあるのに故障で止まったまま
・上司のあいさつの声が暗いので、モチベーションが下がる
・業績の評価基準をはっきりさせてほしい
・目標達成の最新状況を一目で確認できるように、事務所の壁に貼り出してほしい

などと様々な声が出てきた。

次に、幹部が集まり、出てきた意見をそれぞれもち寄って、次の3つに分ける。

①それなりに筋が通っていて、実施に調整や多額の予算が要らないもの
②個人のわがまま過ぎて無視するもの
③時間をかけてじっくり議論すべきもの

大事なことは、①に分類された声を、**即座に実行に移す**ことである。

この会社では、先ほど出てきた意見から、①に分類されたものを、次のように改善した。

・部門長のデスクに、在席時間帯を書いた小さなボードを置いた

・コピー機はすぐに事務所の中央に移動した
・空気清浄機は、その週のうちに修理し、全機稼働するようにした
・目標達成度グラフを、顧客の目の触れない壁に貼り出した
・毎朝の点灯時間を８時にした
・上司ほど明るく大きな声で挨拶《あいさつ》するようにした
・業績の評価基準を上長から今一度説明し、納得を得た

すると、「私たちが意見を出したら、会社側も変えてくれた。今回の改革は本気なんだ」と、全社員に伝わる。そして「私たちの意見を聞いてくれたのだから、今度は私たちも応えよう」という空気が生まれ、プロジェクトのスタート段階から前向きに参加するようになる。

同時に、部門管理者側にも変化が起こる。

「本当は、意見が出る前に自分が気づくべき問題だった」と反省し、「部下の目標達成意欲に応えてあげるのが自分たちの仕事だ」と、自分に向けて新たなスイッチが入る。

現場の社員の意識を変えるには、次の４つの手順が効果的だ。

［手順１］まず相手を信じること。「君たちの力を信じる。君たちの力を借りたい」と言う

ことで現場の人は驚く。

［手順2］ 現場と上司のコミュニケーションスタイルを変える。とくに今まで上から一方的に指示・命令されるだけだった上司と現場の関係に、「あなたたちの意見を聞かせてほしい」という、下から上へ発言できる機会や、しゃべり場のように出席者同士が自由に語り合い、それを上司が受け止める機会を加えることで、現場の社員の経営に対する関心はずっと強くなる。

［手順3］ 出された意見に対応し、職場環境を変える。すると、自分たちの影響力に目覚め、これまで以上に積極的に関わろうとする。

［手順4］ そのタイミングで「次は○○に取り組むぞ！」と新たに方針、計画を示せば、自ずと自燃《じねん》社員が誕生する。

「しゃべり場」は、**目標達成のためのポジティブな空気と全員参加体制をつくる場**なのである。

3．凹《へこ》み脱出のための業績直結行動の特定

業績直結行動を特定する

どのようにして凹《へこ》み脱出Ｖプランを作成するのか、凹《へこ》み脱出の手がかりを整理しておこう。

①原因は必ず今の仕事の流れの中にある

どんな環境下でも、目標を達成し利益を生み出している組織はある。凹《へこ》みの原因は、外部環境に適応できていない内部の仕事の流れにある。そこを摘出《てきしゅつ》し、改善すれば自ずと結果は出る。

②違う結果を導き出すために違うやり方をとる

これまでと同じことや他社と同じことを繰り返していても違う結果は出ない。違う結果が欲しいなら、何かを変えて、その違いを生み出す原因をつくることだ。

③ ヒントは上手くいった事例の中にある

成果を出すために革新的なアイデアは必ずしも必要ではない。また、超綿密な計画もいらない。すべてのヒントは「**これまでに上手くいった事例**」の中にある。

だから、これまでの成功事例の中にヒントを探す。そしてある程度計画ができたら、まずはやってみることだ。上手くいけばそれがヒントになるし、失敗したらどこが拙《まず》かったのかを検証し改善すればいい。

④ 業績直結行動を特定する

仕事の流れの中には、ここを変えたら業績がすごく良くなるのにと思える「業績に直結する行動」がある。まるでテコの原理のように、小さな動きで大きな成果が生まれる行動である。私はそれを「**業績直結行動**」と呼ぶ。

どんな仕事にも流れがある。その中に必ず、流れが悪くなる箇所がある。川の流れにたとえるなら土砂が溜《た》まって水が淀《よど》み、異臭を発しているような場所だ。そこを特定し、淀《よど》みの原因を解いてスムーズに流れるように改善する。それが業績直結行動である。

⑤業績直結行動を大量行動化するための目玉作戦を考える

業績直結行動が特定できたら、成果を出すためにはその行動量をどこまで増やすべきなのか、計算して目標を定める。

量を増やすためには、今までと同じやり方というわけにはいかないだろう。知恵を絞って、より効率のよいやり方を編み出し、それを目玉作戦とするのである。

この目玉作戦は、実施する会社にとっては今までやったことのないものとなるはずだ。奇をてらう必要はないが、従来とは違う、初めてのことに挑むのである。この目玉作戦がワクワクするものだと、Ｖプランはがぜん面白くなる。

業績直結行動を特定する３つの手順

業績直結行動を特定するまでの具体的な手順を、凹《へこ》み脱出に成功したＩＴソフトハウスＤ社の例で紹介しよう。

同社は、収益源だった主力商品が市場飽和により競争が激化、利益率の低下が始まっていた。そんな凹《へこ》みを脱出しようと起死回生の新商品を開発した。そして、半年間で売上２億円の目標を達成すべく、展示会でその新商品をＰＲする作戦を立てていた。

【手順1】これまでの仕事の流れを分解する

まずは、仕事の流れを可能な限り細かく分解することから始める。

D社が展示会に出展し、見込み客と出会い、契約するまでの流れを考えてみよう。

その流れは次のように分解できる。

①展示会で来場客にアンケートをとり、回収する
②アンケート回答者からAランクの見込み客を抽出
③2週間以内に、電話で次回訪問アポをとる
④訪問してソフトのデモンストレーションをおこなう
⑤興味のあった顧客のキーマンにプレゼンをおこなう
⑥顧客のキーマンが納得してくれる
⑦顧客と契約する

もし、展示会を使った営業活動で思うような結果が出ないのであれば、①~⑦のどこかで流れが悪くなるところがある。そこから他社へ流出しているのだ。

そこを特定し、流れるように変えれば、結果は変わるのである。

ただし、変える箇所は１カ所とは限らない。①～⑦のうち、複数箇所あるかもしれない。そのときは、あれもこれも一度に改善できないから、もっとも効果の大きな箇所に絞って改善する。あるいは、場合によっては、①～⑦の順番そのものをチェンジすることもある。

いずれにせよ、凹《へこ》み脱出に向けた改善策は、仕事の流れを分解することから始まるのだ。

【手順２】 数値で確認

次に、【手順１】で分解した仕事の流れに、具体的な数値を入れてみる。

D社の例で考えてみよう。この場合の数値とは「見込み客が流れの中でどのくらい残るか」である。

仮に１０００人の見込み客が出展したブースに来店し、アンケートに答えてくれた場合、最終的に何件のお客様が契約してくれるかを考えてみる。１０００人の来店としたのは、D社が過去の展示会で回収できたアンケートの最高枚数が１０００だったからだ。
①１０００人が来場し、アンケートに答えるので、ベースの数値は１０００である。

②①のうち、何％の人がAランクか？
③②のうち、何％の会社に次回訪問アポがとれるか？
④③のうち、何％の会社にデモンストレーションできるか？
⑤④のうち、何％の会社のキーマンにプレゼンができるか？
⑥⑤のうち、何％のキーマンに納得していただけるのか？
⑦⑥のうち、何％の会社と契約できるのか？

すると、1000人の来場があった場合、最終的に⑦に至るのが何件か計算することができる。D社の場合は、幹部たちが自らの経験を元に話し合った結果、以下のような数値が代入された。

①1000
②30％
③70％
④100％
⑤50％

⑥　７０％
⑦　９０％

これらの数値を掛け合わせると６６となる。

つまり１０００枚のアンケートのうちＡランク先が３００件あり（②）、そのうち７０％の２１０件とアポがとれる（③）。そしてそのすべてに訪問する（④）。さらにそのうちの５０％の１０５件でキーマンにプレゼンができ（⑤）、７０％に当たる７４件に納得していただくことができ（⑥）、そのうち９０％の６６件との契約が可能となる（⑦）。

こうして、１０００人のアンケートを集めると、確率論的に約６６件の受注に繋《つな》がることがわかる。

これを方程式化すると次のようになる。


成果（受注数）＝①×②×③×④×⑤×⑥×⑦＝６６・２

さらに１件当たりの客単価を１００万円とすると、

売上高＝①×②×③×④×⑤×⑥×⑦×１００万円となる。

私は、このような式を「**成果の方程式**」と呼ぶ。

この式は、様々な改善すべきポイントを見出すことができる大変便利なものである。

成果の方程式の数値は正確なものであるに越したことはない。製造現場の工程改善時やネット通販の改善時は、これらの数値は正確なものが得やすい。しかし営業部門の場合は、そこまで詳細な記録が残っておらず、正確な数値が得にくいのが常だ。

そこで正確な数値を調べるために営業日報をめくろうとする会社があるが、それは大変な作業だからおすすめしない。

それよりは、まずはわかっている数値だけを投入する。そして残りの数値は幹部間で相談し「だいたいこんなものじゃないか？」と話し合ってエイヤで投入する。

それらを全部掛け合わせてみる。もし「１０００件の来場で６６件か…まあ、こんな感じで妥当だな…」と皆が違和感なく感じられたら、相談して投入した数字でＯＫとする。

そんないい加減な、と思われるかもしれないが、凹《へこ》み脱出のためには何よりもスピードが命である。数値の誤差をなくすためにモタモタしていたら、凹《へこ》みはどんどん大きくなる。それより着手を早めて、その時間を実行に充てる。そのほうが成果が生まれやすい。

【手順３】流れのネックを改善する

仕事の流れを分解し、成果の方程式を作成したら、よりハイレベルな目標達成のために、どの変数をどのように改善したらよいかを検討する。

【手順２】で紹介した方程式を例に考えてみよう。

「成果（売上高）＝①×②×③×④×⑤×⑥×⑦×１００万円」

の式は、具体的には７つの変数からできている。

そこで、もし今、展示会出展を契機に売上を２億円にしたいのなら、

「２億円≦①×②×③×④×⑤×⑥×⑦×１００万円」となるように、①～⑦のいずれかを高めるのである。

では、どこを変えるといいのか。

２０８ページの契約までの流れを分解した①から⑦までの項目を見直していただきたい。

たとえば、④はすでに１００％で変えられない。さらに、競争が激化している中では、⑥や⑦も変えにくいであろう。また、展示会場でアンケートをおこなう特性上②や③も変えに

くい。

このように、①〜⑦のうち、変えられないものや変えにくいものを幹部同士で話し合って決める。そして残る変数のうち、変えやすいところを探すのである。

とくに注目したいのは、低い数値の箇所だ。数値が低い箇所は見込み客が他社に流出するネック工程である。

学校のテストで80点の科目を90点にするのと、50点の科目を60点にするのでは、同じ10点アップでも後者のほうがやさしい。それと同じで、まずは、数値の低い箇所のほうが伸びしろがあると考えるべきであろう。

そのように考えて、このケースでのネックは「①アンケート回収数」とした。そして幹部で話し合って「展示会でのアンケートの回収」を業績直結行動としたのだ。

では、アンケートはどのくらい回収したらいいのだろうか？

売上2億円の成果の方程式の①にXを代入して、Xを算出すると、図表

図表9　売上2億円の成果の方程式

2億円≦X×0.3×0.7×1.0×0.5×0.7×0.9×100万円

X＝3023

９のようになる。

計算式のとおり、展示会で３０００枚以上のアンケートを回収することを目標とするのである。

もちろん、改善点の対象を数値の低いネック工程に集中する必然性はない。結果が得られるのであれば、比較的高い数値の③を８０％に引き上げたり、⑥を８０％以上にしたりすることも不可能ではない。

しかし当社にとってのネック工程は、同じような仕事の流れで進めている同業他社でも同じようにネックであろう。ゆえに、もしネック工程を克服すれば担当者の中に「うちは①に強い」という自信が生まれ、より強い組織に進化するはずだ。

短期に成果の出る「業績直結行動」を大量行動化する目玉作戦づくり

ここまでの分析で、成果を出すために仕事の流れの中で変えるべき箇所と、必要な行動量を特定できた。

Ｄ社において、現在の仕事で大きなネックとなっているのは、①のアンケートの回収数である。そして２億円の売上をつくるには、この展示会で３０２３枚以上のアンケートを集めないといけない。しかし、今までのやり方だとアンケートは１０００枚しか回収できない。

何とかして、アンケートを3倍以上回収する仕組みをつくらねばならない。

このとき最大のヒントになるのは「**これまでに上手くいった事例**」である。上手くいくときと上手くいかなかったときの違いが何なのか。そのときのやり方をもっと応用できないかを探すのである。

幸い同社には大手ＩＴ企業からの転職者が多くいた。彼らは前職で、今回のＤ社と同様に展示会で回収したアンケートから新規開拓に繋《つな》げるビジネスを体験していた。しかも、Ｄ社よりはずっと大規模なものだった。

そんな彼らから寄せられた集客の知恵は以下の通りである。

・ブースの位置を展示場の入場口の近くにする
・ブースの面積を大きくとり、来場者のブース内の回遊性を高める
・チラシを配ったり、ブースに誘導するためのコンパニオンを雇う
・既存客には事前にＤＭおよび電話をし、来場を促す
・アンケートをとる担当者の数を3倍に増やす

・アンケートに答えてくれた人に魅力的なプレゼントを提供する
・デモンストレーションを断続的におこない、いつ来場されてもやっている状態にする
・業務終了後、毎日集計する。全員で反省会を開き、回収数増加のための改善策を練る

これらの中には追加費用が発生するものも多数あるが、Ｄ社はこの新商品に賭けていたので、出てきた知恵は可能な限り取り入れた。そして①を３倍にすることに挑戦したのである。

こうしてできた、「好立地の獲得」「コンパニオン活用」「事前連絡」「プレゼント付きアンケート」「断続的デモンストレーション」など、業績直結行動を大量行動化し、成果に導く工夫を、私は「**目玉作戦**」と呼んでいる。

そして、「何が何でもアンケート３０００枚達成！」をスローガンに、展示会での集客を徹底することで、凹《へこ》み脱出作戦の目玉としたのである。目玉が単なる量的な拡大ではなく、内容の工夫で「これは面白そうだ！」となれば、担当者たちのモチベーションは上がる。

その結果、Ｄ社はこのとき、目標をはるかに超える５０００枚のアンケートを回収した。が、喜んでばかりはいられなかった。③の２週間以内に訪問のアポを取るために電話をする対象が、想定した９００件から１５００件に跳ね上がったのである。これは、２週間以内に電話

できる量ではなかった。

しかし、展示会から3週間経過してからアポの電話がかかってきても、応える側も忘れているだろう。訪問は1か月以上先になってもいいから、アポだけは何が何でも2週間以内に取らなければ、アンケートで得たリストが無駄になってしまう。

そこでD社は、子会社の社員やインターンも動員して、予定通り訪問アポを取り切った。その結果、半年後には展示会出展の目標だった売上2億円を超え、以後V字成長軌道に乗ったのである。

あなたの会社での、凹《へこ》み脱出の「業績直結行動」は何だろうか？　そして、それを大量行動化するための目玉作戦は何だろうか？　それが定まれば、凹《へこ》み脱出↓V字成長はできたも同然なのだ。

チームV字経営

ステップ 2

凹《へこ》み脱出Vプランの実践

1．凹《へこ》み脱出Ｖプランの具体的なつくり方

Ｖプランシートとは

業績直結行動の特定と大量行動化するための目標値、そしてそれを実現するための目玉作戦ができたら、次はいよいよ凹《へこ》み脱出→Ｖ字成長のための**具体的な実行Ｖプラン**を作成する。

そしてＶプランを、Ａ３サイズの用紙に落としたものを、「**Ｖプランシート**」と呼ぶ。これをお客様から見えない場所に掲示する。巻末に添付した**資料⑥**はその**モデル様式**だ。

まずは巻末の資料⑥の各項目の要点を説明しよう。

①プロジェクト名とスローガン

名《な》は体《たい》を表すという。何を実現したいのか、その想いを込めたプロジェクト名をメンバー全員で考えて示す。また、メンバー間の気持ちをひとつにするスローガンも記す。

私の経験では、スローガンには、「頑張ろう」「負けるな」「やってやるぞ」などを意味す

る、その地方独特の方言が使われることが多い。地域色を出すと一体感が生まれやすい。

②対象

営業部門なら何を誰に売るのか。生産部門なら何を作るのか。育成部門ならどんな人をどのように育てるのかなどを書く。

③メンバー写真

プロジェクトに関わるメンバーの集合写真を貼ると「みんなでつくった『私たちの計画』」色が強く出て一体感が生まれる。

④業績直結行動と作戦

前述の「成果の方程式」を書き、何が「業績直結行動」で、「目玉作戦」が何であるかを示す。この欄を見れば、この計画で何をしようとしているのかがわかる。

⑤基本情報

作成日、所属、実行責任者、実行メンバー、さらにいつまでにどんな結果を出すのか、目標とスタート時点との差を明らかにする。

⑥見出し

実施項目の見出しがあればVプランは大変見やすくなる。

⑦実施項目

何をするか具体的に細かく書く。半年間の実施項目数の理想は、２０～５０行程度。１０行より少ないと各実施項目に書かれた内容が抽象的で、行動に移せないことが多い。また５０行以上となると、やることが多すぎて、見ただけで気持ちが滅入ってしまう可能性がある。

（ただしルートセールス計画のように顧客別に実施項目を作成する場合は、部門の計画の総計が１００行を超えることもある）

⑧担当

実施項目を誰が担うのかを明確にする。主担当を◎、副担当を○で表記し、各実施項目の責任者を明確にする。

⑨目的・ひと言

各実施項目の目的や、担当者への応援メッセージを記す。「部下に指示するときは内容を伝えずに目的を伝えろ」というが、目的を理解した部下は、自分で考え行動する人になる。

⑩重要

数ある実施項目のうち、重要度の高いものがひと目でわかるように★で表す。

⑪スケジュール

1か月を少なくとも上下旬の2回、または上中下旬の3回、または毎週の単位に区切って管理する。

実施項目を実行する予定をアミかけで表示する。そして実施したら◯、できなかったら×を入力する。×の場合は、いつ実行するのかを決め、遅れがわかるよう➞を引く。

これにより、何ができて何ができていないのかを、誰が見ても、ひと目でわかるようにする。

⑫頻度

定期的に繰り返される実施項目の場合は、その頻度を書く。

⑬メンバー全員の抱負

ひとり1行程度だが、この目標達成に賭ける想いをつづる。

⑭成果達成グラフ

どのようなグラフが必要かはプロジェクトメンバーみんなで話し合って決める。予実対比できるものが望ましい。

Ｖプラン作成の条件と効果

何度も申しあげるが、Ｖプランはメンバーが「これは自分たちの計画だ」と思える、全員が納得する納得計画でなければならない。それには、少なくとも次の２つの条件を満たす必要があることを、ここで改めて確認しておきたい。

①主要関係者の参画

絶対にリーダーがひとりでつくってはいけない。その途端にメンバーには、リーダーから押しつけられた強制計画になってしまう。メンバー全員でつくると「この計画は私たちの計画だ。達成したいのは社長でも上司でもなく現場の自分たちだ」という当事者意識が強くなる。

②６時間品質

人はお金をかけたものと時間をかけたものは大事にする。逆にそうでないものは粗末にする。計画はその最たるもので、時間をかけずにつくった計画は、部長でも部下でも大事にしない。しかし、みんなで意見を出し合い、ああでもないこうでもないと議論を交わし、時間をかけて全員でじっくり練りあげた計画は、誰もが大事にする。

私の経験でいえば、向こう半年間を意識したVプランの場合は、前述の業績直結行動の特定と大量行動化するための目標値の決定、目玉作戦の立案も含め、最低でも6時間は必要だ。それ以下だと議論が不十分で、みんなが大事にする計画とはならないだろう。

こうしてメンバー全員でVプランをつくると、次のような効果が生まれる。

効果(1)　気づき

とくに凹《へこ》み脱出のような計画を練っていると、「これ、本当にできるかな?」とか「上手くいく自信がないな」など、誰しも不安になる。こんなとき、そこに仲間がいるので、計画をつくりながら感じた不安や迷いを相談することができる。

三人寄れば文殊《もんじゅ》の知恵の通り、他のメンバーが「それは、大丈夫だよ。前にやってみて上手くいったから」とか「大丈夫、そんなときは自分たちがサポートするよ」など自分ひとりでは思いつかなかったアドバイスが話し合いから出てくる。チームで話し合うからこその気づきやアイデアが多数出てくるのだ。

効果⑵　責任感

出来あがった計画は、みんなでつくった計画であり、自分の意見も入っている。そのため「この計画を大事にしたい。ぜひともやり遂げたい」という責任感がいっそう強くなる。したがって実行段階において、誰もが予定通りに進んでいるのか、結果につながっているのかを確認するのが楽しみで仕方なくなる。そのため自ずとメンバーが集まって進捗《しんちょく》確認するようになり、思うような結果につながっていない場合は、どうやって事態を改善するのか話し合うようになる。結果的にＰＤＣＡが回り、いくつもの障害を越えながらもゴールにたどり着くことができる。

効果⑶　達成への自信がわく

「目標達成のために、このＶプランを信じてやり切るだけだ」

「この目標は、絶対に達成できる気がする」

「このＶプランを全部やれば、目標達成できるんですよね」

これらは、６時間以上かけてＶプランづくりをした人たちの実際の声だ。

メンバー全員、Vプランができると同時にまるで達成したかのような自信に満ちた顔になる。リーダーひとりがつくった計画を部下に示したときの「こんなの、できっこないよ」というネガティブな反応とは対照的だ。

なぜこのような自信が生まれるのか。それは、みんなでディスカッションしながらつくるVプランは、**実行のイメージトレーニング**になっているからだ。

「すべてのものは2度つくられる。1度は頭の中で。2度目は現実に」という言葉を聞いたことがあるだろう。ウォルト・ディズニーはディズニーランドの完成前に他界したが、彼の奥様は「ウォルトは誰よりも先にパークを見ていました。彼の頭の中で」と言った。それと同じことがメンバーの頭の中で起こる。計画立案段階で、達成するシーンを頭の中に描く。それも一部のメンバーやリーダーだけでなく、計画づくりに参画した全員に起こるのである。

Vプランをつくる準備

Vプラン作成には、以下の準備をする。

(1) **4～5人で1チーム**となり、討議できるようテーブルを囲む。多くの会社では課長や係長を中心にチームを組む。

(2)文具を用意する。私は１チームあたり以下の文具を用意することをすすめている。

・**黄色の付箋**(ポストイットノート75ミリ×75ミリ)、３束

・**桃色の付箋**(ポストイットノート75ミリ×75ミリ)、１束

・**黒色のサインペン**、ひとり１本

・右記のポストイットノートをたくさん貼り付けることができる**大きめのホワイトボード**。または**広めのテーブル**。

(3)Ｖプランづくりに入る前に、以下の点を再確認する

・なぜ、**このチームでＶプランをつくるのか**？

・３〜６か月後の**チームのゴール**は？（いつまでにどれだけの成果を出すのか）

・目標達成への**業績直結行動**は何か？

・業績直結行動の**量的目標値**はどのくらいか？

・目標達成への**目玉作戦**は何か？

2. Vプランをつくる実際の手順

以下に、Vプランづくりの実際の手順を紹介する。

わかりやすいように、作成の様子を写真で示しているが、あくまでも一例であって、会社によって、やりやすいようにアレンジしていただきたい。

【手順1】やるべきことの洗い出し　（写真10の上）

ゴールに達するために**やるべきだと思うことを　黄色の付箋に書き出す**。

このとき**やる順番は考えない**。思いつく限り、たくさん出すことが大事だ。数を出すことにチャレンジするくらいでよい。私は**ひとり20枚以上**書くように要求する。

自分が関係する行動だけでなく、仲間がやるべきことや他部門がおこなうべきことでも、必要だと思うものはすべて書き出す。

これらは**個人作業**でおこなう。後で集約するから、隣の人と同じことを書いてもかまわない。

写真 10　Ｖプランの作成

【手順2】やることを並べる（写真10の下）

(1)**付箋を貼り出す**

全員が書いた付箋を集約する。まず最初のひとりが、自分が書いたものを一枚一枚、それがどんな行為かを仲間に説明しながら、**ホワイトボードに貼っていく**（テーブルの上に展開しても可）。ひとりが貼り終わると、次の人がそこに付け加えるように自分の付箋を貼っていく。全員が自分の付箋を貼り出すまでこれを繰り返す。

同じことを書いている場合は、その付箋の上に自分の付箋を重ねていく。よく似たものでも少しニュアンスが違うものは、すぐ横に貼るようにする。

(2)**重なった付箋は作業しにくいので、1枚を残してあとは捨てる。**

(3)残った付箋を見ながら仕事の流れを意識して、**先に発生する仕事を上のほう**（または左のほう）、**後に発生する仕事を下のほう**（または右のほう）に大まかに分類しながら、付箋を並べる。

(4)上から下（または左から右）まで付箋が並んだら、**やる順番になっているか確認する。**流れを考えながら、**「これもやったほうがいいね」と気がついたことは、その場でどんどん付箋を書き足す。**

以上により、何をやれば目標達成できるのかが、だいたい見えてくる。

【手順３】見落しがちな５つの要素を加味する

ホワイトボードに貼られた黄色い付箋の一枚一枚が実施項目である。
「やる順」に並べられた付箋を見ながら、以下の５つの項目を必要に応じて書き足す。

(1) キックオフミーティング日程

目標に向けて「今日からやるぞ！」と職場の全員に伝えるのがキックオフミーティングだ。ゴールも大事だが、全員に気を入れるスタートの儀式も大事だ。その日程を決めて書き足す。

(2)「まさか」が起こらないようにする方法

「Ｖプランが途中で失敗するとしたらそれはどのような場合か」を、全員で考える。そして、そのような問題が発生しないようにするために、予防措置など予め取り組むべき行動を考えて書き足す。

(3) 勉強会の準備

Vプランの中に多く登場するものの、最も実行されないもので、なおかつ成果に大きな影響を与えるのが部門内の「勉強会」である。

「勉強会」がおこなわれない原因は、「講師」「開催時間」と「勉強会のための準備」が明確でないためだ。これらをその場で話し合い、明確にする。「講師依頼」や「テキストなどの準備」が必要な場合は、それらも実施項目として書き足す。

(4) 進捗《しんちょく》管理の方法

Vプランの進捗《しんちょく》確認を、いつどのようにしておこなうのかを皆で話し合って決める。進捗《しんちょく》ミーティングの進め方は後段で触れるが、頻度《ひんど》は少なくとも2週間に1度以内で開催するようにしたい。

(5) 頑張った仲間を労《ねぎら》い称《たた》える場

Vプラン完遂《かんすい》後に頑張って実行した仲間を称《たた》え労《ねぎら》うための打ち上げを決めてVプランの一番下に表記する。私の指導先の90%は「焼肉パーティ」と書くが、みんなが憧れる高級焼肉店の店名を書くチームも少なくない。

写真 11　見出しをつける

【手順４】中分類の見出しをつける

実施項目に**桃色の付箋で、見出しをつける。（写真11）**

見出しがあると、Ｖプランシートを作成したときに大変見やすい計画になる。

【手順５】楽しくなる方法を加える

【手順４】までで、Ｖプランの内容はほぼ出来上がりだが、これで完成というわけではない。

内閣府大臣官房政府広報室が毎年調査している「国民生活の世論調査」によれば、平成２７年の理想の仕事の１位は「収入が安定している仕事」である（**図表12**参照）。

続く第２位は「自分にとって楽しい仕

図表12　理想の仕事

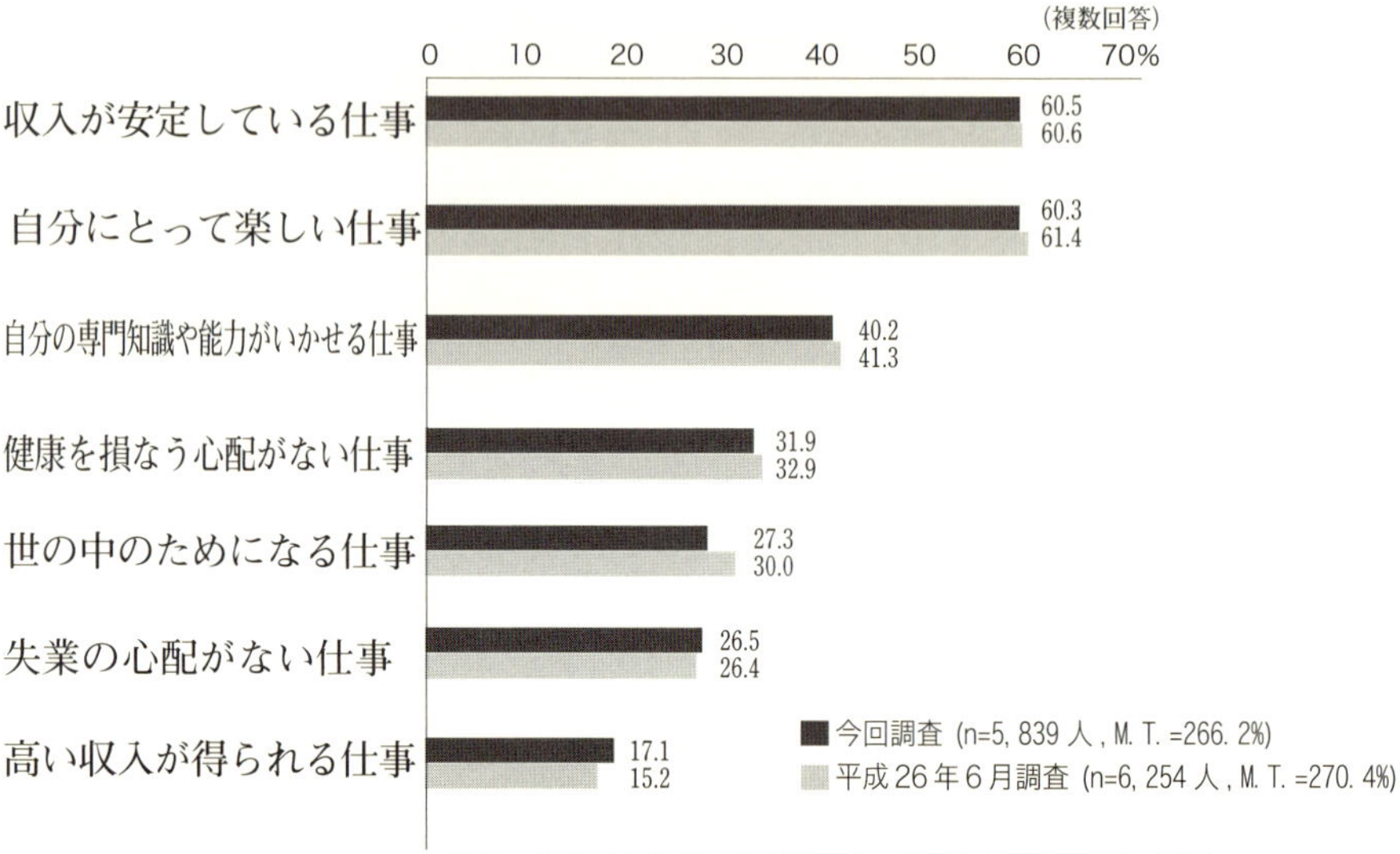

出典：「国民生活に関する世論調査」内閣府大臣官房政府広報室

事」で1位と大差がない。近年では、収入と同じくらい仕事に楽しさを求めるようになっているのである。

そのため、「どうしたらこのプロジェクトを楽しくやれるのか」を考え、実施項目のひとつとしてアクションプランに付け加えておきたいものだ。

たとえば、私の顧問先でよく見られる「楽しくやる方法」は以下のようなものだ。

・グラフや表など「**進捗《しんちょく》状況の見える化**」の工夫
・**プチ表彰**など賞賛の機会を多くする
・担当者を複数のチームに分け、**対抗戦導入**

・**顧客を招待したイベント**をおこなう
・キャンプや旅行などチームでの**団結イベント**の開催
・**お揃いのＴシャツやハッピ**を着て仕事をするコスプレ
・お互いを**あだ名やファーストネームで呼び合う**
・社内報、カベ新聞などを活用し、**チームの情報を発信**する

これらの実施をＶプランに盛り込んで要素出しは完了する。

【手順６】付箋をＶプランシートに落とし込む

要素が出揃ったら実施項目ごとに、いつ、誰がやるのかを明確にし、ホワイトボードの付箋をＶプランシートに書き込んでいく。Ｖプランは、エクセルで作成するとつくりやすく、カラフルなものをつくることができる。

なお、本書巻末に事務機販売Ｐ社の記入済みＶプランシート例（**資料⑦**）を添付しているので、ご参照いただきたい。（Ｐ社の凹《へこ》み脱出計画については、２６４ページ以降で詳しく解説）

【手順7】ルートセールス部門のVプランは顧客別に作成する

ルートセールスが主体の会社のVプランは、顧客ごとに立案するのが一般的である。たとえば、精密機械商社の場合は、巻末資料⑧のように主要顧客ごとにどのような活動をするのかを明確にしたものを作成する。

このシートには山田さんと鈴木さんがペアで担当する顧客A～C社別の活動が記載されている。作成したのは、もちろんこの2人である。B社は2つの事業所別に記載されているが、事業所ごとで活動内容が異なる場合は、このように別々に記載するとよい。さらに2人が担当する主要顧客が他にもあるのなら、2枚目のシートに同様に記載する。

また、2人以外にも田中さんと小川さんという営業担当者がいれば、その人たちのシートを作成する。このペアも2枚のシートを作成すると、この部門では「個別の顧客対応シート合計4枚＋営業部のミーティングや勉強会、資料作成などの共通活動を記した共通用のシート1枚」の総計5枚のシートが作成されることになる。

それを壁に貼り出し、○や×を付けて管理していけば、上手くいっている顧客とそうでない顧客が、誰が見ても一目瞭然となる。部門のマネージャーはそれを見ながら、同行営業や他部門連携支援など適宜サポートすることができる。

ベクトルを合わせるキックオフミーティングを開催する

Ｖプランができたら、関係する部門の全社員に示すキックオフミーティングを開催する。

前述の「しゃべり場」を開催しているとはいえ、現場の社員全員が関心をもっているかどうかはわからない。そのため「今日から自分たちは変わろう！　昨日までと違うことに取り組み、必ず成果を出そう！」と伝え、現場の全員がベクトルを合わせる儀式が必要だ。

それがキックオフミーティングである。

キックオフミーティングの時間は３０分程度。主な時間配分は以下の通りである。

・最初の５分＝プロジェクトリーダーが今回のゴール設定に至った意図を表明する
・次の５分＝幹部ひとり一人が、この凹《へこ》み脱出Ｖプランに賭ける想いを語る
・残る２０分＝各チームに分かれ、それぞれのＶプランの内容を確認する
そして、現場の社員ひとり一人に、自分の役割を理解してもらう

同ミーティングで、最も重要なのは**プロジェクトリーダー**の**決意表明**だ。

そのデキ次第で、全社一丸体制が生まれるかどうかが決まるといっていいほどである。

ひとつの事例として、私の顧問先のキックオフミーティングで、後継者であるプロジェクトリーダーが語った内容を紹介しよう。

「今日これから、私たち関東営業部の『倍返し大作戦』が始まります。昨期は目標比で約1億円の未達という、大変情けない結果に終わりました。今期はこのマイナス1億円を取り返し、なおかつプラス1億円の実績を目指す、凹《へこ》んだ分を倍にして返す倍返しを是が非でも実現します。

それにはどうしたらいいか。皆さんご存知のように、この1か月間、幹部と主要メンバー全員でVプランを練ってきました。

昨期結果が出なかったのは、皆さんのスキルに問題があるわけではありませんでした。私たち幹部が、仕事の流れの中のネックに気がついていなかっただけです。だから結果が出なくても、無理はありませんでした。それはすべてリーダーである自分の責任です。

それなのに、みんなのスキルに問題があるかのように社内で言われ、辛い思いをさせてしまいました。

私もそう言われるのが辛かった。だから、今度こそ、やり方を変えて結果を出そう！　と皆で話し合ってきました。どうしたらいい結果が出るのか。皆さんがもっている真の力を引き出せるのか。新しいやり方をみんなで考え抜きました。

そして自分でも驚くほど良いＶプランができたと思っています。

プロジェクト名は、「倍返し大作戦」です。これには「負けてたまるか」の意地が込められています。

スローガンは(Ａ課長、言ってみて)「＊＊＊＊」。聞くだけで熱くなります。

そして、目玉作戦は(Ｂ課長、言ってみて)「＊＊＊＊＊」。私は上手くいくと信じています。

ただし、これらはまだ現実ではありません。これを現実にするために、ぜひ皆さんの力を貸してください。そして、〇月〇日、絶対に目標達成しよう。その日まで、自分たちのＶプランを信じ、『やる』と決めたことをやり切ろう！」

シナリオのアドバイスをしたのは私だが、口下手な後継者が、たどたどしくも誠実に心を込めて語ってくれたので、派遣社員やパートに至るまで浸透し、みんながその気になって見事、目標達成を果たすことができた。

これは後継者に限ったことではないが、Ｖプランを実行するリーダーの決意表明のキーワードは「**私は絶対達成したい**」と「**力を貸してほしい**」である。加えて、リーダーの「自責」を織り込むことだ。

なぜならリーダーがリーダーとして機能するためには、部下全員がリーダーを「この人は本気だ。この人たちは私たちの誰よりも熱い」と認めることが必要だからだ。リーダーが「悪いのは君たちではない。責任者である自分だ」と部下を守れば、部下たちもまたリーダーを守るために、「それは違う。自分たちがちゃんとやらなかったから結果が出なかったのだ」と、自責で考えるようになる。

キックオフミーティングは全社員で「過去の口惜しさと自分たちの目指すべきゴール」を共有し、自燃《じねん》社員化する場だ。そこから、凹《へこ》み脱出は始まるのである。

3. 凹《へこ》み脱出Ｖプランの進捗《しんちょく》チェックとステップアップ

社長はＶプランをステップアップさせる人である

こうして出来あがったＶプランは、キックオフの前に社長がチェックする。

「任せて任さず」という言葉があるが、任せっきりにすると、後で「こんなはずでは…」となり兼ねない。プランニングは任せても、「経営者の視点」でしっかり内容に目を通し、より良いものへレベルアップさせていただきたい。

そこで、社長にどうしてもチェックしてほしい点を２つお伝えしよう。

①絶対やり抜くメンバーの強い意志が計画に反映されているか

最も大事なことは、作成した人たちの「絶対やり抜くぞ」という強い意志である。

よって、チェックする項目はその意志が強く感じられるところである。

まずは、**実施項目の詳細さ**である。

たとえば、以下はホームセンターQ社のA店とB店の「戦略商品の販売目標達成」をテーマにしたVプランの「事前準備」として記された実施項目である。

【A店】

事前準備

1. 商品発注
2. 売場のレイアウトを考える
3. 手配りビラの作成
4. 電話のための名簿の洗い出し
5. ポスティング先の名簿の洗い出し

【B店】

事前準備

1. 過去の売れたときのケースを分析
2. パターン別にすすめる商品を決める
3. 商品別の説明の仕方を決める
4. 商品説明の全員周知の場を設ける

5．ＤＭ送付者のリストアップ
6．ＤＭ原稿作成、稟議書作成
7．ポスティング地域の選定
8．ポスティング手配りチラシ原稿作成、稟議書作成
9．各種ＰＯＰ作成
10．商品知識の会得、ミーティングでの共有

Ａ店とＢ店を比べて、詳細さがまるで違うのがおわかりいただけるであろう。実現性が高いのは当然Ｂ店である。Ａ店の記載内容が詳細さに欠けるのは、計画策定時に仲間ときちんと話し合われていないからである。誰かひとりの思いつきをベースに書いているからこうなるのだ。

人間は、書かれていることが具体的でないと行動に移せない。「本当にこれで行動に移せるのか？」と疑わしいケースを見つけたら、即、討議し直すよう指示していただきたい。

②メンバー全員の抱負

抱負は、メンバーひとり一人の言葉であり、やる気がそのままが表れる。

以下は、訪問販売会社の甲支店のAさん、Bさん、Cさん、Dさん、Eさんの5人が最初に書いた抱負である。

> A＝今期も達成
> B＝やるだけやります
> C＝がんばります
> D＝ガンバル
> E＝努力するのみ

これらの抱負から皆さんは何を感じるだろうか？　自分から進んでやろうとする意志がなく、何をやるのか、どう具体的に頑張るのかが何も見えてこない。伝わってくるのは、とりあえず書いておけばいい、という投げやりな感じだけだ。

人が投げやりになるのは、多くの場合、直面している危機について考えたり、意見を求められたり、語り合う機会がなく、一方的に降りてくる指示命令への無意識な反発である。ゆえに現場の担当者たちがこのような抱負を書いていたら、間違いなく「リーダーがひとりでつくった計画にしぶしぶ従っただけ」とみて間違いない。

さすがにこのときは、チェックした社長と私でリーダーであるＡさんにＶプランのつくり方から問いただした。すると、推測どおり、自分がつくった計画を部下に押しつけたことを認めた。そこで全員参画でＶプランをつくり直し、全面的に改定してもらった。

するとどうだろう。甲支店はそのＶプランを見事やり切り、目標を達成したのである。

そうしたら、異変が起きた。以下は、同じ甲支店の同じ５人のメンバーが翌期のＶプラン作成時に書いた抱負である。

Ａ＝チームスタッフ全員が日々楽しく明るく活動できるチームづくりと、目標達成を前倒しにして１か月早い達成を目指す
Ｂ＝一件たりともチャンスを見逃さず、他社より少しでも早くアタックする
Ｃ＝ＯＢ客担当として、ポイント重視の営業活動の実施と他のスタッフにも情報

を提供し、活動できる環境をつくる
D＝イベント担当として、準備～開催に至るまで責任をもって実施にあたる
E＝チーム目標達成と5S担当として他のスタッフと協力しながら推進していく

同じメンバーでも、責任感や自覚がまったく違うことがおわかりいただけるであろう。

このような抱負が書けるのは、リーダーであるAさんが担当者に今回の目的をキチンと落とし込んでいること、メンバー同士が「何をやるか」をよく話し合っているからだ。人は責任を与えると、丁寧になるという。各自にチーム内担当をもたせていることで、最初のプロジェクトを経て、メンバーそれぞれがひとまわり大きく成長している証《あかし》といえよう。

もちろん、この2点以外でも、社長として良いと思ったところは、「いいところに目をつけているな、期待しているよ」とフィードバックしてほしい。逆に納得がいかない点があれば、「どこがどのようにいけないのか」をわかるよう指摘し、改めさせる。

社長からのフィードバックは作成者にとっては「**社長の視点**」**を学ぶ**貴重な機会である。

人を育てるためのフィードバックこそ社長の仕事だと、自覚して取り組んでほしい。

社長による中間フォローミーティングの開催

凹《へこ》み脱出Ｖプランを軌道に乗せるには、社長またはプロジェクトリーダーである次世代経営者による中間点検が欠かせない。

前掲の図表８（４章１９９ページ）で示したように、目標達成には前半前倒しの発想が重要だ。

そのため、少なくとも以下の３回は、確実にフォローミーティングを開催するようにする。

⑴全体の１５％の時点
⑵全体の４０％の時点
⑶全体の７０％の時点

会社の規模によって異なるが、フォローミーティングにはプロジェクトの責任者、チームに分かれて実施しているときは各チームから少なくとも責任者クラス２名が参加し、社長同席のもとで進捗《しんちょく》状況を確認する。

⑴スタートから１５％時点でのチェック内容

半年間のプロジェクトの場合は、１８０日×０・１５＝２７日なので、キックオフミーティングから**２０日～３０日後**となる。この段階で幹部を集めたミーティングを開催する。ミーティングの目的はただひとつ、**良いスタートを切ったかどうか**である。

⑵スタートから４０％時点でのチェック内容

２か月～２か月半ほど経った時点でのチェックである。

この時点での進捗《しんちょく》確認は「**目標の半分まで行ったか**」である。前半前倒しであれば、そろそろ成果として、目標の５０％に到達する頃である。

しかし現実には、そのような好調なケースは稀《まれ》だ。複数のチームが取り組む場合、必ずロケットスタートに成功するチームが出てくる一方で、遅れるチームも出てくる。そして遅れるチームのほうが多い。

そんな中、ロケットスタートに成功したチームが、自分たちのやり方を披露《ひろう》する。そのやり方をみんなで学び、「こうすればいけるぞ」という手ごたえを共有する。遅れているチームは、それを参考に、自分たちのやり方を改める。これが４０％時点での狙いである。

⑶ ７０％時点でのチェック内容

スタートから4か月ほど経った時点での社長チェックである。

この時点での進捗《しんちょく》確認は「**目標達成まであとどのくらいか**」だ。前半前倒しであれば、成果として８０％に到達する頃である。

しかし中間時点と同様にそのように好調なケースは稀《まれ》で、チーム間格差も出て、遅いチームはまだ全体の４０～５０％というところもあるだろう。

そこで、ここでの最大テーマは**現実的な最終着地点**である。

残された課題が多い場合は、優先順位を明確にして、成果を出すために徹底してやることとやらないことに振り分けるようにアドバイスする。そうして誰もが残りの時間を、何にどのように集中して活動をするのかをハッキリさせることである。

現場での進捗ミーティング

Ｖプランを計画に従ってやり切り、目標達成するためには、現場での進捗《しんちょく》ミーティングは欠かせない。

現場での進捗《しんちょく》ミーティングの最大の目的は、Ｖプラン通りにやったが**上手くいかなかった**

場合に、次の一手を見つけることである。

したがって、チームでの現場ミーティングは最低でも2週間に1度。できれば毎週、さらには毎日開催するとよい。なぜなら、2週間以上間隔が空いてしまうと、実行に「遅れ」や「想定外」が起きた場合、リカバリーできなくなってしまうからだ。

仮に予定から1か月の遅れが生じたら、それを取り返すための行動は1か月以上かかる。すると、本来その月に実施しようとしていたことができなくなってしまう。

しかし、これが1週間の遅れであれば、翌週にリカバリーすることができる。1日の遅れであれば翌日にリカバリーできる。ズレの時間差が小さければ、ズレそのものが小さく、リカバリーは容易になる理屈だ。

また、現場での進捗《しんちょく》ミーティングの頻度が高ければ、1回あたりの時間も短くなる。毎日進捗《しんちょく》ミーティングをおこなうチームなら、必要な時間はせいぜい5分程度だろう。週1度進捗《しんちょく》ミーティングをおこなうチームなら、せいぜい30分程度である。

ところが進捗《しんちょく》ミーティングの頻度《ひんど》が月1回となると、どうしても2~3時間はかかってしまう。内容も単なる報告会に終始し、誰にとっても辛くて面白くない時間となってしまうだろう。

次に、チームでの現場ミーティング時の注意点をあげておこう。

(1)ミーティングは2人いればできる。全員揃わなくても決めた時間に実施すること
(2)リーダーは、ミーティング中に必ずメンバーを「よくやった」「がんばったな」「いい所に気がついたな」などとプラス行動を引き出して褒《ほ》めること
(3)メンバーが成果を出したとき、有益な情報をもち帰ったときには「チームのためにありがとう」と、チームを代表して、リーダーから感謝を伝えること
(4)メンバーが難しい課題に挑むときは、リーダーがサポートを約束すること
(5)メンバーがなかなか踏み出せないときは「責任は私が取るからやってみよう」と背中を押すこと。メンバーのモチベーション維持はリーダーの重要な仕事である

ＰＤＣＡよりＰＤｃｉを回す

進捗《しんちょく》チェックミーティングは、ＰＤＣＡサイクルを回すものだが、私はあえて**ＰＤｃｉサイクル**を回そうと指導している。

ＰＤｃｉは私の造語で、意味は一般的なＰＤＣＡと少し違う。

ＰＤＣＡは、目標を達成するためのサイクルのことで、目標が決まったら、計画を立て（プラン）、行動し（ドゥ）、振り返り（チェック）、思うような結果が出ないときは改善策を考える（アクション）の英語の頭文字をとったものである。

ところが、現実の職場では、ＰＤＣＡがなかなか回らない。

その原因はいろいろあるが、よく聞かれるのが、「うちにはＣがない。ＰとＤだけで、やりっ放しなんだ」という反省だ。

やりっ放しになる理由のひとつは、チェックを怖がるからである。上手くいっているときはいいが、思うような結果が出ていないとき、チェックをすれば出てくるのは問題ばかり。上から目線で責められたくないため、チェックを先送りするのである。

そこで私は、Ｃを上から目線のチェックではなく、横から目線のコミュニケーション（communication）に変えた。Ａも・ｉに変えた。ｉはアイデア（idea）の・ｉだ（図表13）。

思うような結果が出ないときは、ひとりで悩んでいても仕方がない。壁にぶつかったら、そのことを仲間に伝え、その壁をみんなで共有する。同じ壁にぶつかっている仲間がいて、一緒に考えれば打開策が見つかるかもしれない。話し合って、その中からより良いアイデアを出そうというわけだ。

図表 13　すごいチームの PDci サイクル

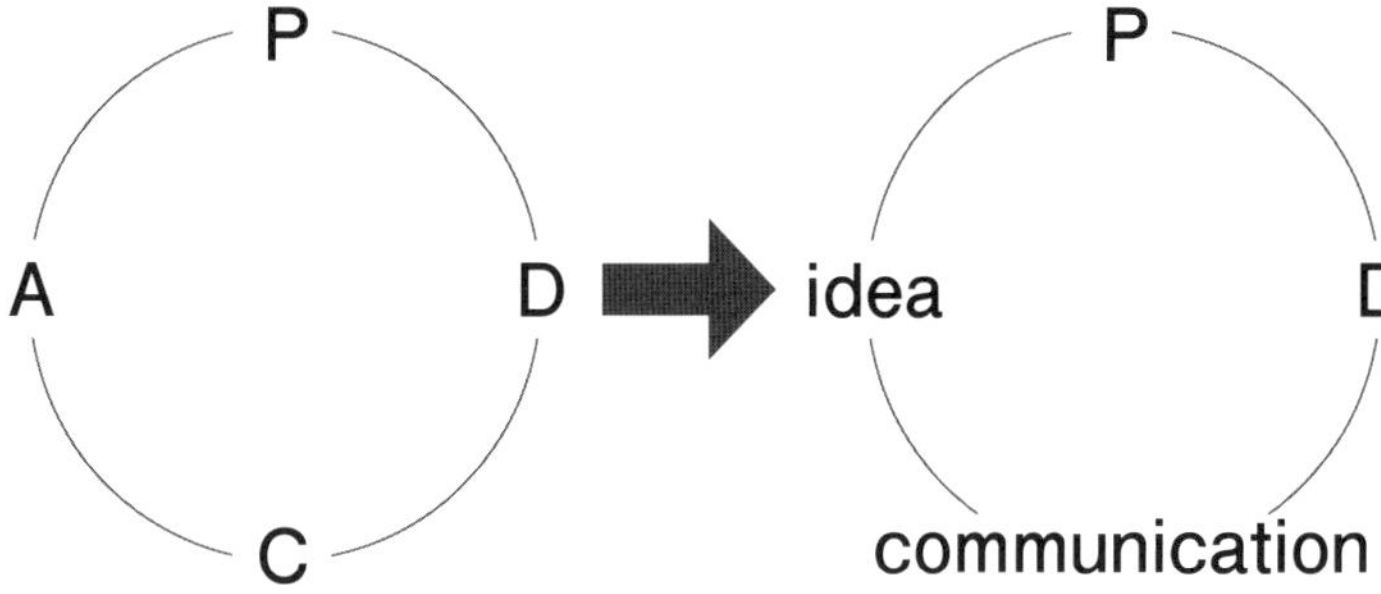

私はすごい成果を出せる「すごいチーム」とは「困ったときにアイデアがバンバン出るチーム」だと定義している。

それには、以下の条件を満たした上でミーティングをおこなう。

・メンバーが目標達成の重要性を理解していること
・ひとり一人が、目標達成のためのアイデアを出すのは自分の仕事だと自覚していること
・出したアイデアを、上司も仲間も否定せず受け止めてくれること
・納期に間に合うタイミングでアイデアを求められること
・「お前が言い出したのだからお前がやれ」と、発案者に実行リスクを負わさないこと

・アイデアを実際に実行して失敗しても、言い出した者が責められないこと
・誰が発案したかではなく、良いアイデアを全員で実践することに価値をおくこと
・実行するときは、上司はもちろん仲間がサポートしてくれること

たったこれだけのことで、辛くて避けていたC（チェック）の時間は、現場のメンバーにとって前向きな情報交換の時間に変わる。

ＰＤＣＡをＰＤｃｉに変えて、前に進むアイデアがバンバン飛び出すチームへと進化してほしい。

成果発表会を次のステップアップにつなげる

凹《へこ》み脱出Ｖプランの最後には、必ず成果発表会を実施する。

関係者が一堂に集《つど》い成果を発表する。時期は期間終了直後におこなうことが多いが、終了前におこなうケースもある。いずれにしても、この成果を次期の計画策定に生かすためである。

成果発表会開催の目的は、優れた人の表彰ではない。もっとも重要なことは、成果に繋《つな》が

る良い行動を、特定の人やチームの個別的な活動にとどめず、全社共有のノウハウとすることだ。それが、次期のプロジェクトのステップアップに確実につながる。

しかし、特定の人やチームがみんなの前に出て自分の体験を話すだけでは、ノウハウの共有化はできない。

この場合の「共有化する」ということは、その話を聞いた人が「なるほど！　それならを自分でもやってみよう」と自分の可能性を感じ、実際に自分の行動を変えることを意味する。

そのためには、話を聞いた人が「私も同じようにやってみよう」と思えるように、メソッド化（標準化）して伝える必要がある。

そこでメソッド化のために、私は、成果の発表者に対し、少なくとも以下の３つの工夫を施すようお願いしている。

①自分の得たノウハウを複数の手順に刻む

ＴＶの料理番組やスポーツ教室番組と同じで、自分たちのやり方を手順１＊＊＊、手順２＊＊＊、手順３＊＊＊など、手順に分けて伝える。このとき、各手順の刻みが小さいと、ひとつひとつの手順が容易になり、行動に移しやすくなる。

②各手順をできるだけ図を用いて示す

図で説明されると理解がしやすく、振り返ったときのチェックもしやすい。そのため、発表者は必ずパワーポイントを用いるよう指示しておく。

③「＊＊＊法」とネーミングを施す

発表されたメソッドにネーミングをすると、上司が「お前、＊＊＊法をやってみろよ」とか、仲間同士で「Aさんの＊＊＊法は凄いよ」と伝え合うことができる。これにより、社内でのノウハウの共有化がとてもスムーズになる。

このような要素が盛り込まれた発表会は、本当に楽しい場となる。よく言われるように、発表会がゴールではなく、発表会が次期への元気なスタートになる。

ぜひ、あなたの会社でも成果発表会を開催し、優れたノウハウを共有化してほしい。

成果の表彰について

凹《へこ》み脱出Vプランに複数のチームで挑む場合、成果発表会で表彰すると良い。

優秀な成果を出したチームを選抜して表彰する。選抜基準は、会社によってまちまちだが、「成果、チームワーク、創意工夫、発表品質」を合計１００点満点となるように指数化して評価するケースが多い。

ここで「発表品質」とは、発表した人のプレゼンテーションの上手さであり、聞く側として「楽しく、興味深く聞けたか」「わかりやすかったか」「引き込まれたか」という意味である。

評価項目にあえて発表品質を加えるのは、成果発表会で紹介される成功ノウハウを、ほかのチームが、「面白い試みだから、うちのチームにも取り入れてみよう」と気づいてくれることに期待するからだ。

またビジュアルコミュニケーションが当たり前の時代に、視覚的に訴えるツールであるパワーポイントも操作できないのでは企業力として大きなマイナスである。逆に、パワーポイントが自在に使える社員が増えることは、企業全体の情報発信力を高めていく効果もある。それゆえに発表品質は重要な評価項目なのだ。

採点者は、本プロジェクトに参加した幹部クラス、あるいは全員であることが望ましい。みんなから支持されたケースには、社員として「こうありたい」という理想像が反映されている。成果が評価されるのはもちろんだが、「このチームのチームワークは凄《すご》い」と誰もが思うチームが評価されると、社内の団結度はいっそう良くなっていくだろう。

なお、副賞は表彰状ではなく「楯《たて》」か「トロフィー」がおすすめだ。表彰状は額に入れて渡すが、飾ってくれるかわからない。しかし、トロフィーや楯《たて》は、必ず見えるところに飾る。

受賞時に、リーダーがメンバーにトロフィーをかかげて「みんなのお蔭で入賞したぞ」と言えば、メンバーは盛り上がる。大きなトロフィーや楯《たて》はチームに渡すが、同時にミニ版を用意しておいて、そのチームの社員全員に届くようにするともっと効果が上がる。

ミニ楯《たて》やミニトロフィーをもらった社員は、それを家に持って帰る。すると、それをみて家族がビックリする。「お父さんすごい！」「お母さんすごい！」と賞賛されるだろう。子供にとって楯《たて》やトロフィーを貰う人はヒーローであり、その賞賛が社員の自燃性《じねんせい》を高めるからだ。

社員の心をひとつにするVプラン

Vプランを取り入れ、凹《へこ》み脱出目標を達成した次世代経営チームのメンバーは、1章で述べた「**あとカリの3条件**」の第一条件である成功体験を手に入れることができる。

そして、特定部門で成功した仕組みを全社に展開できれば「あとカリの3条件」の第二の条件である「目標達成マネジメントの仕組み」も定着することができる。

そうなると、多くの経営上の効果がもたらされる。以下は、Ｖプランをテスト導入した社長が、導入前と後で何が変わったかを自分で検証し、全社導入を決めたときに期待効果として幹部に伝えたものだ。

・現場を楽にするために、全員がやりやすい、面白いと思う計画を立案できる
・誰もがわかる、行動しやすいシンプルな計画を皆でつくることができる
・指示命令ではなく、指示命令の根拠を伝えて全社員を動機づけできる
・段取りに時間をかけすぎず、スタートダッシュを重視。超速行動で実践できる
・効率よく成果を上げるためのアイデアがたくさん出て、みんなで実践できる
・プラン通りに実行し、成果が出ない場合は違うアイデアを考えられる
・ＰＤｃｉのサイクルを回す速度が今までよりずっと速い！
・業績直結行動を把握し管理指標化し、常に数値で進捗《しんちょく》報告できる
・マスト行動が明確になるため、次の期の管理ポイントが明確になる

社長の目から見てこれらの効果が得られるＶプランだが、私がこれまでの指導経験で「Ｖ

プランの力」を最も強く感じたのは、2016年に福岡市に本社のある金融機関を指導したときである。

4月初旬、私は同社の支店長と渉外代理を集めて、Vプランのつくり方を教えた。そこには、熊本県下の支店も含まれていた。支店長は早速、支店の職員たちを集めてVプランをつくり、さあキックオフだと気合を入れた。が、その直後の4月14日、熊本大震災に襲われた。同支店には幸い怪我をした職員はいなかった。が、被災地に近かったこともあり、避難所や車中泊を余儀なくされた職員も多く、しばらくは「何をしていいかもわからない」状態が続いた。日常を取り戻したのは、5月に入ってからだった。

久しぶりに揃った職員たちを前に、支店長は次のように言った。

「状況は一変した。そこでもう一度、私たち全員で私たちのVプランをつくろう。被災された方の笑顔を取り戻す活動をしよう。被災された方に寄り添った丁寧な対応をしよう。地元のお客様と一緒に生活再建を目指そう。そのためにひとり一人ができることを自分で考えて、Vプランにまとめよう！」

この号令によって気持ちを新たにした職員は、全員参加でVプランを作成した。スローガンは「がんばるばい熊本」。ひとり一人の抱負覧には「一人はみんなのため、みんなは一人のため。今こそ私たちの役割を発揮しよう」「一日でも早く日常を取り戻せるよう、被害にあわれた方に寄り添い、相談などを親切丁寧におこないます」など、力強い決意が並んだ。

そして、来る日も来る日も被災者の相談に乗り続け、災害関連融資の存在を知らせる地道な活動を続けた。その結果、震災での出遅れを上期中に取り返し、年度目標を２月中に達成することができたのだ。

同支店の支店長と渉外代理は成果発表会で、「Ｖプランがあったから皆の心がひとつになれた。Ｖプランを信じてずっとやってきて本当に良かった」と涙ながらに語った。震災当時の皆の協力を思い出すと、自然と涙があふれてしまうのだという。

その涙を見ながら、私は全員が自燃性《じねんせい》を発揮してつくるＶプランには、不安や恐怖、迷い、諦《あきら》めなど人間の醜《みにく》い力を美しいエネルギー変える力があるのだと気がついた。

だからこそ、凹《へこ》み脱出Ｖプランのやり方をひとりでも多くの次世代経営者たちに伝えたい。

そう強く決心した指導だった。

4．【事例1】事務機販売P社の凹《へこ》み脱出計画

成績最下位の支店がロケットスタートを目指して

Ｐ事務機（社員100人）は、某大手事務機メーカーの地方特約店だ。

同社は、デジタル複合機や通信機器を用いたオフィスソリューションやセキュリティソリューションの法人営業をやっている。同社には、本社を含め4つの支店があるが、ある支店が万年赤字で業績の足を引っ張り続け、お荷物になっていた。

たまたまＰ事務機の社長が、私のセミナーを受講されて、「凹《へこ》み脱出Ｖプラン」の急所はロケットスタートにあるという指摘に同感し、ぜひわが社も「凹《へこ》み脱出Ｖプラン」を導入し、その赤字支店を立て直したいという依頼であった。

同社を訪問して、ざっと話を伺ってから社長とともに、くだんの支店にお伺いした。そこで驚いたのは、まずオフィスの空気が淀《よど》んでいたことだ。

重苦しくしていたのは、年齢構成だ。他社で修業を積んで戻ってきたばかりの子息だけが

２０代で、あとは３０代後半以上、平均年齢は４０代半ばか。事務所全体に覇気《はき》がなく、事務所の壁には、営業１２名の売上実績を示したグラフが貼られていたが、なんとゼロに近い実績の人もいる。

まずは、支店長と営業課長2人と、技術を担当するシステム・エンジニア課（ＳＥ課）の課長の４人に集まってもらい、「凹《へこ》み脱出プラン」の概要を説明し、いつまでにどれだけの結果を出したいのかを伺った。

課題は「凹《へこ》み脱出のためのロケットスタート」だ。4月からスタートして何月までにどんな結果を出したいのかを聞いたところ、４人の答えはバラバラだった。

支店長は6月まで、ある課長は8月まで、上期いっぱい（9月）と答えた課長もいた。さらに、いくらやりたいのか目標値もバラバラだった。「いつまでに、どれだけやる」が、意思統一されていなかったのである。子息から「上層部の間のコミュニケーションがまるでとれていません。挨拶の声は小さいし、朝礼も一方的で経営理念を唱和するような基本的な会社のルールを守ることもできていません」と聞いていたが、早くもそれが露見した形である。

私が彼らと話をしたのは3月半ばのことだ。営業の現場は、期末の追い込みで精一杯だ。来期の計画は社長から督促された支店長ひとりが鉛筆をなめてつくっていた。もっとも、私にとっては、他社でもよく見かける光景ではあるのだが。

そこで、バラバラな目標で結果が出せるはずがないと、その場で話し合ってもらった。そして「凹《へこ》み脱出プラン」を4月にスタートさせて、4か月後の7月末までに前年比1・3倍の結果を出すことでゴール設定した。

次に、主任以上のメンバーを集めて、これまでの目標未達成の原因は何かを、それぞれ発言してもらったところ、次のような意見が出た。

・売上目標を担当者に割り振るだけ。後は個人任せになっている
・商材の絞り込みができていないため、自分の提案に自信がもてない
・セールストークではなく見込み客をつくるトークが確立されていない
・上司がタイミングよくサポートしていない
・営業の後工程であるシステムエンジニア（SE）課に現場調査の仕事を頼みづらい

予想されたことだが、他責の意見が強かった。自分は一生懸命に取り組んでいるが、すべて上司が悪い、会社の仕組みが悪いというばかりである。

そこで、これらの問題すべて「自責」で考え直してもらったところ、

・目標達成のために、どの市場に何をどれだけ売るのか、そのためにどんな活動をするのかを自分たちが納得いくまで話し合っていなかったこと

・営業課とＳＥ課とのコミュニケーションが悪いこと

などが抜本的な問題点として出てきた。部下は部下で「会社はこんなもんだ」と諦《あきら》めて何ひとつ意見具申をしていなかったのだ。

次に、**業績直結行動**を見つけるため、４人の他に係長３名にも加わってもらい、話し合った。

戦略商材は、デジタルカラー複合機である。

図表14は、そのときメンバーで作成した戦略商材の仕事の流れと成果の方程式である。

訪問客リストが１００件あった場合、現状の成約率は３・９％であった。

ロケットスタートを切るためには、７月末までに１・３倍の５・０％にまで引き上げなければならない。

課題は図表14にある①～⑩の何をアップさせるかである。

図表14　戦略商材の成果の方程式

戦略商品の契約件数＝
①リスト数
×②訪問率 85%
×③担当者接触 90%
×④キーマン接触 50%
×⑤ニーズ把握 95%
×⑥一次提案 100%
×⑦設備環境調査 60%
×⑧二次提案 50%
×⑨見積もり提出 90%
×⑩受注 40%

成約率 3.9%

そこで、業績直結行動を見極めるために、各変数の伸びしろと可能性をメンバーで話し合ってもらった。

①は、今以上に増やすことは不可能だった。よって②~⑩のいずれかを変える検討をした。

②は、何度訪問しても連絡が取れないことがあるから、85%からアップは困難。

③は、受付で断られるケースがあるから90%からのアップは困難。

④のキーマン＝社長への接触割合を上げることは、何か方策がありそう。

⑤⑥は、これ以上はアップは無理。

⑦は、営業とSEの連携が良くなればアップできそう。

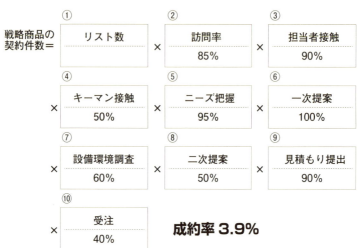

⑧⑨は、⑦の結果、提案できないケースもあるのでこのくらいが妥当。
⑩は、価格を安くすれば可能だがそれはしたくない。
その結果、**業績直結行動**として、「④**キーマン接触**」と「⑦**設備環境調査**」に注力することが、1・3倍増実現のカギになると定めた。

業績直結行動を特定すると、メンバーは途端に明るくなった。

今まで自分たちの仕事を、このように俯瞰《ふかん》的に考えてみたことがなかったからだ。そして、自分たちの行動の、何を変えれば結果が変わるのかに気づいたからである。

とくに課題と考えたのは、「⑦設備環境調査」である。
①～⑥までは営業課の仕事だが、⑦はその後工程であるSE課の仕事である。
ところが、同支店での営業課と5人いるSE課との連携がとても悪かったのだ。

その原因は、過去にSE課が営業課を怒鳴《どな》りつけたことにあった。

以前、営業担当は客先で難しい質問を投げられると、自分では何もせず「では次回は詳しい者を連れてきます」と言ってSEに案件を丸投げしていた。営業から頼まれたSEは、稼働時間の多くを、営業がやるべき客先対応にとられてしまった。そのため本来やるべき業務ができなくなり、これに業《ごう》を煮《に》やしたベテランSEが、ある日、「いい加減にしろ！ 俺たちだって暇じゃないんだ！」と、ブチ切れてしまったのだ。

それ以来、営業担当はSEに仕事を頼みづらくなってしまった。そして自分と相性の良いSEにだけ「お願いだから、このお客様の設備環境調査を頼むよ」と非公式に依頼するようになり、それがまた職場のムードを悪くしていたのである。

要は、営業とSE課の不和が原因で、設備環境調査後に提出する「二次提案」が低い水準に留まっていたのである。そこで、双方の課長が話し合い、「成果を出すために、営業とSEの連携を良くする」しかないことを確認し、「設備環境調査」を60％から70％へ、10％引き上げる方針を打ち出したのだ。

そのために、

・営業担当からSE担当へは、必要事項を記入してから依頼する
・依頼は課長を経由する。個人的な依頼はしない
・調査後は、二次提案にもSE担当が加わる

などのルールを決め、東日本大震災当時の米国と自衛隊の協力関係にあやかり、「**営業・SEトモダチ作戦**」と名づけた。

さらに、「**④キーマン接触**」を50％→55％へと引き上げるために、次の3つのことを実

施することにした。

・事務担当者の業務内容とそこから発生するストレス＆残業を徹底的に聞き出し、この複合機の導入で事務担当者のストレス＆残業が軽減されることを伝えること

・外部から入ってきたＦＡＸが、紙ではなく電子化されて社長のスマホに転送されること。これにより、営業日報などの閲覧が容易になること

・コストシミュレーションの提案。実際の通信費やコピー費の削減はもちろん、想定される業務の効率化による時短のコスト効果も金額化して提案すること

というモノではなくコトを売る目玉作戦を考え、凹《へこ》み脱出Ｖプランを全員でつくったのである。

２つの問題点を解決して１５０％アップの成果

「営業・ＳＥトモダチ作戦」は、４月からスタートした。その前には、支店内で「しゃべり場」を実施し、挨拶の声の大きさや朝礼のやり方が変わり、支店全体に「変わるんだ」の意識が浸透。少しずつ空気になっていった。

ところが、３週間後の１５％経過時のフォローミーティングで私が確認したところ、予定

の半分も進んでいなかった。その主な原因は2つあった。

ひとつは、予定していたロールプレイング研修がまったくおこなわれていないことであった。

「見込み客をつくるトークが確立されていない」という問題を解決するために、他支店のノウハウをみんなで共有するミーティングを開くことになっていたのだが、忙しいことを口実に延び延びになっていた。

もうひとつは、上司からの日々の活動へのフィードバックがないことだった。

同社では前年から営業活動管理ソフトに活動情報を入力することになっていたが、数値や記号の入力が主で、肝心な「顧客のことば」の入力が疎《おろそ》かになっていた。そのため、課長が適切にフィードバックできない状態だったのである。

私は急遽この2つの問題点について、主任以上のメンバーで話し合う機会を設けた。

そして、その翌週には半日間の営業ロールプレイング研修を2回おこなった。この研修にはSEの代表も参加してもらい、技術的なアドバイスをもらうようにした。以後このロープレは、毎週火・金曜の朝礼時におこなうことで定着し、営業担当のスキルアップにつながった。

また、第二の問題の対策として、以前まで使っていた手書きの日報を復活させた。営業管理ソフトへの入力と二度手間になるのを省くため、アシスタントに手書きの日報のコピーを渡し、営業活動管理ソフトに入力代行してもらうようにした。

すると、営業担当者たちの動きが実によくなった。課長は、日報を読んですぐに同行訪問を買って出たり、ＳＥとの連携を調整してくれるようになった。さらに営業担当者からのどんな報告に対しても、課長が赤ペンで、「ガンバですよ！」とか「ナイスですね！」といったフィードバックをくれるので、担当者たちは、ちゃんと上が見ていてくれるんだと安心し、前向きになれたのである。

その結果、Ｐ社は７月末までに予定の前年比１３０％を達成。そして上期が終わる９月には、なんと前年比１５０％を達成したのである。まさにロケットスタートを実現したのだ。

１５０％まで到達したのは、成果の方程式の④⑦に加え、⑧「二次提案」が、ＳＥ課の積極的な協力で５０％→６０％に上がったからだ。トモダチ作戦の効果で、新たな知恵が多く生まれ、これまでなら諦《あきら》めていた案件でも、魅力的な提案につながったからである。

そして下期はこの調子を維持し、１年間で前年比１５７％アップの実績を上げ、万年赤字のお荷物扱いから見事に脱することができたのだ。

同社の場合、子息はまだ会社を継ぐという具体的な段階ではなかった。が、「チームビルディングとはどういうことか」「営業成果が出る仕組みづくり」を間近に見てもらったのは、管理職昇進前の良い経験になった。

とりわけ目標達成後に「会社が楽しくならないかと待っていても、けっして楽しくなりませんね。でも自分から動くと楽しくなりますね。皆、本当はもっと自分の力を発揮したいのに、キッカケがないだけなのですね」と気づいてくれたのは、コンサルタントとしてとてもうれしかった。

5.【事例2】大型プレスメーカーＨ社の凹《へこ》み脱出計画

凹《へこ》み原因の抜本解決のための６か月Ｖプラン

Ｈ社は、序章で紹介した社員１５０人の大型車のボディのプレス加工が得意な会社である。前述のとおり、同社は自ら立案した経営ビジョンの中で、特定企業への売上依存体質から脱却すべく、新規取引先の開拓が急務だと考えていた。

ある日、大型トラックの荷箱を製造しているメーカーＹ社から、「当社は今、手いっぱいで受けられない、Ｈ社でできないか？」との依頼を受けた。

これまでＹ社とは、過去に特殊なプレス品をスポットで受けたことがあるだけの関係だった。が、今回のオーダーは、それとは比べ物にならない特殊な大型部品で、継続発注も期待できるものだった。Ｈ社の生産能力と確かな溶接技術を見込んでの依頼である。

依頼を受けた営業部の幹部は迷った。第一に、加工できるスペースがない。第二にそれを加工できる技能者が不足している。

受けるとしてもその準備に1年はかかるかな、と直感した。そのことをＹ社に素直に告げると、「そんなには待てない。半年で何とかならないか」と泣きつかれた。

そこで彼は後継者である専務に申し出て、営業部と生産技術部とで社内プロジェクトチームを編成した。専務は、「私もバックアップするから、ぜひやってくれ」と賛成してくれた。そこで次世代経営メンバーでもある各部の幹部たちが集まってY社受注プロジェクトを立ち上げたのである。

まず、主なメンバーで6か月のVプランをつくった。業績直結行動は「スペースの確保」である。目玉作戦は、最初の2か月間で加工できる場所を探すこと。次の3か月で設備環境を整え、技術者を訓練する。そして6か月目からは生産体制に入る計画だった。

最初から躓《つまず》いて1か月遅れのVプラン

しかしこの計画は最初から躓《つまず》いた。当初、自社工場内ではスペースがないため、貸工場を探し、借りる計画だった。しかし、あちこち手分けして探し回ってみたものの、相応《ふさわ》しい工場がなかなか見つからなかったのだ。

やむなくメンバーは、自社工場内の稼働率が低い社内のスペースを調査した。見つかったのは、工場の入口すぐ右の場所。ここには大きな機械があったが、その機械が稼働するのは月１回。とても稼いでいる場所とはいえなかった。

もしこの機械を移動できるなら、Ｙ社の受注が受けられるスペースは確保できる。しかし移動コストを見積もると、予想外に大きかった。「やっぱり無理だ…」。メンバーたちがそう諦《あきら》めて専務に報告すると、専務は穏《おだ》やかな顔で次のように言った。「まだ、議論が足りないのではないか？」。

そこで、その機械を使う仕事をいただいているお客様に、製品単価の値上げを提案した。当初お客様は難色を示したが、なんとか合意することができた。この値上げで移動コストを吸収することができたため、Ｙ社の仕事を受けるスペースをつくることに成功した。

このスペース確保までに３か月を費やすことになった。私から「Ｖプランは出だしが肝心」と口酸っぱく言われていた。意識していたもののすでに１か月の遅れである。

が、ここからの動きは速かった。

生産技術のマネージャーと若い技能者がＹ社を訪問し、Ｙ社内の加工作業を学んだ。当初１週間ぐらいかけて学ぶ予定だったが、時間を短縮するために学んだのは１日だけ。後はそのとき撮影したＶＴＲを繰り返し見て覚えることにした。

このとき担当した２０代の技能者のＮさんは、それまではけっしてスキルが高い人ではなかった。いいものはもっているのだが、「どうせ僕なんか…」が口癖で、気持ち的にも弱い面が彼の才能を邪魔していた。しかし生産技術の幹部はそんなNさんのポテンシャルに気づいていた。そして、「機会を与えれば、Nさんは絶対に成長する」と信じ、あえてプロジェクトメンバーに抜擢したのである。

それから2か月間、プロジェクトメンバーは立ち上げの準備に奔走した。

営業部門は取引条件を詰め、生産技術部は、新しいクレーンを取り付けたり専用の治具を用意したりして作業環境を整えた。また、Nさんは、図面もない中でVTRを見ながらひたすら製造のシミュレーションを繰り返した。

その結果、当初3か月かかると思われた生産準備を2か月で終えたのである。

6か月目、当初の予定通りH社内でY社の加工品の生産がスタートした。初出荷の日、プロジェクトメンバーはそれぞれが達成感を味わった。中でも、Nさんは「僕にもできることがある」と自信を深めた。しかし、そうそう喜んでもいられなかった。

日産3倍に挑んだ2度目のVプラン

最初の納品後、すぐにY社から「月間の生産数を3倍に増やしてほしい」とのオーダーが入った。

「品質・納期とも予想以上のデキ」と評価された結果だった。

大変うれしい注文だが、今のラインでは増産に応えることができない。

そこでプロジェクトメンバーは、2度目のVプランを立てた。日産3倍への挑戦である。

もはや「凹《へこ》み脱出」ではなく、「業績大幅アップ」へのVプランだ。

2度目のVプランの中核となる業績直結行動は2つあった。

「**スペースの拡大**」と「**技能者の育成**」である。

このうち技能者の育成は、Nさんが教え役となり仲間を増やした。やらせてみてわかったことだが、Nさんには「人に教えるのが上手い」という才能があった。自分が苦労して習得しただけに、教え方のコツがわかるようだった。

また習う側も、経営ビジョンが現場の末端にまで浸透しているから、自ら積極的に新たな技能を学ぼうと真剣だった。

やっかいなのはもうひとつのスペースの拡大だった。機械増設のために欲しいスペースは、現在のY社向け製品の加工場の隣である。そこにはある機械が置かれていた。その機械は稼働率こそ低かったが、親会社からの貸与品であり、毎月一定数の製品を生産していた。他に移動できればいいのだが、工場内のどこにもそんなスペースはなかった。

そこでプロジェクトメンバーで話し合い、必要と思われる製品を向こう数年分つくり貯めして、機械を返却することを考えた。

しかし、数年分の製品をつくり貯めしても、そのオーダーが数年間変わらずに来る保証はない。つまり、長期にわたる不良在庫を抱えるリスクがあった。

それでもやるか否か、メンバーは話し合った。機械を返却し、このプロジェクトのためにスペースを使って得られる新たな利益と、現在の機械で製造された製品を不良在庫として今後何年間も抱え続けるコスト及び機械の返却費を比較した。その結果、得られる利益のほうが大きいと判断し、数年分の在庫確保と機械の返却を目玉作戦としたのだ。

以後、親会社との協議を重ねながら、専務と社長の最終了承を得て、6か月後にはY社向けの生産スペースは倍増。技術者も予定通り投入され、日産の生産量3倍を実現したのだ。

こうしてH社は、1年間で2度にわたるVプランの作成・実施により、新しい大型受注先を増やすことに成功して、全体の5%を占めるようになり、脱一社依存のビジョンに近づいたのである。

各部門の幹部たちが、それぞれの自燃性《じねんせい》を発揮して立てたVプランが具体的な成果を上げたことで、かかわったメンバーそれぞれが自信を深めた。そして、そんな幹部および現場社員の成長を、後継者の専務がいちばん喜んでいる。

チーム
V字
経営

ステップ 3

ビジョン開発の実際

たわいのない夢に絶対に終わらせないために

この章は、「わが社の経営ビジョン」を具体的に開発する実務について述べていく。

ビジョンは、Ｖ字編隊チームと共に、「チームＶ字経営」の根幹をなすもので、編隊がどこに向けて飛ぶのか、その進むべき方向を明確に示すものである。

すでに述べてきたように、カリスマ経営者から事業を受け継いで、先代が果たせなかった夢以上のものを実現していくには、「全社員を奮い立たせるような経営ビジョン」と、それに間違いなく向かう「チームＶ字経営」こそ、後継者の最強の武器となるからだ。

ところで、ビジョンというと、国や自治体が発表する、たとえば「まち・しごと創成ビジョン」のように、とかく網羅《もうら》的で専門的で、読んでもワクワクしないものが多い。

また、大企業の経営ビジョンの中には、失礼だが、経営企画室などの頭の良い人たちが作文したきれいごとの羅列《られつ》で、心に強く飛び込んでこないものもある。

では中小企業のビジョンはというと、現実からあまりにも遊離した、単なる社長の思いつきにすぎないものを掲《かか》げて、社員から「また社長の大風呂敷か」と真剣に受け止められず、すぐに忘れ去られて、「絵に描いた餅《もち》」のように、たわいのない夢に終わるものも少なくない。

「チームＶ字経営」のビジョンは、最高責任者である社長が、「私はこれを目指す！　絶対に到達する！」と言い切り、すべての社員が「ぜひ実現したい！」と熱くなるものでなければならない。

すなわち、**「チームV字経営」のビジョンは、実現可能な夢**であり、全社員が同じ夢を見るための、**「伝えるチカラ」**と**「巻き込むチカラ」**が必要なのだ。

では、そのようなビジョンを、どう開発するのだろうか。

「V字経営」では、次世代経営チームメンバーで5年先のビジョンを開発するため、次の7つの手順を用意している。

【ビジョン開発 手順1】環境変化による「失われる未来」を特定し、危機感を共有する
【ビジョン開発 手順2】「未来の足を引っ張る病巣《びょうそう》」を特定し解決策を立てる
【ビジョン開発 手順3】5年先の事業規模と事業構成を具体的に策定する
【ビジョン開発 手順4】5年先までの3大経営課題を策定する
【ビジョン開発 手順5】3大経営課題から9つの重点対策を設定する
【ビジョン開発 手順6】ビジョン実現の日に至る「未来年表」を作成する
【ビジョン開発 手順7】ビジョン発表会を開催する

以下、順を追って説明していこう。

【ビジョン開発 手順1】環境変化による「失われる未来」を特定する

最初の手順は「失われる未来」の特定から始まる

いくら「全社員がワクワクするような未来像」を考えるといっても、現実とまるで遊離したビジョンでは、人に伝わらないし、人を巻き込めない。

ビジョンと現実とをつなげるためには、どうしたらよいのだろうか？

それには、未来を語る前に現状の「**やばさ＝危機意識**」の共有から始めることだ。

「やばさ」とは、いささか俗語すぎるかもしれないが、これからの環境の変化や顧客志向の変化から「**会社の強みの中で、将来やばくなる**」**と思えるような問題点**のことである。

さて、あなたの会社の現在の強みは何だろうか？　その強みはいつまで続くのだろうか？

「現在のわが社の強み」が、５年後も変わらず強みとなっていればいいのだが、環境の変化で、これまで会社を支えてくれていた前提が覆《くつがえ》されて、強みを失うどころか、むしろ弱みになってしまうリスクがある。

将来失うかもしれない強みのことを、私は「**失われる未来**」と言っている。

すなわち、**「現在の強みが秘めているやばさ」**から**「失われる未来」を特定して、ビジョン開発メンバー全員の危機感を共有する**ことから始めるわけである。

たとえば、自動車部品メーカーの場合、現在の強みのひとつが「ガソリンエンジン部品の加工技術」にあったとしよう。

ところが近い将来エコ技術が飛躍的に発達して、電気自動車のモーターが、ガソリンエンジンに置き換わるリスクが十分に考えられる。もしそうなれば、現在の強みである「ガソリンエンジン部品の加工技術」が、「失われる未来」になるということである。

実際に、ＴＶ受像機は、少し前までのブラウン管が、現在では液晶に完全に置き換わっている。そのためブラウン管とその周辺技術で食べていた会社は、立ち行かなくなるか、抜本的な事業転換を迫られたのだ。

ご参考までに**図表15**で、「失われる未来」の例をあげておこう。以前、ｉＰａｄが普及したときにお会いしたスチール家具メーカーの後継者が「怖くて怖くて仕方ありません」と言っていたことがある。ｉＰａｄの普及でスチール製書棚の需要が減るのではないかという危機感を覚えたからだが、私はそれを聞いて感心した。こうした健全な危機感こそ次世代経営者には欠かせないからだ。

図表 15 失われる未来の事例

	今の強み		リスク
□百貨店	好立地の店舗	⇒	維持費負担増
□自動車部品	エンジン部品加工技術	⇒	モーター時代に不要
□携帯電話店	多店舗展開	⇒	維持費負担増
□地方新聞社	地域特派員取材力	⇒	維持費負担増
□印刷業	印刷物制作	⇒	ネット時代に不要
□通信インフラ	ブロードバンド網	⇒	ISDN、ADSL 保守

企業を支えてきた前提がくつがえされる

ＩＴ化やグローバル化によって引き起こされた変化はどのような業界でも起こっていて、この流れは加速する。ＡＩの普及で人間がおこなう仕事が機械に奪われる「あと１０年でなくなる仕事」などの予測もなされている。あなたの会社にとっての「失われる未来」は何だろうか？　そのことは、あなたの会社にどんな影響を与えるだろうか？

そこで「失われる未来」特定のために、まず、ビジョン開発メンバー全員で以下のことを共有する。

①想定される環境変化

・５年先までに想定される業界、人口減、労働市場（採用難など）の変化の予測

・チャンスとなる変化と脅威となる変化の見極め

②お客様の声

・主要顧客のナマの声、要望

とくに「対応が悪い」「提案がない」「他社と比べて○○が弱い」などの厳しい意見についで、「なぜわが社はそうなのか」を直視する

その上で、「わが社の強み」のうち、今後5年間に、強みでなくなるものは何か、逆に「強み」から「弱み」になりかねないものは何か、「失われる未来」を特定していくのである。

このとき、メンバーの主観だけで特定することを避けるため、事前に次のような検討資料を用意する。

・市場占有率(シェア)の実態

企業の業績に最も影響を与えるのが市場占有率である。自社のおおよそのシェアの目安をつかんでおくことが、客観的な判断の前提となる。業界団体発表のデータや競合他社の売上推計から算出する。

・業界トレンド、経済予測情報

５年先、１０年先の経済予測や業界トレンド予測情報など。

・顧客と仕入先へのインタビュー資料

「現在の当社をどう評価しているのか」「貴社は今後どうなろうとしているのか、当社にはどうあってほしいのか」など仕入先と代表的な顧客にインタビューして、ナマの声を集める。たとえば、仕入先から「営業担当者の知識レベルをアップしてほしい」、主要顧客から「いつも一方的な商品説明ばかりで双方向でない」、「相談しようにも頼りにならない」などの意見があれば、それをリスト化しておく。

・社員の体験談

メンバーと周囲の社員の次のような体験談を集約しておく（なぜかは後述）。

⑴「**ハッピー体験**」　過去５年間に、お客様から言われて嬉しかった感動体験

⑵「**屈辱体験**」　逆に、お客様から言われて悔しかったり情けなかったりした体験

・わが社と競合他社の財務諸表

財務を社員に公開しない会社もあるが、後継者を含む次世代経営チームには可能な限り公開し、業界平均や競合との比較から会社の財務上の課題を自分たちで見つけられるよう教育する。このとき社長がとくにこだわっている数値、指標について、その理

由とともに伝え、経営体質を肌で感じられるようにする。

・マーケティングデータ活用状況

ポイントカード活用やネット販売などで得た顧客のプロフィール情報と購買履歴などをどのように販促に活かしているか、メンバーで情報を共有する。ところが、社内にこうした情報が蓄積されているのに、宝の持ち腐れになっていることがほとんどである。

これまでの私の体験からいえることは、業界のトレンド情報や予測値などは、「失われる未来」を特定するための客観情報にはなるが、既知のことも多く、次世代経営メンバーの心をあまり揺さぶらない。

一方、主要顧客や社員からのナマの声には、メンバーの心を根底から揺さぶる力がある。社員のハッピー体験からわが社の強みを改めて知ったり、屈辱体験から、「放っておくとヤバイことになる」というわが社の喫緊《きっきん》の課題を知ることができる。

たとえば資材問屋B社の、代表的顧客から言われた「屈辱体験」として、

・「これなら量販店で買ったほうが安い。お互い時間の無駄だから、もう来ないでほしい」

・「あなたじゃ話にならない。もっと経験のあるスタッフに代わってほしい」
・「業界は小型化軽量化が加速しているのに、新素材の情報が少なすぎる」
・「自分のところの利益ばかりで、客のことをまるで考えていない」
・「他社の見積もりのほうが高いが、君の所より安心できるので他社に発注する」

などの現場のナマの声を、メンバー全員で読み込む。

こうした屈辱が、「何とかしないと」という危機感となって、チーム全員に共有されていくのだ。

このとき、「繰り返し発生して困っている問題」が必ず見つかるものである。

それは、わが社にとって「**未来の足を引っ張る病巣**《びょうそう》」である。ビジョン開発の前に、病巣《びょうそう》となった真因を特定し、発生源を絶っておかなければならない。

【ビジョン開発 手順2】「未来の足を引っ張る病巣《びょうそう》」を特定し解決策を立てる

未来の足を引っ張る問題の「病巣《びょうそう》」探し

社内で繰り返し発生する問題がある。

問題が発生すると、すみやかに対処法を考え解決する。ところがしばらくすると、再び似たような問題が発生して、同じようにその対処に追われることがある。

繰り返し発生する問題には、必ずその会社の「悪弊《あくへい》」とか「宿痾《しゅくあ》」といってよいような問題発生の「病巣《びょうそう》」が隠されているものだ。これらは、「**未来の足を引っ張る病巣《びょうそう》**」として、ビジョン開発時にその正体を突き止め、中長期的な課題として、その発生原因からきれいに取り除かなければならない。

そこで、繰り返し発生する問題を、

・「**これは、未来を良いほうに変えるチャンス**」だと受け止めて、

・「**この問題を手掛かりに、今までのやり方を抜本的に変えよう**」と、

必ず前向きに考えて対処していただきたい。

ではどのようにして「病巣《びょうそう》」を特定したらよいのか、順を追って紹介しよう。まず以下の「7つの問い」を用意しておく。

【わが社の未来の足を引っ張る病巣《びょうそう》を探す7つの問い】

(1)「屈辱体験」をもたらした原因は何か？
(2)わが社の商品・サービスの問題点は何か？
(3)わが社の（生産・販売・物流・設備・財務など）戦略上の問題点は何か？
(4)わが社の情報システム活用上の問題点は何か？
(5)わが社の人事上の問題点は何か？
(6)わが社の経営管理（意思決定・進捗管理）の問題点は何か？
(7)経営理念と日常の行動でズレていると感じる点は何か？

まず(1)の「屈辱体験」は、２９２ページに紹介した、社員の屈辱的な体験のことだ。その原因と思われる事象を、付箋《ふせん》（ポストイットカード）にメンバーひとり一人が書き出す。
また(2)～(7)の問いについても「全社的な問題だ」と思うものをひとり一人が付箋《ふせん》に書く。

メンバー4~5人がグループになり、これらの付箋《ふせん》を、ホワイトボードや模造紙に貼り出す。重複する意見を整理した後、残ったカードを皆で眺め、それを「原因」→「結果」の関係で結んでみる。すると、ある特定の問題が、別の問題の原因にもなっていることに気づくだろう。

途中で「おかしいな」と思ったら、メンバーで相談しながら、納得のいくように順序を入れ替えたり、新たなカードに書き足したりする。

そうすると、最後は、大きな関係図になる。その全体の関係図の中で、多くの矢印の起点になっている項目こそ「病巣《びょうそう》」なのだ。実際にこの作業をやってみると、病巣《びょうそう》は2~4個見つかるのが一般的だ。

ここで例をあげて説明してみよう。292ページに資材問屋B社の「屈辱体験」の例をいくつかあげた。これらの事実をもたらした原因について、メンバーは付箋《ふせん》に以下のように書き出した。

・そもそも提示価格が高い
・配送サービスや補充サービスの違いを担当者が伝えていない
・先方の繁忙時に売り込みに行っている

・お客様が納得する商品説明ができていない
・アフターサービスなどを含めたトータルコストでの優位性を提案できていない
・お客様の現状を伺う姿勢ができておらず、提案が一方的になっている
・お客様とどんな関係を築きたいのか長期的な顧客別の営業戦略がない
・他社を圧倒するわが社ならではの代表サービスがない
・「足で稼ぐ」の意味をはき違え、行けば何とかなると思っている
・競争相手の戦略、戦術を理解していない
・マネージャーが担当者をフォローしていない
・担当者同士でわからないことを教えあう風土がない
・提案資料がわかりづらい
・担当の専門知識レベルに個人差がありすぎる
・メリットの提示でなくモノ売りの姿勢が強い
・営業マンを教育する機会がない
・上司も部下も従来のやり方に安心しきっている

などが、考えられる「原因」として書き出された。

図表16は、これらの原因を「原因」→「結果」の関係で結んだ大きな関係図だ。ご覧いただいておわかりのように、矢印の左側のカードに対し、右側のカードが「なぜなら」で展開されている。「そもそも提示価格が高いから」（なぜなら）「トータルコストでの提案ができていないから」（なぜなら）「従来の配送、補充サービスでの差別化が不十分だから」となる。

こうして「なぜなら」を繰り返していった結果、B社のこの例では、「病巣《びょうそう》」が、「他社を圧倒する当社の代表サービスがない」とあぶりだされたのである。ここを解消しないと、いつまでも同じことが繰り返され、未来ビジョンが宙に浮くことになるわけである。

そこで、次のディスカッションでは、「代表サービスの開発」を重要な経営課題として取り上げ、

・これまで実施したことで、お客様に最も喜ばれているサービスは何か？
・なぜ、お客様はそのサービスをそんなにも喜んでくれたのか？
・そのサービスから高い付加価値を得ることは可能か？
・それを当社の標準サービスにすることで、他社との違いを出せないか？

について、さらに具体的な討議へと進むことになるわけである。

図表16　原因と結果の関係

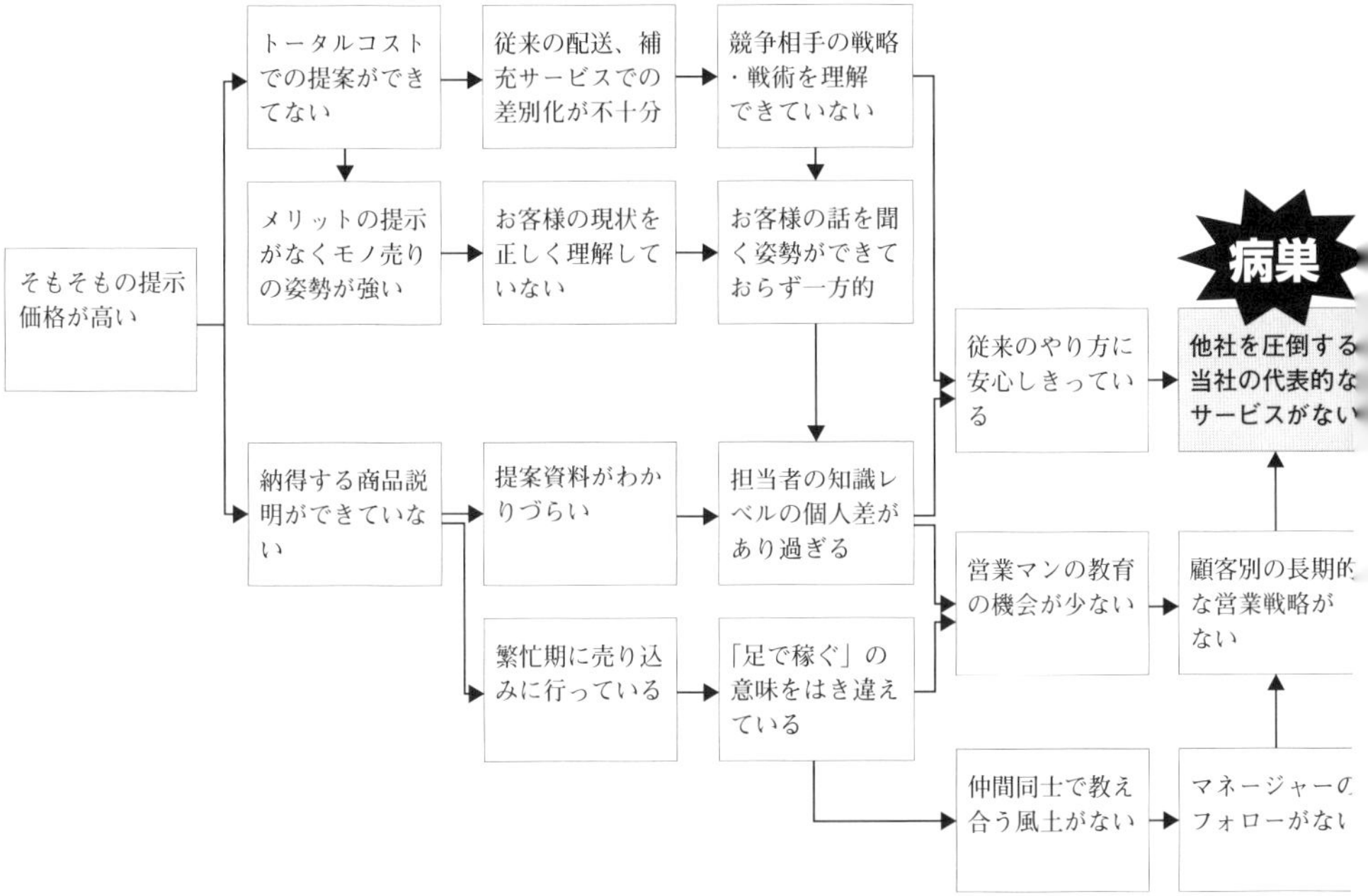

「病巣《びょうそう》」は他責の人にはいつまでも見えてこない

「未来の足を引っ張る病巣《びょうそう》」が、いつまでも見えない人がいる。

病巣《びょうそう》の原因を分析しているときに、「社長が悪い」「専務が悪い」などと、特定個人を名指しするケースが出てくる。それで問題の真因がつかめるならいいが、責任の矢印を他人にしか向けることができない人には、絶対に真因は見えてこない。

カナダ生まれでアメリカで活躍した精神医エリック・バーンは、「他人と過去は変えられないが、自分と未来は変えられる」という名言を残している。

業績が低迷しているとき、「世の中の景気が悪すぎる」、「ライバルのやり方がえげつない」「上がバカだから」などといろいろ言ってみたところで、何も変わらない。

このとき、責任の矢印を自分に向けると、ハタと気づく。

自分のこれまでの仕事ぶりを顧《かえり》みて、「従来のやり方に安心しきっていた」、「社長に納得してもらえるようなリスク回避策まで提案できていない」、「部下をきっちり教育してこなかった」など、今の停滞は自分にも大いに責任があるのではないかと。

「自分たちが変われば、状況が変わる。成果が変わる」。この気づきで、次世代経営メンバーの自燃性《じねんせい》に火をつける。未来を拓くきっかけは、自分たちがやるしかない。後継者を含む次世代経営メンバー全員がそう気づく。

より良い未来は、ひとり一人が自分たちの可能性を信じる力から始まる。メンバー全員が、自分たちはより良い方向に変われると信じれば、そこに、人として経営者としての、さらなる成長が必ずある。

【ビジョン開発 手順３】５年先の事業規模と事業構成を具体的に策定する

５年後何で稼いでいるか

手順１、２で、５年後のわが社の未来を考えたときの「やばさ」をえぐり出して、危機感を共有することについて述べてきた。

それは、ビジョンを開発するメンバー全員で、**５年先の夢を描くためのスタートライン（現状）を改めて確認しあう**手順でもある。５年後、１０年後「こうなっていたい」という夢を描くときに、「絵に描いた餅《もち》」に終わらせないためには、現状をしっかり確認してビジョンにつなげることが、ビジョン実現の必須条件だからだ。

そこで、次に重要になるのは、**５年先の「事業構成」のあるべき姿**である。

これから５年先に、主に何で稼いでいくかということこそ、**ビジョンの中核**でなければならない。人財育成も業務の効率化も、時代の変化に適合した事業構成あってのことだ。

ここで、「未来」を５年後としたのは、１０年、２０年では「勢いだけの妄想」が紛《まぎ》れ込んでしまうからだ。

経営者として、「未来はこうありたい」と、自由にのびやかに構想を描くことは、もちろんかまわない。むしろ、事業家として欠かすことのできない大事なことだ。

一方、5年先というのは、誰でも何とか推測できそうな未来だ。5年先のビジョンは、3年中期計画によって現実ともつなげやすい。いきおい、開発メンバーは、あるべき未来と現実とのつながりを考えざるを得ない。だから、「チームV字経営」で開発するビジョンを、5年先としているのである。

もちろん、経営者の10年、20年先を見据えた「広大な未来構想」を否定するわけではない。むしろ経営者のロマンとして、ぜひとも「いつかは、こうなりたい」という夢を抱き続けていただきたいと考えている。

「5年先のビジョン」は、その**広大な夢に、確実に近づく中間到達点**にほかならない。

経営者として、どんな型破りな未来構想を描こうとも、それを実現させるためには、中間地点である5年後に、「どういう姿であるべきか」を、より**実現可能な未来**として描けなければならないはずである。

そのために、「チームV字経営」では、「失われる未来」を特定し、わが社は5年後何で稼いでいるのか、「5年後の事業構成」、すなわち、「**わが社の主力商品・サービスの5年後の**

あるべき姿」を想定することから始めるのである。

そこで次にやるべきことは、今後５年間の企業環境変化を頭に入れて、

・現時点での「**きのうの商品**」「**今日の商品**」**明日の商品**」

・５年後の「**きのうの商品**」「**今日の商品**」「**明日の商品**」

を策定することである。

続いて、わが社の顧客についても、

・現時点での「**きのうの顧客**」「**今日の顧客**」「**明日の顧客**」

・５年後の「**きのうの顧客**」「**今日の顧客**」「**明日の顧客**」

を策定する。

「**きのうの商品**」とは、売上高に占める割合は大きいが、伸び率は横ばいか減少傾向にあ

る商品のこと。また粗利益率は低下傾向にあり、販促費を投入しても思うような増収効果が得られない。売上高は大きく、過去は「稼ぎ頭」であった。が、費用対効果を考えると、近い将来、全体の利益の足を引っ張りかねないリスクがあるロートル商品だ。

「今日の商品」とは、売上高では中位の商品だが、増加基調にあり、粗利益率は横ばいだが、販促費を投入すると、想定通りの効果が上がる。現在の利益を支えている「稼ぎ頭」ともいえるエース商品だ。

「明日の商品」とは、現在の売上高に占める割合は少ないが、営業力を注入しなくても売上の伸び率が高く、粗利益率も高い商品だ。一定の販促費を投入すると、期待以上の効果が得られるルーキー商品である。

問題は、営業のベテランほど、これまで稼がせてくれた「きのうの商品」への思い入れが強く、しかも現在の売上の中心を占めているだけに、ウエイトが低い「明日の商品」に目を向けないことである。その結果、衰退商品に注力し続け、低迷に拍車をかけがちとなる。

顧客についても、商圏やサービスについても同様のことがいえる。

このように考えていくと、5年後には事業構成上、「失われる未来」を前提に、**どのような新商品、新市場、新顧客、新事業サービスが、どの程度必要になるか、**喫緊《きっきん》の経営テーマとして浮かび上がってくるのだ。

私がお手伝いした電機部品メーカーE社（売上２０億円、粗利４・２億）の例で説明しよう。

E社は、売上が徐々に減り、利益も採算ぎりぎりとなって、そこから脱出したいと悩んでいた。そこで、「きのう、今日、明日」の商品別に、同社の売上を分析してもらった。すると、きのうの商品の売上が１３億円で粗利益率は２０％、今日の商品の売上が６・５億円で粗利益率は２２％、明日の商品は売上が０・５億円で粗利益率は３５％という結果となった。

儲からない原因が、「きのうの商品」に依存し過ぎていることは明らかだ。

そこで、５年後のE社のそれぞれの商品別売上と粗利益額を予測した。

「きのうの商品」は、さらに下がるとして、売上１１億円、粗利益率１６％。

「今日の商品」は、伸ばしたとして売上１２億円、粗利益率２１％。

「明日の商品」は、現在の０・５億円の売上を２億円にまで伸ばして粗利益率２５％。

これらを合計すると、５年後は売上２５億、粗利４・８億円となる。これでは粗利の伸びが小さい。

そこで「明日の商品」に売上１億、粗利益率２５％以上となる新商品を開発して加えるこ

図表 17　E社の５年後のあるべき商品の構成比

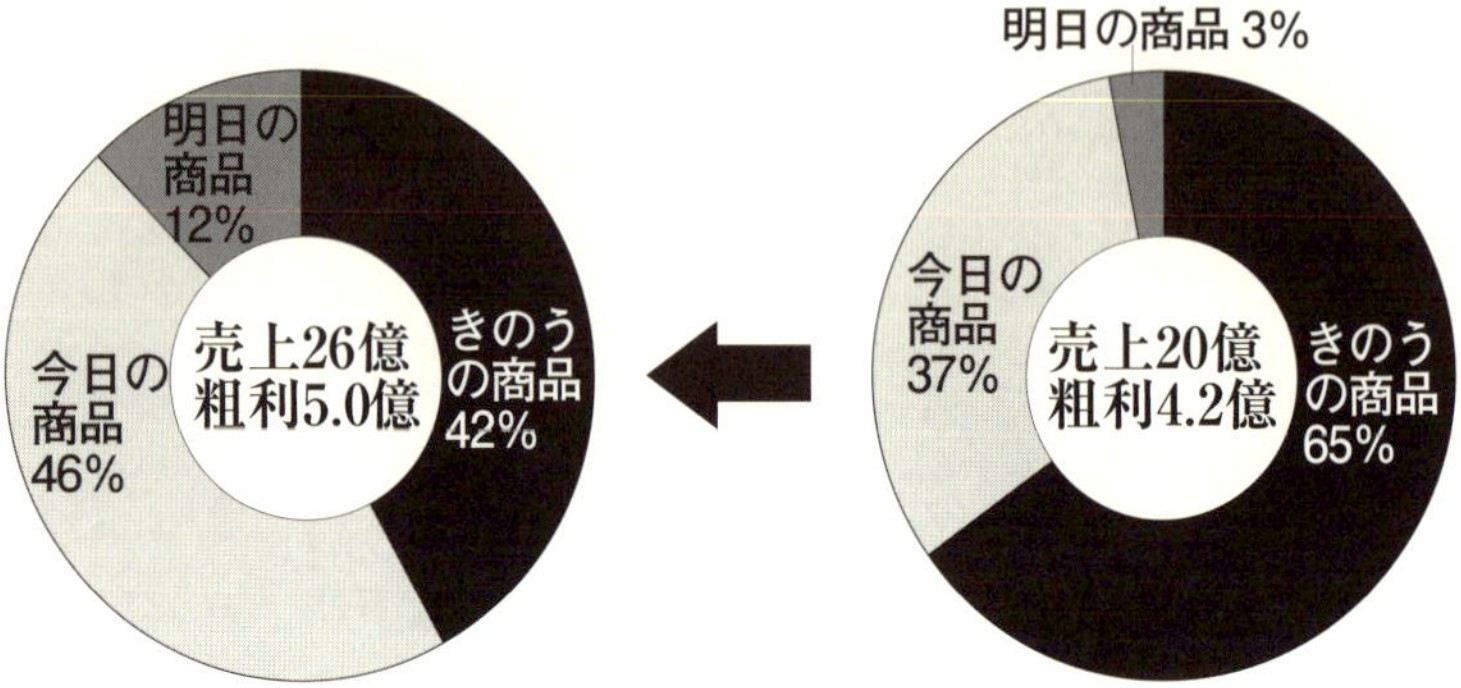

とにした。早急に「明日の商品」づくりに着手しなければならない。

このように、５年後の構成比を考えると「明日の商品」をいつまでに開発しなければならないかが明確になる。しっかりした開発部門をもつ大企業はともかく、中小企業にとって新商品開発は、先おくりされがちな課題だ。そうならないように自社の売りものの「きのう」「今日」「明日」の分析をおこない、「やらなきゃ」というスイッチを入れていただきたい。

同様の分析は、何も商品だけに限らない。対象を商品から「顧客」に変えて、「きのうの顧客」「今日の顧客」「明日の顧客」という構成比をみる。そこから「きのうの顧客」と「今日の顧客」だけにすがらないで、「明日の顧客」を育てるという戦略が生まれる。

もうおわかりのように、**経営戦略とはわが社の事業構**

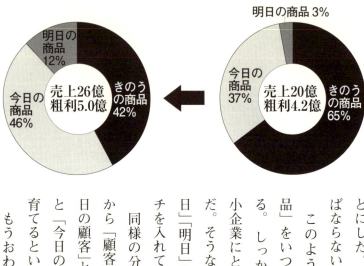

造を、市場を先読みして変えることだ。そして、**図表17**のように「きのうの商品」はどれで、構成比はいくらか、「今日の商品」はどれで、現在の構成比はいくらか。「明日の商品」をどう育て、５年後のわが社の事業規模と事業構成をどうすべきか。それがビジョンの中身になる。そこには、単なる思いつきが入る余地はない。

では具体的に明日の商品、明日の顧客をどのようにして追加していくかということは、長くなるので、次章で詳しく展開することにして、ここでは、独自化を考えるための３つの着眼点だけを述べておこう。

独自化を考えるための３つの着眼点

中小企業が強く必要とされるためには、少なくとも次の２つの戦略と１つの基準についてメンバー全員がしっかり学び、ビジョンに織り込んでいく必要がある。

⑴**竹やぶ戦略**（**特定の市場で最強の存在になる**）

「竹やぶ戦略」は、「今日の顧客」を守り、「明日の顧客」を獲得するための必須戦略である。

猛獣の虎は、自分が最強の存在になれる竹やぶをテリトリーにするという。

たとえ中小企業であってもナンバーワンになることのできる地域を限定して、そこで大企業もマネのできない緻密な地域戦略を展開していくことである。

(2)プラスワン戦略（他社にはないプラスワンの付加価値を提供する）

「プラスワン戦略」とは、他社で同様の品質やサービスを提供していても、他社では到底マネのできないようなプラスワンのサービスで、顧客に「他所《よそ》からではなく、おたくから買いたい」と言わせる戦略のことである。つまり顧客満足以上の「感動提供業」となるための必須条件だ。

(3)やらない基準

なお、戦略に関しては、限りがある資源を集中して投下するため「何をやるべきか」だけでなく、「何をやらないか」も決めておく。「やらない基準」は企業によって異なるが、以下のような視点で自社に当てはまるものを考えてみていただきたい。

・理念や基本戦略とは合わない事業（例：在庫リスクの大きな事業はやらないなど）
・費用対効果が小さい事業（例：粗利10％以下の事業はやらないなど）
・便利屋的に扱われる事業（例：二次下請けの仕事はしないなど）
・既存客の反感を買う事業（例：既存客の競合先とは取引しないなど）
・特定顧客への依存度を高める受注（例：一社依存度を50％以下にするなど）

このような基準を最初からつくっておけば、オファーがあったときに迷わなくて済む。逆にそれらをクリアした事業には、真摯に取り組むことができる。よって「やらない基準」は「何をやるか」と同じくらい大切なのだ。

【ビジョン開発 手順4】 5年先までの3大経営課題を策定する

今後の経営課題を3つに集約する

これまでの3つの手順について、復習しておこう。

①「失われる未来」を特定し、危機意識を共有する
②未来の足を引っ張る「病巣《びょうそう》」を特定し、解消策を考える
③未来を支える「明日の事業」「明日の商品」「明日の顧客」を考える

以上の議論を進めていくと、それぞれのメンバーの頭の中に、「5年後はこうでありたいな」という姿が、おぼろげながら見えてくる。

それは「失われる未来」に対して、足を引っ張る病巣《びょうそう》を取り除き、新たな強みを加え、「明日の商品、明日の顧客」が主役となっている姿であり、まさに「5年後のわが社のビジョン」

そのものだ。

次に、**そのビジョンを実現するための「経営課題」を策定する**のが、**【手順４】**である。

ビジョン開発メンバー全員で、「５年先に明るい未来を迎えるためには、これが重要だ」と思うことを、７５㎜×７５㎜サイズの付箋に書き出す。あとで集約して体系化するので、各自が理屈で整理して書く必要はない。それぞれが思う限り、ひとり１０枚以上書き出す。

ここで重要なことは、書き出す言葉は「**企業環境の変化に対応する経営課題**」でなければならないことだ。

営業拡大や新規事業、新商品についての経営課題がひとつもなく、人材育成や業務革新などの「内部志向」の経営課題だけでは、社員をワクワクさせることができないし、外部の環境変化によって企業存続も危うくなる。その場合は、リーダーである後継者がチェックして、経営課題を再度提出してもらうことになる。

こうして全メンバーのカードが出そろったら、全員で討議して、同様の趣旨のカードを集約する。

このとき、重複した課題を整理しやすいように、カラーマーカーペンやシールを用いて色分けする。

・既存事業の拡大を主なテーマとする課題は、青色で印をつける
・新規事業・新商品関連については、緑色で印をつける
・人財育成・教育関連については、赤色で印をつける
・業務の効率化関連については黒色で印をつける

そして、みんなで絶対実現したい経営課題を3つだけに絞り込む。この3つの経営課題には、青や緑の外部環境への対応課題が必ず1つ以上入るようにする。

たとえば5人グループで討議する場合は、合計50枚もの付箋となり、その集約作業が大変と思われるかもしれない。しかし、実際に進行してみると、メンバー全員で危機意識を共有しているので、意外にスムーズに集約できるものだ。1時間も討議すれば、全員が納得できる経営課題を抽出できるのが通例である。

ご参考までに、**図表18**で私がビジョン開発をお手伝いさせていただいた企業の3大経営課題を紹介しよう。

こうして策定された3大経営課題をホワイトボードに大きな文字で書く。それを全員で眺

図表18 3大経営課題の事例

□修理サービス業

1．海外拠点網の再整備
2．営業戦略の確立
3．専門教育の仕組みづくり

□プレス加工業

1．一社依存体質からの脱却
2．前後工程の受注拡大
3．人材が育つ職場づくり

□チェーン小売業

1．既存店拡大とエリア戦略
2．新規事業の拡大
3．人づくり体制の確立

□建設業

1．BCランク客のランクアップ
2．コラボ活用の新規事業の確立
3．住宅事業の地域ブランド化

□食品製造業

1．自社ブランド品の確立
2．OEM先の拡大
3．働き方改革

□新聞販売

1．新規事業の拡大
2．地域活性化事業の推進
3．業務の効率化

□建築業

1．地域密着で圧倒的No.1
2．リフォーム事業の拡大
3．人財が育つ仕組みづくり

□チェーン小売業

1．出店戦略の確立
2．立地に応じたスタイルの確立
3．当社流人財育成法の確立

□資材専門商社

1．営業エリアの拡大
2．オリジナル商材の開発
3．品質管理体制の強化

□地方金融機関

1．独自性の高い商品開発
2．No.1客層の維持・拡大
3．人財が育つ仕組みづくり

めながら、ビジョン実現のための旗印として、経営スローガンを打ち出す。また、実現の年に社内で起こる象徴的なシーンを思い描く。

ほとんどの社員は、「今日やるべきこと」しか見ていない。経営幹部クラスでも、せいぜい半年先から1年先ぐらいしか見ていないものだ。そんな人たちに、「何のため、誰のため」に今日、現在の仕事に取り組んでいるのかを、**ビジョンとのつながりで伝え**、気づかせ、熱い気持ちを引き出し、全社の一体感を高めるための旗印が、スローガンや象徴的なシーンである。

以下は、ここに紹介した会社のスローガンや描かれたシーンの代表例である。

・アジアの虎になる（修理サービス業）
・加工外注からサプライヤーへ（プレス加工）
・300人の花見ビジョン（新聞販売業）
・下町スイーツ革命（食品製造業）
・ツールド25（建築業）
・感動ナンバーワンバンク（地方金融機関）

【ビジョン開発 手順５】３大経営課題から９つの重点対策を設定する

ひとつの経営課題について重点対策を３つ策定する

前項までで策定された３つの経営課題を、５年後に確実に現実のものとするために、ひとつの課題ごとに、「課題解決のために何に重点的に取り組むべきか」、それぞれの重点対策を３つに絞って考えていく。

３つに絞るのは、３つ以上対策が並ぶと、どれかがおろそかになってしまうからだ。

図表19は、ある地方工務店Ｆ社の３大経営課題と９つの重点対策である。同社は現在、売上１０億円、新築４０棟の地域ナンバーワンだが、ここまでの討議で、５年後には新築で売上２０億、リフォームで売上5億の合計売上２５億にしようとメンバーで決めていた。

そこでＦ社の「住宅事業のエリア拡大」を題材に、具体的にどのようにして重点対策を決めていくのか、以下に質問形式で説明しよう。この質問に答えていけば自ずと重点対策が生まれるはずである。

図表19　F工務店の3大経営課題と9大重点対策

	9大重点対策
住宅事業のエリア拡大	・本業で地域シェア30%、70棟以上
	・隣町への支店開設、20棟以上
	・設計の仕組みづくりで提案力と生産性を上げる
リフォーム部門の独立採算化	・OB客への無料修繕サービス
	・営業&工務のリフォーム専門部隊の育成
	・大規模リフォーム専門サービスの立ち上げ
業務効率化と人づくり体制の確立	・キャリアプラン支援体制の確立
	・定期大卒採用の仕組みづくり
	・バラバラに走っている社内システムの統合

①5年後の売上&粗利益目標はいくらですか？

当該事業で、5年後に売上と粗利益をいくら稼ぐかを確定する。これまでの議論で総額は明確になっているはずだが、さらに市場別・エリア別に細分化したほうがよい場合は市場別の目標値を決める。このとき市場シェア獲得が重要課題なら、目標とするシェア獲得のために必要売上高を目標値に設定するようにする。

②5年後の売上・粗利益目標を実現するために、毎年の売上高・粗利益高はどのように推移しますか？

図表20　２つの成長パターン

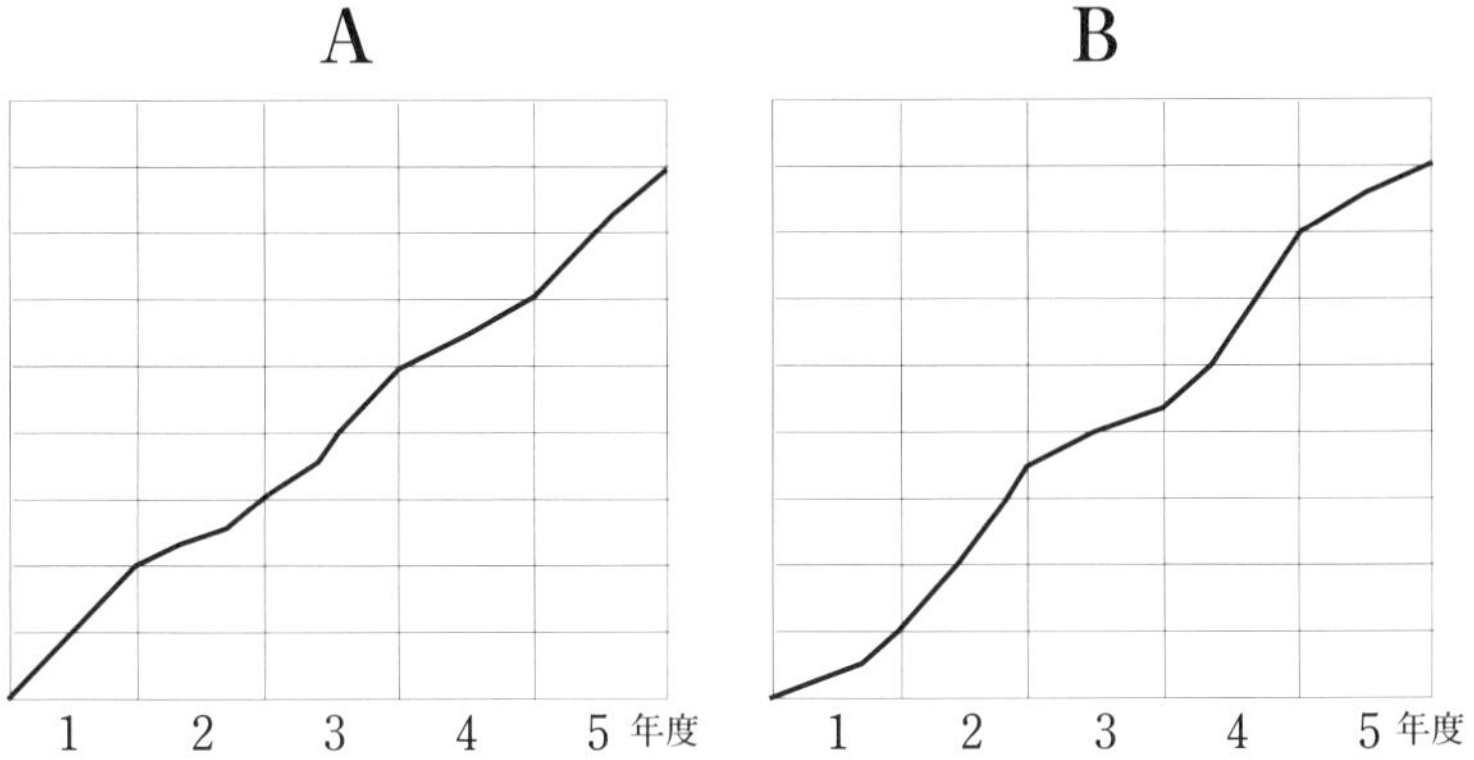

５年間の歩みとして、図表20のような２つの成長パターンを想定する。Ａは初年度にグン！　と飛び出し、２年目にひと息ついて３年後に再びグン！　と伸びるパターンである。

Ｂは初年度は様々な基礎を固めて、２年目にグン！　と伸び、３年目にひと息ついて４年目に伸びるパターンである。

企業の業績は、結果的にグングン右肩上がりで成長することもある。が、事業計画を立案する段階では、「準備する時期と成長する時期」を明確にしたほうがやるべきことがより鮮明になる。そのため顧問先にはＡ・Ｂどちらかのパターンを選んでいただくようにしている。

どちらを選ぶかは、現在の事業の勢いによる。初年度から一気に飛び出せそうなときはＡを、その逆

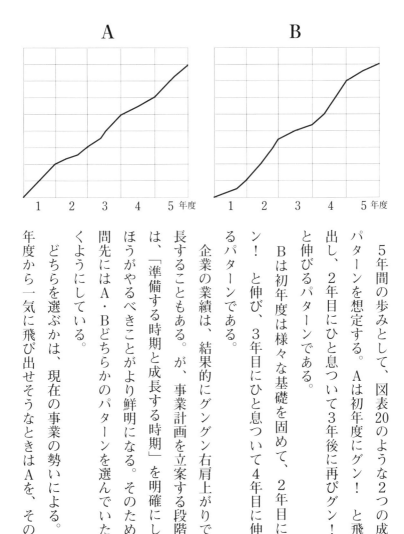

で、飛躍への準備が必要だと考える場合は、Bを選ぶようにする。

なお、A・Bどちらの場合でもキーになるのは3年後の目標値だ。5年後の売上高・粗利益高はいま考えるにはちょっと遠い目標である。

これを登山に喩《たと》えるなら、高い山に登るとき、登山口からは山頂は見えない。そこで皆、まずは見えている5合目付近を目指して登る。そして、5合目に行くと、ようやく山頂を拝《おが》むことができる。そこからは山頂を眺めながら登ることができる。

3年後の目標値は、この5合目に当たる。登山では1合登るたびに見える景色が変わる。A・Bどちらのラインでも、見える景色の変化を楽しみながら登っていただきたい。

③年度別の売上を、どの商品をどんなお客様にどのくらい売って実現しますか？

年度別の売上目標を設定したら、毎年何を誰にどのくらい売って目標を達成するのかを考える。これまで議論してきた「きのうの商品」「今日の商品」「明日の商品」あるいは「きのうの顧客」「今日の顧客」「明日の顧客」をさらに細かく、主要商品別、あるいは主要顧客別に分解し、毎年の売上をどうしていきたいのかを検討する。

④それだけの量を売るために、どのルートを用い、どのような販売促進策を展開しますか？

どの商品をどのお客様にどれだけの量を売ればいいかが決まったら、それを売るための販売ルートと販売促進（販促）策を考える。

販売ルートは、従来はメーカーとユーザーの間に問屋や取次店、小売店など多段階に業者が入り、それが硬直的で容易に崩せなかった。

今日では、インターネットの普及により、メーカーとユーザーが直取引するなど、よりダイレクトに近い形で販売するケースが増えてきている。インターネット通販の可能性を模索するなど、時代に適《かな》ったルート開拓をしてみたい。

また、異業種だが客層が同じ企業とコラボすることで、新たな顧客開拓に繋《つな》げている例もある。コラボした企業同士がお互いの顧客に対してアプローチすることで、新たな顧客を開拓できないか検討してみていただきたい。

さらに販売促進策には「**集客→営業**」**のプル型の販促**と、「**訪問→営業**」**のプッシュ型の販促**がある。売上の急拡大を目指す場合は、広告出稿量や訪問量を増やしたりするなど、従来と同じ方法の量的拡大ばかりを考えがちである。

が、プッシュ型の販促からイベントやセミナー、ショールームを活用するプル型の販促への転換などやり方を変えて集客力を高める、あるいは、リピートユーザーを獲得するために、取引量や取引期間に応じてポイントがアップするなどの仕組みをつくっていただきたい。

たとえば、F社の場合は、それまで完成見学会によるプル型の販促で集客してきた。しかし、この方法では土日にしか集客できない。そこでお客様にお願いし、建築後に3～6か月間その家を借りてモデルルームとする「モデルルーム作戦」を実施することにした。これにより常設展示場をもつ大手ハウスメーカーに集客力で対抗できるよう計画した。

⑤供給を実現するため、業務プロセスをどのように変えますか？

販促策が決まり引き合いや受注量が増加すると、それを処理できるよう業務プロセスを見直す必要がある。

F社の場合は、2年目から「モデルハウス作戦」の実施による受注増に対応するため、それを開始する初年度中に、設計、工務、管理の3つの仕組みを整えることにした。

設計の仕組み…提案のスピードアップのため、過去の採用事例から、お客様の言われたキーワードを打ち込むと過去の図面や設備データを一発検索できるようにする

工務の仕組み…外注先の品質を一定に保つため、工程別の施工品質マニュアルを整備し、協力業者会等で学習機会を増やす

管理の仕組み…毎週進捗会議を開催し、予実チェックと半年先の先行管理をおこなう

⑥必要な人員は何人ですか？　どのように採用し教育しますか？
必要な設備は何ですか？　どのように資金調達しますか？

販促策の実行と業務上の課題がハッキリすると、その実現にむけて、人材は何人必要か、また設備などはどのくらい必要かが明確になる。それらをいつ、どのように採用、育成、整備するかを計画する。

人材は、今日採用して明日から即戦力というわけにはいかない。一人前になるまでに一定時間を要する場合は、その間にどのような教育を段階的に施《ほどこ》していくか、プログラムをつくる必要がある。設備も同様で、発注から納品、本格稼働まで一定の時間を要するの普通だ。

Ｆ社の場合は、４年目に新支店開設を計画していた。それまでに社内システムを統合し、新支店との連携を容易にすることや、新支店を任せることができる人財の育成も計画に織り込んだ。

⑦計画を実行する上で予想される障害は何ですか？

ここまで来たら、あえて自分たちの計画に問いかける。「上手くいかないとしたら、どのような障害が発生したときか？」「その発生を未然に防ぐには予めどんな準備をしておけばよいか？」。あえて障害の発生を想定し、その対策を盛り込むことで、計画への信頼性を高めることができる。

⑧今一度、すべての計画を織り込んで財務シミュレーションしてみましょう。想定した経常利益が得られますか？

以上の計画を実行したとして、年単位の損益計算書を作成する。これまでの検討で、年度別の人件費や設備の減価償却費、販売促進費などの費用が明らかになっているはずである。それらの経費を合計し、想定している粗利益から引いても、得たかった経常利益額が得られるかどうかを計算する。

得たかった経常利益額は、一般に１人当たり経常利益の業界平均×社員数で設定するが、これを大幅に下回るようだと経費を見直すか、売上目標を修整する必要がある。

そのうえで、会社の５年間の財務シミュレーションをおこなう。Ｐ／ＬだけでなくＢ／ＳおよびキャッシュフローＬ計算書の財務三表がどのように変わるかを検討する。

とくに、社長が重視している生産性指標が必ずあるはずなので、その指標が今後５年間どのように推移するかを注目する。これが好転しているのが理想的だが、逆に低下するようだと内容の抜本的な見直しを迫られる可能性があるので注意が必要だ。

⑨各経営課題に対して重点対策をそれぞれ３つに集約するとどうなりますか？

以上の議論から、経営課題別に重点対策を３つずつにまとめる。３つに集約するのは、316ページ**図表19**のように覚えやすい形にして全社員に伝え、皆でシェアするためである。

⑩各経営課題と重点対策を社長答申

これらの計画の内容を社長に答申する。社長に答申する場合は、３つの経営課題とそれぞれ３つの重点対策を一度に説明する。

とくに社長が見るのは、主に「カネがどれだけかかるのか?」「時間はどれだけかかるのか?」「それだけ使ってどのくらいの利益が出るのか?」「取り組み内容で独自性があるのか?」「競争優位の時間はどのくらいあるのか?」などである。

不足を指摘された場合は、その理由を確認してもち帰り、ＯＫを貰うまで何度も答申を繰り返す。これにより、チーム全員が、社長の経営的な視点を学ぶことができる。

【ビジョン開発　手順６】ビジョン実現の日に至る「未来年表」を作成する

９つの重点対策の実施予定を年表に落とし込む

これらを整理して、未来年表を作成するのが【手順６】だ。

巻末に添付した**資料⑨**は、Ｆ工務店の「**未来年表**」である。

時系列的には、５年を、１年２期、計１０期に分ける。

３大経営課題別に、それぞれの重点対策について、いつごろからスタートさせ、いつまでにメドをつけるか、一覧性のある年表に落とし込んでいくわけである。

こうしてできあがった１０期５年間の年表のうち、スタート年度の1年目、上期下期の年表は、当年度の年度計画であり、３年間６期の年表は中期計画に他ならない。その1年目は、年度経営計画の骨格そのものなのである。

もちろん年度計画では、月別売上計画はじめ、利益、生産、在庫、要員、必要資金など、事業活動にまつわる様々な月別計画に落とし込まれることになるが、その中核となるものは、

5年先を見据えたこの「未来年表」なのだ。

つまりこの「未来年表」から遊離した年度経営計画などありえないということである。

こうして、未来年表は、現在のわが社の実像と5年先の「あるべき姿」とを結びつける経営の重要な役割を果たすことになるのである。

社長は各ステップでどうかかわっていくか

次世代経営チームによる討議がどうにも不安だと、社長がビジョン開発の場に同席を熱望されたことがある。

「オブザーバーとして見守ってくれるのなら」という条件で、社長が同席した。しかし結果は、見事に社長の独演会になってしまった。

社長が我慢して参加メンバーの意見を聞いていたのは、初めの10数分だけ。すぐに黙っていられなくなり、口を出したが最後、独演会が延々と続き、耳にタコができるほど聞かされた過去の自慢話にメンバーは黙ったまま。もちろん次回からは社長の同席を遠慮いただいたことは言うまでもない。

だからといって、先代社長が、チームV字経営のかやの外に置かれるわけではない。次の

３点で、しっかりかかわってもらうことになる。

①議事内容のチェック

何をどう検討したか、ビジョン開発委員会の議事録を作成し、チームリーダーが社長に報告する。社長はその時点で感じた疑問点や問題点を、リーダーに確認する。

会社によっては、毎回の検討会議の最後の１時間、社長に会議室に来てもらい討議に用いたホワイトボードや模造紙を用いながらメンバーが説明し、チェックしてもらう例もある。（あくまでも、最後の１時間であって、最初の１時間ではない）

②中間報告

ビジョン策定の３大経営課題が策定できた時点で、チームリーダーが社長に中間報告をおこない、社長の想いとすり合わせる。

ここで、社長の「経営者の視点」から、中間報告に書かれた内容について、さまざまな質問がなされ、実現性を高めていく。

③できあがった未来年表を社長に答申する

①、②の段階で、チームと社長の想いとに大きなズレがなくなっているから、ここに至って大きな変更が必要な箇所はないはずだ。最終確認をしたら、それを社内にいかに周知徹底させるか打ち合わせることが中心だ。

社長は、①〜③の各段階で、疑問点を質問する。

ここで質問されることは、メンバーが突っ込んで議論していない、詰めの甘い箇所だ。たとえば、「『○○をやる』と書いてあるが、費用対効果から考えたら、本来やる必要があるのか？　やらなくてもよいのではないか？」と指摘することもある。

また、「やることが多すぎないか？　もっと重点的に絞り込まないと実行できないぞ」ということもある。さらに「単にやる、とだけ書いてあるが、いつまでに、どのようにやるのかが不明だ。具体性に欠ける計画は実現しないぞ」と指摘することもある。さらに「売上拡大を安易に急ぐな。もっと品質重視でいくように」という指摘もある。

社長の質問は、メンバーやリーダーに、「経営者の視点」を学んでもらう野球の千本ノックのようなものである。

中途半端な思いつきや対策では、カリスマ経営者に立ち向かえない。提出した資料は、追加の書き込みでいっぱいになる。

こうして何度か千本ノックでしごかれていくと、次世代経営チームに先代経営者直伝の「経営者の視点」が身につくようになってくるものだ。

「チームＶ字経営」では、カリスマ経営からチームＶ字経営にいきなり切り替えるわけではない。

必ず並走期間（バトンゾーン）を設けることになっている。この間に繰り返される後継者への千本ノックによって、社長は「安心」を、後継者はカリスマ社長直伝の「経営者の視点」と「よき同志」、そして実行後の実績を得るのである。

【ビジョン開発 手順7】ビジョン発表会を開催する

ビジョン発表会でスタート時点を明確に

ビジョン発表会は、全社員に未来ビジョンを伝えて、到達すべきゴールと進むべき方向を示し、全員のスイッチを入れるとともに、一体感をつくる重要な場である。

だから、経営ビジョンができたら、絶対に、発表会を実施しなければならない。

発表会の進め方については、すでにいろいろな本が出されているから、進行のやり方などについてはそちらに譲ることにして、ここでは「チームV字経営」として大事な要素だけ述べる。

それは、ビジョン発表会が、**「次世代リーダーは誰かを示す場」**でもあるということだ。

同時に、**カリスマ経営者の縦列飛行から、「チームV字経営」への切り替え**がスタートするということを、全社員に知らせる場でもある。

したがって、開発されたビジョンを語る人は、後継者になる人でなければならない。

ビジョンは、全社員に変革を促すものだ。そのため「なぜ、今のやり方を変えるのか?」

「変えたら、どんな未来が待っているのか？」について、明快に語り、納得してもらわないと、根が保守的な社員たちは反発したり、面従腹背《めんじゅうふくはい》で聞いているふりをする可能性がある。

全社員の心に届くように、「このビジョンの実現は、私が引き受けた。責任もって実施する」と力強く語ってほしい。その際のビジョンは、内容の精度よりも、「実現させる覚悟を決めているのは誰か」のほうが大事なのである。

ここで、社長がビジョンを語ったり、一部でも補足したりすることは避けてほしい。またチーム経営だからといって、ビジョン開発にかかわったほかのメンバーが交互に発表しあうことも望ましいことではない。チームを代表して次世代リーダーがひとりで話すべきなのだ。社長が発言するにしても、「なぜ次世代メンバー中心に経営ビジョンをつくったのか」を語る程度にとどめる。そのことで、次のリーダーの存在を明確にするからである。

ビジョンは暗夜《あんや》の一燈《いっとう》

どの業界も低成長が常態化して、先が見えない状態が続いている。社員の多くは、未来に希望をもてずにいるかもしれない。

そのようなときにこそ、次世代を担う後継者が自分の言葉で語るビジョンには、特別な力があるのだ。

江戸時代末期に佐藤一斎《さとういっさい》という儒学者がいた。彼は幕末の志士坂本龍馬や西郷隆盛も愛読したという『言志四録《げんししろく》』を著した。その中に次の一節がある。

「一燈《いっとう》を提《さ》げて暗夜《あんや》を行く。暗夜《あんや》を憂《うれ》うること勿《なか》れ、只一燈《ただいっとう》を頼め」

提灯《ちょうちん》を提《さ》げて暗い夜道を歩む。夜道の暗さ（自分の置かれている厳しい状況）を嘆き悲しむな。ただひたすらに提灯《ちょうちん》の一燈《いっとう》（わずかな可能性）を信じて迷わず進めという意味だ。

先が読みにくい時代において、次世代経営者候補が語るビジョンは、社員にとってまさに頼るべき「暗夜《あんや》の一燈《いっとう》」なのである。

ビジョン発表会で全社員を前にして、「これがわが社のビジョンです。自分はその実現に全身全霊を捧《ささ》げて取り組みます！」と力強く宣言する。語尾に注意し、断定で言い切るように努めることが大事だ。断定的に語るから、「このビジョンの実現を、現社長ではなく自分が引き受ける」という覚悟が社員に伝わる。

私はこれまで、何度もそのような場に立ち会ってきたから言えるのだが、これを境に、後継者の肝《きも》が据《す》わり、表情がパッと明るくなる。

ビジョン発表会を乗り越えることで、「やらねばならない」という重圧が「やりたい！」「やるんだ！」というアグレッシブな決意へと変わるからだ。

ＡＴＭ（明るい・楽しい・前向き）な後継者の周りには、一緒にビジョンを開発した頼りになる仲間がいる。経営者ひとりだけが奮闘するカリスマ経営から、ビジョン必達の「チームＶ字経営」に切り替えて、新たな飛躍を目指すのである。

Ｖ字編隊を組む渡り鳥には、何千・何万キロメートル先に目的地がある。気の遠くなりそうな距離だが、新たな繁殖の地を求めて、彼らは必死で渡り切る。それも毎年、飽《あ》くことなしに「過酷な渡り」をやり切る。

企業経営にも、新たな繁栄のために目指す先がある。

ビジョンは渡り鳥のゴールと同じで、聞いた瞬間は、現状に照らして「それ、無理でしょう」と言いたくなるものばかりかもしれない。口には出さないまでも「どうせできっこない」と思う不燃《ふねん》社員も少なくないだろう。

しかし打ち出したビジョンを「暗夜《あんや》の一燈《いっとう》」として、進むべき進路を示して、チーム経営で編隊飛行を続けていくと、いつしか、ビジョン実現のための全社一丸体制が加速化していく。次世代経営チームのＡＴＭ（明るい・楽しい・前向き）が、自燃《じねん》社員はもろろん可燃《かねん》社員たちの心に火をつけていく。

ぜひとも、カリスマ社長が成し遂げられなかった新たな歴史を築いていただきたい。

チーム
V字
経営

ステップ4

明日の商品・事業づくり

1. 竹やぶ戦略とプラスワン戦略

虎はなぜ強いのか

ビジョンを達成するためには、自らの得意テリトリーを定め、そこにいる顧客から強く必要とされる存在にならなければならない。

自社の圧倒的に強いテリトリーがあればこそ、仮にほかの領域に拡大しようとして失敗したとしても、そこに戻ってくることができる。そこで改めて自社らしさを取り戻し、再び挑戦心を取り戻すことができるのだ。

ネット通販アマゾンの社員時代に「伝説のカリスマバイヤー」と呼ばれた、出版コンサルタント土井英司《どいえいじ》さんから、こんな話を伺った。

土井さんが子供のころ、おじいさんが、虎の出てくる絵本を見せながら、「なんで虎が強いのか、わかるかな？」と聞いたそうだ。

「それはね、虎が竹やぶの中にいるからだよ。サバンナに出れば、象やライオンのほうが強いが、竹やぶには虎より強い動物はいないんだ。竹やぶにいる限り、虎はいちばん強いんだよ」。おじいさんのこの話は、「最強の存在になる法則」として、後あとまで土井さんの心に深く残ったそうだ。

つまり、「竹やぶ戦略」とは、**自分のテリトリー（竹やぶ）を決めて、そのテリトリーで圧倒的に必要とされる1位になるという戦略**である。

あなたの会社が最強となることのできるテリトリー（竹やぶ）はどこだろうか？

テリトリー戦略は、ランチェスター戦略の中核となる考え方だが、テリトリーを「竹やぶ」とし、会社を「虎」にたとえたほうが、誰にでもイメージしやすくわかりやすいから、私は、土井さんのお話をヒントに、「竹やぶ戦略」という言葉を使うことにしたのだ。

そして、

・自分が棲《す》む竹やぶを決めよう

・そこで最強の虎になる作戦を考えて実践しよう

とクライアントに働きかけている。

100億円市場を100社が奪い合いする中で

ここで、修理やメンテナンスを専門におこなっているC社のケースをご紹介しよう。

同業界の市場規模は、日本全国でせいぜい１００億円と限られた小さなマーケットだ。そこに零細企業まで入れると１００社以上が参入し、シェアの６０％を、上位５社で占める構造になっている。

私が最初にＣ社に伺った２０年前は、同社のシェアが約２０％で１位であった。もっとも同じような規模のライバル２社との差はわずかで、市場規模は横ばい傾向にあった。今後もこの市場でシェア１位を維持し、成長を続けるには、これまでとは違う戦略を考えていかなければならない。

そこでＣ社の後継者である当時３０代半ばだった副社長に、シェア１位を確保し続ける「竹やぶ戦略」を提案させていただいた。

当時、ライバル２社が関東を拠点にしていたことから、Ｃ社の「竹やぶ」を関西・中部に設定。長期ビジョンを圧倒的シェアナンバーワンとし、新たに関西地区に２拠点を開設、若手社員を投入し、徹底的に営業活動を展開したのだ。経営計画書には日本地図を入れ、どこが自分たちの「竹やぶ」で１位になるエリアなのか明示し、全社員が「竹やぶ」を意識するようにした。

またライバル会社の信用調査で動向をつかみ、シェアを算出し、自社の竹やぶをブロックごとに強化する。こうして関西・中部地区では圧倒的なシェアを確保するようになったのである。

この実績で自信をつけた副社長は40歳になったのを機に社長に就任した。ところがそれから間もなくして、C社に大きな転機が訪れる。

C社の顧客が、次々と生産拠点を東アジアに移しはじめ、同社の国内の竹やぶのシェアを維持したところで、売上の減少を免れない状況になっていった。

一方、関東のライバル会社が、有力顧客とアウトソーシング契約をし、これまでの竹やぶの境界を大きく超える展開をし出した。C社にとって、重大な脅威だ。

ここで社長は、ライバル会社と同じ戦略をとらなかった。国内の竹やぶが縮小傾向にある状況をみて、C社の得意先が進出している東アジアに目をつけた。

「海外の日本メーカーの進出先に新たな竹やぶを見つけよう」。そして東アジア全域を竹やぶとする「新・竹やぶ戦略」を立案し、次のように考えて、大胆に実行したのだ。

①どこよりも早く海外展開する

もし現地のトイレや衛生事情、電気事情に問題があるようなら、一番乗りできる可能性が高い。顧客の進出先でも必ずニーズが発生する。他社が進出をためらっているうちに進出すれば、一番乗りして市場に確実に認知され、リスクを上回るメリットがある。その国の経済インフラが整備されてからでは遅い。

②とりあえず得意先の進出した国すべてに、修理・メンテナンスの工場をつくる

問題があれば、撤退すればよい。失敗例は、新たな竹やぶで生きていく貴重なノウハウとなる。

この新戦略は、リーマンショック以降加速した脱中国の「チャイナプラスワン」の波に乗って、大当たりする。「ゴホンといえば龍角散」ならぬ、「修理といえばC社」と、進出先の日本企業から真っ先にオファーがくる存在となったのである。

そして、一部の国からは撤退したものの、現在は国内外シェアの40%を超えるまでに成長したのだ。新たな竹やぶを見つけて、まさに「アジアの虎」になったのである。

ランチェスター戦略は、「小が大に勝つ戦略」として広く知られているが、実績をあげている会社はそれほど多くはない。私が見る限り、その原因の多くは、ライオンや象がいない「竹

やぶ」を見つけきれていないことにある。これから開拓したい市場に、他社の影響力の及ばない自社の「竹やぶ」を設定して、エース社員を投入、最強の虎になることを強くイメージし、全精力を注いでいただきたい。

竹やぶで最強の虎になる方法

自分が選んだ竹やぶでは、必ず1位にならなければならない。

かつて、ビジネスの世界をまるで知らない某政治家が、事業仕分けの最中に「なぜ1位じゃないといけないのですか？　2位ではだめなんですか」と発言し、多くのビジネスマンの失笑を買ったことがあったことをご記憶の方も多いと思う。

「なぜ1位でないといけないのか」、社員にわかりやすく伝えることが大事だ。

「日本で一番高い山はなんですか？」と聞かれたら、

全員が、「富士山」と答えるだろう。

では、「日本で2番目に高い山はどこ？」と聞かれたら、どうだろうか？

読者の皆さん、どこでしょう？

2番目に高い山は、南アルプスの北岳（３１９３ｍ）、ちなみに3番目は北アルプスの奥穂高岳（３１９０ｍ）だ。皆さんは正解できたろうか？

１位は誰にも記憶される。真っ先に頭に思い浮かぶため、選ばれる可能性が高くなる。また、２位以下の商品を検討しているお客様が「本当にこれでいいのかな？」と迷っているときに、比較検討の対象になって、常に勝負の土俵に上がることができる。

２位以下は、誰もが覚えているとは限らない。そのため、いつも勝負の土俵に上がることができるとは限らない。１位の会社は、おおむね効率がいいし、生産性も高い。２位では最初からハンディを背負って戦わねばならないわけで、目指すなら１位でなければならないのだ。

そのためには、選んだ竹やぶの中で「もっとも要求がキツイ顧客と付き合うこと」が大事だ。その顧客がこだわっている点に共感し、その要求にきちっと応え続けていくことが、１位になる鉄則である。

前項で「アジアの虎」となったＣ社の例を紹介したが、Ｃ社は進出したアジアにおいて、業界の中でも厳しすぎると定評のあった某メーカーの品質管理基準をクリアするどころか、さらに厳しい「自主管理基準」を設けて、顧客の要求に応えている。

顧客の厳しい要求をプラス思考で受け取り、「最低でもここまでやる」とサービス品質のボトムラインを上げ続けていくと、他の追随《ついずい》を許さない存在になれるのである。

1位となったら顧客接点の数でも1位になる

1位となったら、それに甘んじることなく、顧客接点の数でも1位となることを忘れてはならない。

たとえば、序章3で取り上げた新聞販売業A社の場合、自社の販売エリア（竹やぶ）でナンバーワンを維持するために、地域の顧客と新聞や宅配のお付き合いだけではなく、季節ごとに地域イベントを開催している。

クリスマスやハロウィンでは、店舗を地元の人が参加できるイベント会場にして交流拠点としている。節分のときは、社員が鬼に仮装し、顧客宅を訪問し豆まきを盛り上げる。さらには、折り込みチラシなどの関係で取引のある法人客を対象に、経営やビジネストレンドの勉強会を主催して、竹やぶの中の顧客といっそうの親密度を図っている。

また名古屋の大手デパートに隣接して、「レクサス星《ほし》が丘《おか》」というカーディーラーがある。同社のショールームの警備員が、入り口を通りかかるすべてのレクサスユーザーに、実に丁寧なあいさつをするということで、マスコミの話題になったことがある。

しかし、同社のプレミアムサービスは、それだけではない。同社に車をもち込むと、無料でしかも「これで無料なの？」と驚くほど丁寧な手洗いで、洗車をしてくれるのだ。その数、毎月1200〜1300台。

このサービスを始めたきっかけは、オープン当初のこと。お客様が同社の駐車場に車を停めて、デパートに買い物に行った。その間に、ひとりのメカニック担当者が「あまりに汚れていて、これではみっともないから洗ってあげよう」と、お客様に頼まれもしないのに洗車をした。買い物から帰ってきたお客様はそれを見てビックリ！　大感激してくれたのだ。

そんなに喜ばれるなら定番にしよう、と同社はこのサービスを始めた。なぜなら、このサービスをすることでお客様が定期的に来店してくれるからだ。

高級車ディーラーの悩みのひとつは、高級な店舗を構えても、お客様があまり店舗に足を運んでくれないことだ。営業担当者を自宅に呼ぶ、営業担当者が試乗車をもってくる、担当者が納車し、車検は担当者が取りに来る。リース契約の場合は、リース会社の営業マンを通すから、直接的な接点が少なくなってしまう。

しかし、来店してくれたら、多くの社員でおもてなしができる。ゆっくりと、楽しんでいただくことができる。

そんな思いで始めた無料サービスだが、採算は合うという。手洗いで洗車をしていると、小石が飛んできて付いたようなボディの小さな傷などが見つかる。いずれも数万円程度の補修だが、積もりに積もると洗車スタッフの人件費程度になる。これは、洗車機を使っていたら見つけられない需要だ。

レクサスに車を預け、デパートで買い物。その間に洗車。そんな利用の仕方が同社の客層にマッチして人気を呼び、同社のプラスワンサービスに進化していったのである。

こうなるとお客様は「便利だから」「丁寧だから」というだけではなく、「あの会社が好きだから買う」という要素が加わってくる。

このような愛され方をするサービスを付加して差別化する戦略を、私は「**プラスワン戦略**」と呼んでいる。当たり前のサービス品質プラスワン、A社の場合は、新聞販売プラスワン、レクサス星が丘の場合も、新車の販売・メンテナンスプラスワンのサービスという意味だ。

プラスワン戦略は、「お客様にもっと喜んでほしい、もっと自分たちにできることを探して頑張りたい」という損得勘定抜きの人の真心から生まれるものだ。そのため他社は損することを恐れ、二の足を踏んで追従しようとしない。

ところが顧客から見れば、「お客様にとって良きことを、わが社にとって良きこととする」

との考えから生まれたサービスだから、これは大変にありがたいサービスである。いったんそのような高いサービスを受けると、お客様は感動し、口コミでどんどん広げてくれる。そうなると、２位以下はそれを上回るサービスを提供するか、価格勝負に挑まざるをえなくなる。

その結果、顧客から見たら「貴社しか考えられない」と言われる、敵のいない状態、すなわち無敵の経営が実現する。

竹やぶ戦略とそれを維持するためのプラスワン戦略は中小企業が大手との競争を避け、特定の市場から長く強く必要とされ続けるために不可欠な戦略である。

長年戦略を学び実践してきた社長には当たり前の戦略かもしれないが、後継者はぜひその視点で自社のあり方を眺めていただきたい。そして、チームＶ字経営における凹《へこ》み脱出計画の立案時やビジョン開発時に、竹やぶ戦略とプラスワン戦略を盛り込んだ戦略を立案してほしい。

2. 新たな売りものは「予期せざるもの」から探せ

明日の商品を見つける4つの発想法

どうしたら「明日の商品」を見つけ、それをロングセラーに育てていけるのであろうか。

その具体的な手がかりは、**「お客様の困りごと」**にある。

困りごとを解消できる商品があれば、人は買う。困り具合が深刻であれば、高くても買う。

売り手からすれば、お客様の本当に困っている問題を見つけ、それを解決できる商品やサービスを提供できれば、付加価値の高いビジネスに結びつくはずである。

そこで、**お客様の困りごとを発見する4つの発想法**を紹介しよう。

①「予期していなかったオファー」から探す

中小企業が「明日の商品」を確実に見出す方法として、私は**「予期せざるオファー発想法」**を強くおすすめしている。

ドラッカーが、著書『イノベーションと企業家精神』(ダイヤモンド社)で「イノベーションが起こる機会」の最初に挙げているのが、「予期せぬことの生起」である。

なにか予期しなかったことが起こるということは、イノベーションが起こる最初のきっかけだというのである。

「予期しなかったこと」とは、たとえば、

・今まで考えたこともなかった特殊な注文がきた
・今まで考えたことのなかった意外な客先からオーダーがあった

ということだ。

「なんで、こんな特殊な用途の注文がきたんだ？　うちではやってないから断ろう」

「どこでうちのことを聞いたのか、今まで売ったことがない客層なので断ろう」

うちではできないと断るのは簡単だ。しかし、もしできるようにすれば、新事業・新商品につながるのでは、という発想が大事だ。

われわれは、とかく長く続いてきたやり方に手慣れていて、予期しない注文は、対象外と思いがちだ。自分が培《つちか》ってきた経験や価値観とのズレが生じると、通常では、「たまたま」「例外」と軽視どころか無視してしまいかねない。
ところが、この予期しない注文を「是《ぜ》」としてとらえ、

・なぜこんな変わった注文がきたのか？
・なぜ今までの売り先と全く異なるところから注文がきたのか？
・環境変化が起こっているのでは？

と、とらえることで、画期的な新商品や新サービス、新事業が生まれることがある。そこから生まれたのが「**予期せざるオファー発想法**」である。

明日の商品を見つける「予期せざるオファー発想法」

予期せざるオファー発想法とは、
①「**予期せざる注文**」から、
②「**なぜこの注文になったのか**」注文主のニーズを現場で確認し、
③「**どのように使って満足していただけるのか**」を検討し、

④「こういうニーズはほかにもたくさんありそうか」市場規模を見極めて、

⑤新商品や新サービスをパッケージ化していく方法だ。

私があるソフトクリームの問屋の営業指導をしていたときのことだ。同社はあるコンビニチェーン店に、仕入れたソフトクリーム原材料を配達していた。

ところがメーカーとコンビニが直取引することになり、売上の約３分の１がなくなってしまうことになった。いわゆる「問屋飛ばし」である。

そこで、コンビニに代わる新しい売り先を探すために、「予期せざるオファー」を探した。探し方は簡単だ。過去半年間ほどの受注伝票や日報をもちより、全員でその中から「予期せざるオファー」を見つけるのである。

同社の場合は、ドライブインやお好み焼きのチェーン店が主な取引先なので、それ以外の客先からの注文を探したのである。

すると、「○○園」と名の付く取引先が２件見つかった。担当者に確認したところ、それは茶舗だった。「なぜ、茶舗がソフトクリーム原料を買うの？」と担当者に尋ねたところ、店舗内に抹茶ソフトクリームコーナーを設置しソフトクリームサービスを展開しているという。

そこで、それは売れているのかどうか、現場に見に行った。

すると、そのコーナーではお客様が行列をつくっていた。店主に話を聞くと、抹茶ソフトクリームサービスはいい！　と、３つの理由を上げて大満足だった。

第一は、客層が広がったこと。これまでは主婦だけが客層だったが、男性も子供も来てくれる。男性の場合は客単価が高い。

第二は、オリジナルな味が出せること。抹茶ソフトの抹茶の配合は茶舗が自分で決められるので、独自の味が出せること。

第三は、バラエティなメニューを開発できること。大きめのカップに抹茶ソフトを入れ、その周りに小豆や栗などを並べれば、抹茶パフェなどの商品開発ができる。

予想外に喜んでいる顧客の姿を見て、同社のスタッフは早速この仕組みを集客力を高めたい茶舗に提案することにした。

ソフトクリームは、食品衛生法上、コーナーを囲み、その中にサーバーやシンクを設置しないと提供できない。加えてディスプレイサインや、メニュー開発指導、開店前後のトレーニングも必要だ。

それらをパッケージ化し、お茶屋活性化のための「抹茶ソフトシステム」として提供するのである。

パンフレットができ、さっそく営業を開始した。が、このときいきなり飛び込みセールスはしなかった。まずは、電話帳のリストに従って、エリア内の全部の茶舗を目視で観察した。茶舗にもいろいろある。立地で成功しそうなところ、設備投資をしそうなところは外から見ればわかる。まずは目視で見込み客を絞り、それから個別アタックした。

その結果は…入れ食いだった。

提案すると、お茶屋さんは飛びついて買ってくれた。他店と差別化がしたい、オリジナルを出したい、そう思っている店舗が予想以上に多かったのだ。

あまりに好調に売れたので、半年後には茶舗専用のソフトミックスのプライベートブランド品を独自開発した。

こちらも好評だったが、ソフトクリームにはひとつだけ欠点があった。夏場と冬場の売上差が大きいということだ。

そこで、冬場にも安定した売上をつくるために、抹茶味の飴を企画。こちらもプライベートブランド品を開発し、茶舗に提案した。

この飴も大当たりし、後に珈琲味のシリーズ商品も開発。どちらもオールシーズンで売れる大ロングセラー商品となっている。

新しい市場開拓には、グー・パー作戦が有効だった。「**グー・パー作戦**」とは、最初に強い商品が入り込んで流通や顧客との関係を築き、そのあとで第二弾、第三弾の商品を提供していく方法で、最初に入り込む姿がジャンケンのグーに、そのあと多面展開する姿がパーに似ていることから、その名がある。その「グー・パー作戦」が見事に当たったのだ。

「予期せざるオファー」は、そこにはっきりとしたニーズがある。見えているニーズに対応するのだから、それに応えることができれば、確実に売上につながる。同じようなニーズをもっている人や企業が多ければ、売上はもっと大きくなる。

「うちの技術を何かの商品に活かせないかな?」と考えるより、何倍も当たる確率が高い方法だ。ぜひ、あなたの会社に予期せざるオファーがないか、探してみていただきたい。

②種イモ発想法で自社の最大の強み(コア・バリュー)を多面展開する

種イモ発想法は、自社の強い技術を種イモのようにして、ほかの市場でも使えるよう応用し、次々と新商品を生み出していく発想法である。

序章で紹介したブラザーの新規事業は、同社のコア技術である「ミシンの針の上下運動」

から派生した技術を応用して生まれたものだ。

ミシンの針の上下運動の技術を前後の動きに変えて誕生したのがタイプライターである。それを電子制御して文字を打てるようにしたのがドットプリンターで、それをサーマルヘッドに応用したのがワープロであり、ラベルライターである。その延長線上にレーザープリンターがある。

さらに、プリンターにケーブルで電子信号を送る技術を応用してファクシミリを開発。その技術に音声を載せて通信カラオケを生み出した。

このように既存の技術を応用しながら、誰かのお困りごと解決に応用して提供する方法は、大企業に限ったことではない。むしろ技術特化型の中小企業には不可欠な発想法だ。

ここでは、富山県高岡市にある株式会社能作《のうさく》（社員１２０人）の例をご紹介しよう。

高岡市は日本有数の銅合金鋳物の産地で、同社は２０００年頃までは、同地区にあまたある鋳物メーカーのひとつだった。このとき社員数は１０人。産地問屋の下請け企業として、１９１６年の創業以来ずっと真鍮《しんちゅう》や青銅製の仏具などを生産していた。

そんな同社に２０００年、転機が訪れた。デザイナーから東京の展示会への出展の誘いである。

「直接ユーザーに見てもらい評価が欲しい」と考えた能作《のうさく》社長は、出展した。このとき出展したのはベル。お坊さんが托鉢をするときに鈴を鳴らすが、真鍮製のおりんは音がキレイということで、その技術をベルに応用したのである。

しかし、このベルは残念ながらあまり売れなかった。日本には、ベルを鳴らして誰かを呼ぶ習慣があまりないからだ。が、音の評判は非常に良かった。そこでインテリアショップの店員さんが次のように提案してくれた。

「では、風鈴にしてみては?」

これを受けて、同社は真鍮製の風鈴を製作した。再び出展したところ、これが大変好評で、3か月で30個しか売れなかったベルがたちまち3000個も売れるヒット商品となった。

この経験で、社長は「うちはユーザーとの接点がないから、店員さんの意見を元に商品開発しよう」と決めた。なぜなら、店員さんは自分の欲しいものではなく、10人中何人が欲しがるかという観点で考えて発言してくれる。それにより、新商品の「外れ率」が自ずと低くなるからだ。

社長は「次は何が欲しい?」と店員さんに聞いた。すると店員さんは「食器があるといいね」と言う。これは同社にとって『予期せざるオファー』だった。同時に超難題でもあった。

実は銅では食器はつくれない。銅は食品衛生法上ＮＧだからだ。そこで能作《のうさく》社長が考えたのは銅ではなく錫《すず》を用いた食器だった。錫《すず》は、「錫《すず》の器に入れた水は腐らない」や「お酒の雑味が抜けてまろやかになる」などと言われ、錫《すず》のもつ高いイオンの効果による抗菌機能があるためだ。

しかし、市場に純度１００％の錫《すず》を使った食器はなかった。錫《すず》の特性である融点が低いことと、柔らかすぎることが加工を難しくしていたのだ。

が、何としても純度１００％の錫《すず》で食器をつくりたかった社長は、試行錯誤を重ねた。その結果、世界初の、純度１００％のぐい飲みや、カップ、テーブルウェア、花瓶などの錫《すず》製品が多数誕生した。この製品は金属だが、錫《すず》特有の温かみがある。さらに押したり曲げたりすると、容易に形を変える柔らかさがある。さらに、狙った通り、中のお酒をまろやかにする効果があった。

同社はその商品を大手デパートなどの直営店で販売。たちまち女性ファンの心をつかんだだけでなく、海外でも大人気商品となった。

さらに近年は、錫《すず》の曲がる特性や抗菌性から、錫《すず》製の手術器具のオファーが舞い込むなど医療業界からも注目されている。

この間、製造の効率化を図るために、新たにシリコーンでつくった型の中に溶けた錫《すず》を流し込むシリコーン鋳造法を独自開発した。

同社は、それまでのコア・バリューだった鋳造技術を種イモのようにし、錫《すず》製品の鋳造技術に応用した。それは誰もやったことがないことだった。純度１００％の錫《すず》製品市場は同社の竹やぶとなり、同社の売上は産地問屋の下請けだったときに比べて１２倍、社員数も１０人から１２０人にまで成長したのである。

能作《のうさく》の場合は、新たなニーズを末端ユーザーと直接接しているショップの店員さんの意見から得た。現場の声に素直に耳を傾けて挑戦した能作《のうさく》社長は素晴らしいと思う。

では、Ｂ２Ｂのビジネスではどのようにして新たなニーズを探せばよいだろうか？　私は、Ｂ２Ｂビジネスの会社には、以下の①から⑥の手順でおこなう**種イモ発想法**を紹介している。

Ｂ２Ｂの種イモ発想法

①自分たちのコア・バリューが何かを明らかにする。

②新事業開発のプロジェクトメンバーで手分けして、自社のコア・バリューがお役に立ちそうな業界の展示会に行く。

③展示会の出展者に質問し、「ひょっとして、こんなことで困っていませんか?」「こんなときはどうしているのですか?」など、自社のコア・バリューで解決できそうな問題の有無を確認する。

④出展者からその業界固有の問題を発見したら、その問題を自社のコア・バリューで解決できないか宿題としてもち帰る。

⑤プロジェクトメンバーと宿題を討議する。もし解決できそうならば、その会社または業界の有力企業に直接連絡する。

⑥アポを取って訪問し、具体的な話を聞いた上で、当社にできる解決策を提案する。

このようなプロセスを踏むと、一気に『明日の顧客』と『明日の商品』が見つかる。⑥で訪問したときに、先方の開発の責任者が出てくるようなら、相手のお困り具合はそうとう深刻で、ビジネスチャンスだと考えて間違いない。

このとき、次の3つの点に注意してほしい。第一は展示会を、東京ビッグサイトや幕張メッセ、インテック大阪、ポートメッセ名古屋など、できるだけ大きな会場で様々な企業が出展しているものを選ぶこと。

次に展示会には必ず2人以上で行くこと。できればベテラン社員と若手社員のペアで参加するとよい。2人で行けば、双方の目線で展示物を前にニーズがありそうか否か、その場で意見交換でき、気づきが増えるからである。

第三は、展示会場では、「営業モード」で③のようにアテンドしている人にどんどん話しかけること。お役に立てそうな具体的な相手を探しているのだから、「お客様モード」でただ黙って眺めていてはいけない。

能作《のうさく》のようにアテンドしている人に意見を求めてこそ、活路が開けるのだ。

③お客様の前後工程をも受注する「ワンストップ発想法」

自社の保有技術をコアにして「明日の売りもの」を生み出す種イモ発想法の次は、顧客をコアにして「明日の売りもの」を開発する発想法を考えてみたい。

序章に紹介した新聞販売店のA社は、新聞を届けているお客様に対し、弁当や牛乳などもお届けしている。新聞を読む人が、新聞を読む前後に消費する商品をお届けしている。必然的に顧客接点が多くなり、お客様からは「あなたの会社がすすめるものは間違いない」という信用をつくっている。

また同じく序章に紹介した大型プレスのＨ社は、プレス加工のみならず、その前工程である設計や、後工程である塗装までを受託するようになってきている。発注元にとっては、これらをバラバラに発注するのは大変なことだし、複雑な業務を窓口がひとつで引き受けてくれるのならありがたいのである。

このように、売り手が従来のサービスに加え、前後工程を請け負うことで、お客様への付加価値を高める方法を「**ワンストップ発想法**」という。

京都機械工具株式会社（略称ＫＴＣ）は、社員数２００人強の小さな工具メーカーだ。同社は１２０００種類以上の工具を多品種生産する工具のトップブランドだが、主力商品のひとつが電車の車体用のボルトを締めるときに使う工具である。

以前、作業員はラチェットレンチなどを使ってボルトを締めていた。ただし、しっかり閉まったかどうかは、作業員の手の感覚で判断するしかなかった。そして、「このボルトは締めた。作業完了」と手元の書類に記録して、ボルトの状態を管理していた。

これだと本当に締まったかどうかは、作業員の感覚頼み、という問題が残る。

そこで、同社はラチェットレンチにデジタル計測器と発信機を付けた新商品「デジラチェ（メモルク）」を開発した。これを用いて作業員が手でボルトを締めると、どのくらいの強さで締めたか、デジラチェ(メモルク)が自動計測する。

そのデータが、ＰＣに飛ぶ。ＰＣ内で、データを管理すれば、異常が発見しやすくなる。

このデータは、メンテナンスのたびに蓄積される。やがてビッグデータになると、どんなときに異常が発生しやすいのか、予知することもできる。それを保全に活かせば、ローコストで安全を確保できるようになる。

数年前に、高速道路のトンネルの天井が落ちて、通行中の車輌に乗っていた数人が死亡する痛ましい事故があった。ボルトの締め具合を目視または叩いたときの音で判断していたことが事故発生の原因のひとつだった。

そうした現場で「測定→記録→管理→異常発見→予知」を自動的におこなえるのが、同社のデジラチェ(メモルク)なのだ。

つまり、デジラチェ(メモルク)は現場でボルトを締める作業の後工程である「管理する」工程をすべて自動でおこなう商品であり、お客様の問題をワンストップで解決できるのである。

あなたのお客様は、あなたの商品を使う前、どんな準備をしているのか？　そこを当社で代行する仕組みはつくれないだろうか？　逆に商品を使った後、どんな後処理をしているのだろうか？　そこを当社で代行したり自動化する仕組みを加味して提案するのがワンストップ発想法である。

④古くて新しいマーケットを探す

明日の商品を生み出すには、これから需要が伸びる市場を見つけることが定石だ。

元日本マイクロソフト代表の成毛《なるけ》眞《まこと》さんは、あるインタビューで「自分は成長産業の入り口のビジネスしかやらない」と語っていたが、新たに「求める人」が増え続けるのだから、仕事は確実に増え続ける。仮にライバル会社がいても、その供給力以上に需要が伸びれば競争にはならない。実に単純明快な理屈だ。

現代はＩＴ化とグローバル化の影響で、あらゆるものが「早く」「お手軽に」「ファッショナブルに」「安く」の方向に流れている。当然ながら、多くの企業が右ならえして、成長マーケットを追いかける。

しかしちょっと待っていただきたい。成長産業に目を向けるのは当たり前だが、その一方で、変化すればするほど古くなって置いてきぼりを食うものの中に、新たなニーズが生まれてくることもある。いわば、「古くて新しいマーケット」というべきものだ。

そういうニーズを見つけ出し、解決策となる商品・サービスを提供していくのも中小企業の生き方のひとつであろう。

このことを私は、NHKの『プロフェッショナル仕事の流儀』やTV東京の『カンブリア宮殿』に出演したこともある広島の新光時計店の松浦敬一《まつうらけいいち》社長に教えていただいた。

彼は、「どんな古い時計も直す」腕のもち主で、同店には全国から時計修理依頼が舞い込む。その数が多過ぎて、新規の修理依頼を断らざるをえないこともしばしばだという。

どれも依頼者の思い出がこもったものばかりで、必ず手紙が添えられている。

その手紙には、その時計が依頼人にとってどれだけ大切なものか、その想いとエピソードがつづられている。松浦《まつうら》社長は依頼品に添えられた手紙を隅々まで読む。そして依頼人の想いをモチベーションに変えて修復作業に熱を込めるのである。

そんな松浦《まつうら》社長は、経営の神髄について「10年~20年先を読め」と言う。

読むのは「求める人」の増加ではなく「困る人」の増加である。

松浦《まつうら》社長は、わが国でクオーツ時計が普及しだしたときに、「このままでは時計が使い捨て化する。すると時計職人が減る」と予想した。そんなときは、誰もが「では、クオーツ時計をバンバン売る商売に切り替えよう」と考えるのが普通である。

しかし、松浦《まつうら》社長はこう考えた。

「時計職人がいなくなったら、時計の修理を依頼したい人が困るだろう。将来は、間違いなく〝困る人が増え続ける〟。だから自分は、日本一の時計職人になろう」と。

この着眼点は斬新だ。なぜなら「求める人」を追えば、確実に利益になると考えやすい。自ずと「儲かるからやろう」のモチベーションがわく。しかし「困る人」を相手にした場合は、利益は二の次だ。「利《り》」よりも「仁《じん》」を大事にする医者と同じで、本当に助けてあげたいと思う気持ちをベースに事業を続けていかねばならない。そして松浦《まつうら》社長は、「仁《じん》」の道を選択し、実践している。

松浦《まつうら》社長は、修理した時計を依頼人に返送するとき手紙を書く。どんな想いで修理をしたかを伝えるためである。この仕事は手間を要するが、依頼人の喜びの声で溢《あふ》れ、新たな修理依頼が絶えない。後継者である息子さんから見れば、古くても新しい「継ぎたい事業」なのだ。

この時計の修理に限らず、古くなって置いてきぼりを食った中に、新しいニーズが生まれている。私はこれを「**置いてきぼり発想法**」と名付けている。

・交通網が発達する一方で、近場で買い物ができなくなる**買い物難民**

・お手軽な料理があふれる中で、**家庭料理が食べられずに嘆いている人**
・ネットでの契約・決済が進む中で、**自分にピッタリな商品選択ができない人**
・モノはいつでも簡単に手に入るが、**モノづくりを体験したことがない人**
・高層マンションが次々建つ中で、かつて街のシンボルだった**古民家を残したい人**
・ネットワーク環境が整備されていく中で、**一日誰とも話さず暮らしている人**
・高速移動が当たり前になる中で、**のんびりとした旅の風情を味わいたい人**

今、そのような人たちの想いに寄り添いながら応えていく商品やサービスが、次々と誕生している。そのような小規模市場を対象にできるのも、中小企業ならではの生き方なのだ。

3．自社の新たな生存領域を創造する「経営理念発想法」

理念を基点に新成長事業領域を見つける

「経営理念発想法」は、経営理念に忠実にわが社を見つめたとき「もっとお役に立てることがあるのではないか？」「まだ援《たす》けてあげられる人たちがいるのではないか？」と考えて、新たな生存領域を見出す発想法である。このことは実例で説明したほうが、わかりやすいだろう。

【事例１】稼働率９８％のタクシー会社

長野県に奇跡のタクシー会社と呼ばれているタクシー会社がある。中央タクシー株式会社だ（社員２２５人）。

奇跡と呼ばれる要因は、１台当たりの売上高が業界平均の３倍以上だからである。

同社の年間売上は、約１７億円。長野市内の２位は約６億円。総額でも断トツのトップだが、注目すべきは規模ではなく１台当たりが３倍である点だ。

それは、同社がジャンボタクシーと呼ばれるワンボックスをベースにしたタクシーを走らせているからで、その数98台。全130台のうち、実に75%がジャンボタクシーだ。

なぜジャンボかといえば、1台に大勢のお客様が乗るタクシーのほうが採算がよいからだ。

しかし、普通のタクシー会社はジャンボはやらない。なぜなら、ジャンボを走らせたところで、大勢を乗せるだけの集客ができないからだ。

そこで同社の宇都宮恒久《うつのみやつねひさ》会長は、社長だった当時「ジャンボの需要がないのなら、ジャンボの需要をつくればいい」と考えた。そして、「空港便」を開発したのである。

空港便とは、お客様の自宅から羽田や成田空港まで送迎するサービスだ。長野市民にとって、空港まで行くのは重い荷物を抱えながら、途中で何度も鉄道を乗り換える大変な作業。フライトの時間が迫る中、不安いっぱいの人も少なくない。そこを丁寧に、同社のドライバーは自宅からサービスカウンターまで、親切に案内してくれるので、とてもありがたい存在なのだ。このようなサービスが誕生した背景には、同社の経営理念と憲章がある。

【経営理念】お客様が先、利益が後。
【憲　章】我々は長野市民の市民生活にとって必要不可欠であり、さらに交通弱者・高齢者にとってなくてはならない存在となる。

図表 21 中央タクシー 経営理念発想法

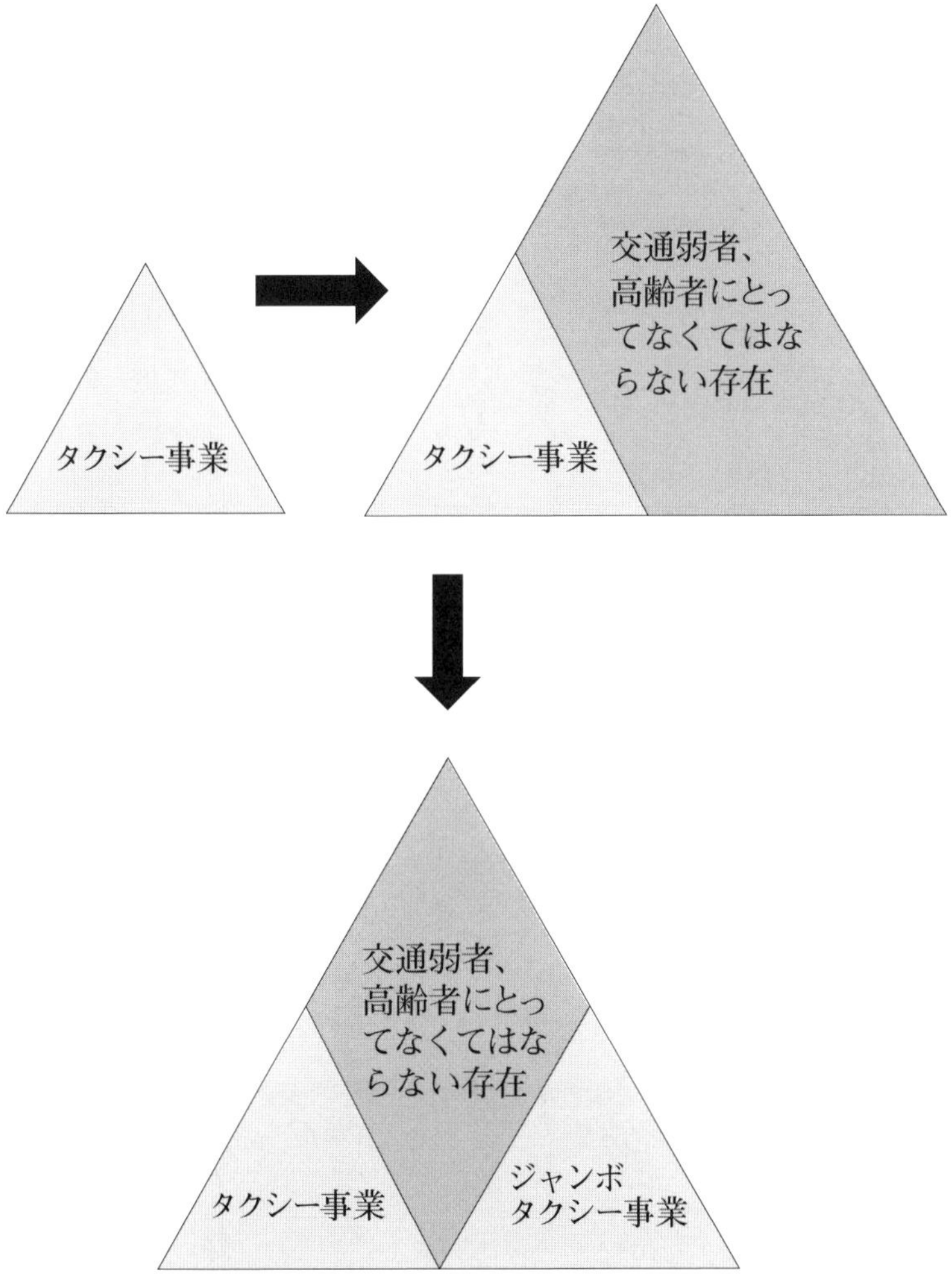

私たちが接することによって「生きる勇気」が湧き、「幸せ」を感じ、「親切」の素晴らしさを知って下さる多くの方々がいらっしゃる。私たちは、お客様にとって、いつまでもこのうえなく、なくてはならない人として在り続け、この人がいてくれて本当に助かりますと、思わず涙とともに喜んでいただける。我社はそんな人々によってのみ構成されている会社です。

同社のジャンボタクシーは、この経営理念と憲章から生まれた交通弱者や高齢者への当然のサービスなのだ。

さらに同社は、交通弱者や高齢者のために「家から旅」というサービスも開発した。これは、「桜が見たい」と思ったひとり暮らしのお年寄りが、同社にそのことを伝えておくと、同じような希望者が3人以上揃ったときに、桜見物にジャンボタクシーでお連れするサービスだ。

このサービスが一般的な桜見物バスツアーと違うのは、一軒一軒の家まで迎えに来てくれることや、昇降がないため車椅子で参加することもできること。そして、確実に桜が咲いている日に運行されることだ。

その結果、同社のタクシーの稼働率はなんと98%。ほとんど予約で埋まっていて、駅で待機している車両はまず見ない。それが、同社の1台当たり平均売上3倍に繋《つな》がっている。

【事例２】「呑む人の幸福」からオーダーメイド酒システム

関谷《せきや》醸造（社員４１人）は、元治元年（１８６４年）創業の老舗の酒蔵だ。

いま日本酒は、嗜好《しこう》や生活習慣の変化、代替品の台頭などで需要減少が止まらず、この１０年間ほどで消費量が半減している。近年かろうじて高付加価値の純米酒と純米大吟醸だけは伸びているものの、高級化路線を進めば進むほど「幻の酒」となって、多くのお客様を満足させることができない。そこで同社の七代目関谷健《せきやたけし》社長は、大衆化路線と高級化路線以外の生き残る道を考えた。同社の経営理念は次のとおりだ。

> **①企業活動を通して、地域社会に貢献します。**
> **そのために日本酒の製造／農業への取り組み／食の提案をおこなう。**
> **②「造る人」「売る人」「呑む人」が幸せになるように努めます。**
> **③酒造りの匠を未来に伝えるように努めます。**
> **④日本酒文化の発信に努めます。**
> **⑤和醸良酒を合言葉に社員のチームワークを大切にし、高品質な酒造りに努めます。**

そして、高品質な酒造りのため農業から取り組んで、23ヘクタールの田んぼで酒に適した「夢山水《ゆめさんすい》」という米を栽培、自社の夢山水《ゆめさんすい》で造った「蓬莱泉摩訶《ほうらいせんまか》」という純米大吟醸酒をヒットさせた。また酒蔵での「酒造り体験」や「酒蔵ジャズライブ」を開いて、「呑む人」が幸せになる企画を打ち出し、低落傾向にとりあえずストップをかけた。

さらに**図表22**のように、経営理念にある「呑む人の幸せ」と「日本酒文化の発信」から、「大人のキッザニア」という合い言葉を考えだし、日本酒の新たな可能性を探したのだ。

ちなみに「キッザニア」とは、東京と大阪にある子供たちがあこがれる90の仕事にチャレンジし、楽しみながら社会の仕組みを学ぶことができる人気施設のことだ。

そして「大人のキッザニア」から生まれたのが「オーダーメイド酒」である。

「オーダーメイド酒」とは、顧客にタンク1本分の酒を買ってもらい、結婚式の引き出物や還暦祝いのお返しに利用してもらう企画だ。1タンク15~20万円で、約100本の4合瓶(720ml)となるから、1本分は約1500円。酒ができるまでのプロセスで、米を田んぼに植える体験や、タンクに仕込む作業も体験できるイベントが用意されている。さらに酒のラベルも、自分で好きにデザインできる、まさに世界にひとつだけの「俺の酒」「私の酒」である。これを贈ったり、飲み屋に預けておいて仲間と飲んだりできることが好評を

図表 22　関谷醸造の明日の商品展開

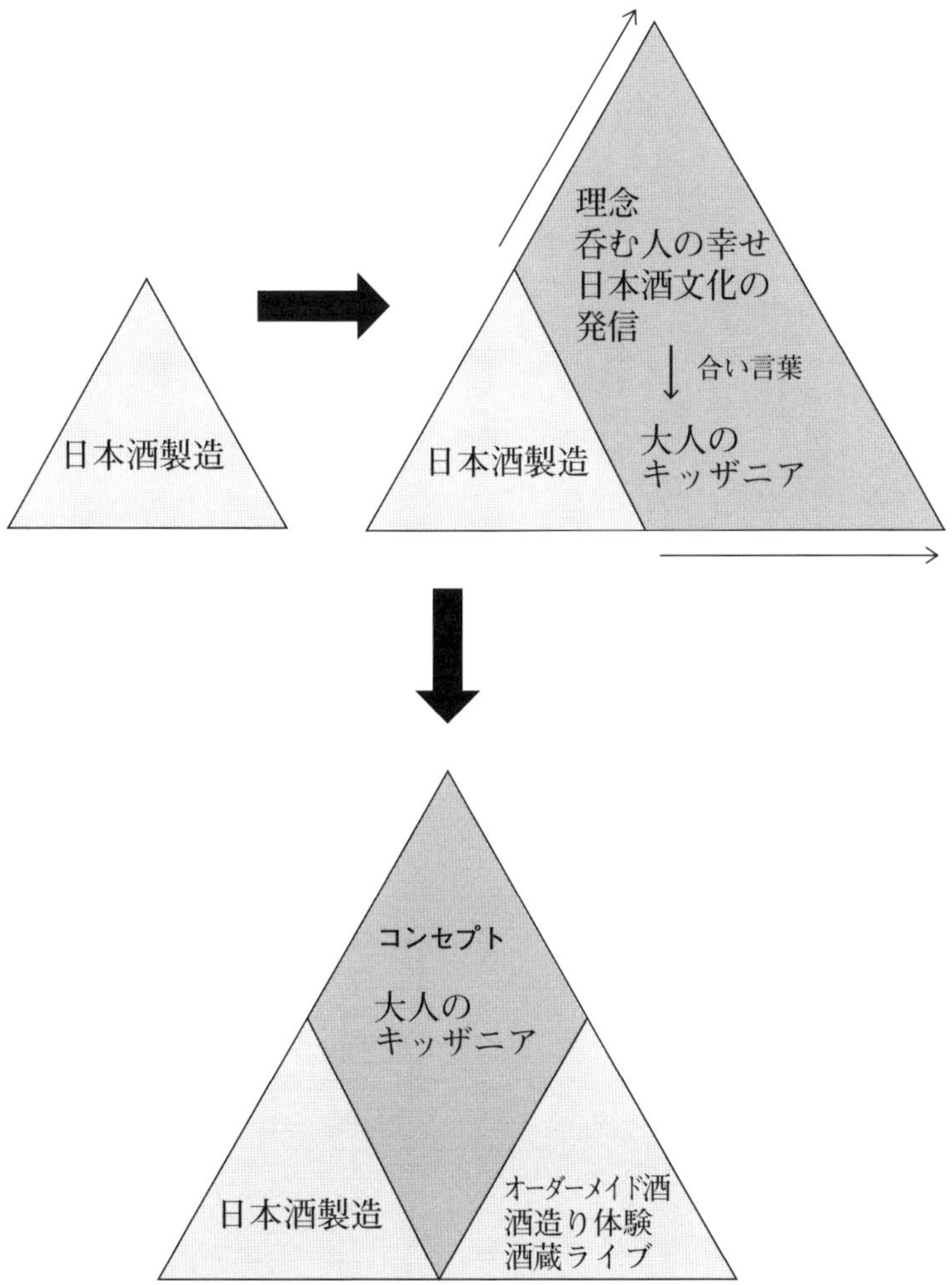

呼んで、グループ申し込みも増え、業績が下げ止まるどころか、上昇カーブを描くようになったのだ。

難点は、年に1回しか受付できないことだが、個人需要だけではなく、「創立50周年」、とか「新工場完成記念」といった新たな法人需要が同社の業績をさらに押し上げている。

このように、経営理念に基づく顧客価値（顧客から見た自社の魅力）をキャッチフレーズ化し、その延長上に自社の新たな生存領域をつくり続けることは、事業永続に欠かすことができない。そして、この「経営理念発想法」は、理念を通した先代と後継者の事業承継にも有効な手法なのである。十分に研究していただきたいものだ。

スモールビジネスを束ねた連邦経営を推進するために

「新しい売りもの」づくりに必死で取り組むと、売上5～10億円程度の新たなビジネスはいつしかつくれると思う。

ただし、それを30億円、50億円と伸ばし、やがて100億円へと成長させることは、国内市場だけではなかなか期待できないだろう。人口減少に伴い、市場の縮小が予測されるからである。

その中で社員の給料を上げ続けるには、５～１０億円程度のスモールビジネスを多数創出し、それを束ねていくような**連邦経営**がひとつの答えであろう。グローバル展開した場合も同じで、進出した国ごとに現地法人を設立すれば、日本の本社から各現地法人を束ねる連邦経営になる。

連邦経営は一般的な多角経営とは異なる。かつて新日鉄が余剰資源を利用して魚の養殖を始めたことがあったが、土地やカネ、ヒトなどの資源が余っているのでその有効利用のために、本業とは縁のないビジネスを始めるのが多角化である。そして、新日鉄が養殖業から撤退したように、その多くは失敗する。蓄積されたノウハウがないからである。

ところが後継者の中にも、そうした多角化に熱心な人がいる。ある資材問屋の二世経営者から、彼の趣味を活かした外車の中古車販売の相談依頼があったが、その場でお断りした。自分が接待で使ってよく知っているからと、工具メーカーの社長がステーキ店を出してみたり、建設業者がカラオケバーに手を出したりしたこともあるが、大体うまくいかない。よそで儲かっているから、事業の幅を広げなくてはと、手当たり次第に手を出して、ことごとく失敗する。

そんな多角経営と違い、連邦経営はそれぞれの事業が同じ理念で結びついている。

3章で紹介した大塚製薬の理念を思い出していただきたい。理念が定めたガードレールの中で、幾多もの有力な事業案が生まれている。ここに紹介した経営理念発想法は理念をベースに生み出している。経営理念の下で、複数の事業が独立して存在する構造。これが連邦経営である。

よって次世代経営者は「理念で飯が食えるか」と言ってバカにしてはいけない。それどころか、社内でいちばん理念を大事にし、理念がもつ共感力で社員やお客様を惹《ひ》きつけていく人でなければならないのだ。

個人の力で解決できないものはチームの力で解決する。チームの力で解決できないものは、複数のチームとチーム、会社と会社の連携（コラボレーション）で解決する。人と人、チームとチームが連携し、V字編隊飛行をするには、経営理念の共有があってこそだ。このような理念に基づく連携こそが、これからの経営にはますます重要になってくる。連邦経営はその究極の形なのである。

4．アイデアを一枚のシートにまとめる

アイデアシートに書く

次世代経営チームが明日の商品・事業づくりに挑むときは、まず社内から新しいものが好きなメンバーを5～8人程度選抜したプロジェクトチームを立ち上げる。年齢や役職は関係ない。学歴も関係ない。大切なのは「新しいものに挑戦する気持ち」である。

次に、本章で紹介した発想法を使って、２か月ぐらいの期間にアイデアを探し、見つかったアイデアを、次ページ**図表23**のようなＡ４一枚のアイデアシートに書きながら徐々に具体化していく。

①**想定ユーザー**…この商品の代表的なユーザー(代表顧客)は誰か？

②**ユーザーの困り事**…代表顧客はどんなことに困っているのか？　どのくらい深刻な状況なのか。

③**現状の対処法**…代表顧客はこの困り事（または要望）に対しどのように対処している

図表23　アイデアシート

想定ユーザー	
ユーザーの困り事	
現在の対処法	
商品アイデア	
売り方・価格	
USP	

のか？　その対処に時間やお金をどの程度かけているのか？

④**商品アイデア**…②を解決するための商品で、なおかつ③の代替品・代替サービスとしてユーザーから見て魅力的な商品のアイデアを描く。手書きのポンチ絵でＯＫ。サービス材の場合は人の仕草などをイラストで描く。

⑤**売り方・価格**…④をお客様にお届けするまでの流通経路をフローチャートで描く。消費財の場合は、どこでどのようにして売るか、売り場を明らかにする。

⑥ＵＳＰ…ユニーク・セールス・ポイントの略称。既存商品・サービスと違って最も独自性のあるこの商品のウリは何か？

この段階で、私は指導先に、とくに⑥のユニーク・セールス・ポイントの有無を重視し「**差ではなく違いをつくろう**」と指導している。「明日の商品」を考えるときは、既存商品や他社商品との比較になる。このとき「差を出す」のではなく、明らかな「違いを出す」ことを盛り込むのだ。

この「差ではなく違い」の意味を理解していただくために、三島市の有名な鰻料理店の例を紹介しよう。

1軒は「桜屋《さくらや》」。もう1軒は「うな繁《しげ》」。2軒を食べ比べる機会があり、お互いに「違い」を出しているなと感心させられた。

まず「桜屋《さくらや》」。創業が江戸時代の安政年間。伝統色豊かな建物は、東海道の旅籠《はたご》そのままの雰囲気で、弥次《やじ》さん喜多《きた》さんがそこにいてもおかしくない感じだ。紅い絨毯《じゅうたん》の敷かれた畳の大部屋に案内され、メニューはうな丼とうな重中心。ビールのあては鰻の骨くらい。対して「うな繁《しげ》」は、近代的な建物。2階は完全個室で、掘りごたつ。商談の場に向いている。メニューは鰻づくしコースもあり、うな重が登場するまでに、白焼きや肝焼きやだし巻きなどが楽しめる。

「桜屋《さくらや》」の売りは、伝統の味と歴史を感じさせる空間。

「うな繁《しげ》」の売りは、豊富なメニューと商談もできる個室。

家族連れは「桜屋《さくらや》」、ビジネスは「うな繁《しげ》」と、お客側で使い分けているようだ。

ところで、同じ市場を取り合うときの差別化の方法は2つある。

ひとつは、「少し安い」「少し早い」など、差を出すこと。

ひとつは、「うちだけにしかない」と、違いを出すこと。

「桜屋《さくらや》」と「うな繁《しげ》」との競争は、「差」ではなくて、「違いを出す」競争なのだ。これは目的によって使い分けることができるから、ユーザーにとっては、大変ありがたい競争なのである。

「差を出す」は、価格競争につながる。１００円ショップ以下の競争は結局、出血競争になるだろう。「配送スピード」を競っても、当日配達をさらに短縮しようとしたら、莫大な投資が必要にならざるを得ない。「差」を出すことを突き詰めていけば、行き着く先は消耗戦でしかない。

だから、「違い」を見出すことだ。「ライバル会社を見るな。お客様を見よ」である。お客様の問題を追求していけば必ず「違い」を際立たせることになる。求めるべきは「差ではなく違いを出す」ことなのである。

アイデアを３つの視点で評価する

このアイデアシートの内容をプロジェクトチームのメンバー間で評価し、社長プレゼンテーションに臨《のぞ》むものを選択する。

このときの選択基準は、富士フイルムの現会長の古森重隆《ふるもりしげたか》さんが、社長時代に用いていた視点を用いるとよい。

古森《ふるもり》さんは、世の中がフイルムカメラからデジタルカメラに急速に切り替わったときに、いちはやく医療事業や液晶事業へと経営資源を大胆に入れ替えて、大幅減益から一転、過去最高の利益をあげるまでにV字回復させた名経営者だ。

フイルムに代わる新事業を検討するときに、古森《ふるもり》さんがこだわったのは、次の3つの視点である。

- **「やりたいか？」…(1)当社の理念に適《かな》っているか？**
- **「やれるのか？」…(2)実現可能な技術力があるのか？**
- **「やるべきか？」…(3)進出した市場はわが社の「竹やぶ」か？　当社はそこで「虎」になれるのか？　虎でいられるだけのシェアを確保できるのか？**

既存市場に後発参入していたずらにシェア争いを仕掛けても得られる利益は小さい。それよりも、パイオニアとして新しい市場をつくり出し、他社の追随を許さないオンリーワンになれるのか？　という視点だ。私はこれを、富士フイルムのV字回復にちなんで「**明日をつくる3視点**」と呼んでいる。

世の中には、(1)や(2)の視点でコンサルティングする方は大勢いらっしゃる。が、私は(1)(2)

に加えて、(3)のオンリーワン企業であり続けるためのお手伝いをするコンサルタントでありたいと思っている。絞り込んだ市場において、強く必要とされ続けるオンリーワンポジションを獲得することこそ、中小企業が１００年続く道だと考えるからである。

少数しか賛成しないものに、ブルーオーシャンあり

「明日をつくる3視点」をクリアしたアイデアは新事業・新商品企画案としてまとめられ、社長プレゼンへと進む。私の指導先では、一回のプロジェクトで最後に残るのは、おおよそ３～４案である。

ここでの社長の仕事はプレゼン案の評価である。このとき、他の評価者の意見に惑《まど》わされることなく、自分の腹でＧＯかＮＧを判断してほしい。

「明日の商品」は、当初、多くの関係者の反対を受けやすい。常識破りの企画であればあるほど、その傾向が強い。

私の体験で説明しよう。序章で触れたように、私がブラザーで、ピータッチというラベルライターの新商品企画を担当していたときのことである。ピータッチは、発売後２５年を経た現在でも米国でシェア６０％以上を誇る大ロングセラー商品となっている。

そんな大ヒット商品も、世に出す前の市場調査では散々な評価だった。

「テープにしか字が打てないの？　せめてはがきぐらいには打てるようにしてよ」

「ワープロは3万円。それに比べて1行しか打てないのに15000円は高すぎる」

と、流通からは大変厳しい意見が寄せられた。その結果、当時の市場投入合格ラインの4分の1しか売れないという販売予測がなされ、ピータッチの開発継続はお蔵入りになってしまった。

損益分岐点に遠く及ばないのだから、これではお話にならないという雰囲気だった。

当時若造で何の発言権もない私は、「販売台数を4倍にするための課題は何か、どうしたら課題を克服できるのか、現場で練り直して、もう一度プレゼンせよ」というチャンスがあるべきではないか、「これは売れる」と言ってくれた人もいるのにと、釈然《しゃくぜん》としない思いであった。後に商品化され、大ヒットして報《むく》われる前の苦い思い出だ。

この体験があるから、私は社長に2つのことをお願いしたい。第一は、少数意見をむやみに切り捨てず、「10人のうち3人が賛成、7人が反対するアイデアなら、検討に値するアイデア」だと評価し、土俵に上げていただきたい。

なぜなら、反対者がそれだけいるということは、競争相手が同じことを考えていたとしても、そこでも同じ反対が起きている可能性があるということだ。

そのため、もし７人が反対する理由を克服さえできれば、市場に一番乗りできる。つまり、７人の反対は、実はブルーオーシャンがそこにあるというチャンスの合図なのである。

ただし、全員反対の中を押し切り、万が一これが失敗に終わっても、会社が潰《つぶ》れないことが大前提だ。そういう点で、中小企業の場合は、提案者だけでなく、ほかにも共感者がいて初めてＧＯサインを出すべきだろう。

そして第二は、このような課題を含んだ企画案に対しては、担当者の目の色を見て、ＧＯかＮＧかを判断していただきたい。もし本気であることがビンビン伝わってきたら、課題克服のため、あと少しの時間を与える。そのことを意気に感じた担当者は、期待に応えようと、ドラマ『下町ロケット』の社員たちと同じように必死に働くであろう。

松下幸之助さんは「私は失敗したことがない。なぜなら成功するまで諦《あきら》めないからだ」と語っている。諦《あきら》めることはいつでもできる。まだチャンスがあると思われるうちは、会社の将来を左右する「明日の商品・事業づくり」に、社長も担当者と一蓮托生《いちれんたくしょう》の覚悟で挑戦していただきたい。

チーム
V字
経営

ステップ5

自燃《じねん》社員が育つ仕組みづくり

1. 社員の自燃性《じねんせい》を引き出すには

顧客満足（CS）と同じくらい社員満足（ES）が大切な時代

ＥＳとは、社員が活き活きと働いているかどうかである。

近年、顧客満足（ＣＳ）と同じくらい、社員満足（ＥＳ）が経営上重要視されるようになってきた。その背景には、企業のブランドイメージが、主にひとりの社員の振る舞い方によって決定づけられるようになったことがある。

突然だが、あなたはヤマト運輸と佐川急便のどちらがお好きだろうか？

ためしに私が、友人・知人に聞いてみたら、次のような回答だった。

◎ヤマトが好きな人

・荷物の扱いが丁寧

・元旦のような皆が休んでいるときでも荷物を届けてくれた

・私が遅く帰った日でも、その時間に合わせて来てくれた

◎佐川が好きな人

・いつも挨拶が気持ち良く、こちらも元気が出る
・時間外であるにも関わらず、荷物を取りに来てくれた
・どこよりも早く集荷に来てくれる

もちろん人によっては、その逆の答えもありうるだろう。「荷物の角がぶつけて潰《つぶ》れていたことがある。だから佐川は嫌い」とか、「5Fまで重い荷物を運んで来たときに、すごく嫌そうな顔をしていた。だからヤマトが嫌い」といった意見もある。

ご存知のように、ヤマトと佐川では明確なシステムの違いがある。ヤマトは小さな拠点を配備し、そこからこまめな配送をしている。一方の佐川は巨大な物流センターをつくり、そこから配送するシステムだ。

しかし、利用者にはそんなシステムの違いは関係ない。利用者の好きか嫌いかに影響を与えているのは、自分が接した社員の印象である。それも昨日今日の印象ではない。中には5年前、10年前に出会った配送者が与えた印象で評価を決めている人も少なくない。

ヤマト運輸ではおよそ16万人、佐川急便では約5万人の人が働いている。その中で、お客様が出会うのはほんの数人であろう。そして、その数人の中のたったひとりが、前述のようにその会社を好きか嫌いかを決定づける。そして、その印象がリピートオーダー数に直結

する。

このことはサービス業に限ったことではない。製造業においても、工場見学時の出迎えや見送り、現場作業員の挨拶、きびきびとした行動、環境整備の徹底度合い、資料の揃え方、歓迎および最後の見送り方に至るまで、お客様は注意深く観察している。そして、この会社はすごい、この会社の製品なら間違いないと思うのだ。

つまり、ブランドイメージをつくっているのは、会社でも社長でもなく、現場のひとり一人の社員なのだ。

彼らが自分からお客様に喜んでもらおう、皆の役に立とうと考えて行動する自燃《じねん》社員であるかどうかで、お客様がその会社のファンとなり、贔屓《ひいき》にしてくれるかどうかが決まるのである。

社員の自燃性は切っ掛けをつくって引き出す

では、どうしたら社員ひとり一人がもっている自燃性を引き出せるのだろうか？

そのヒントは第5章236ページで紹介した図表12「理想の仕事」にある。今、社員が仕事に求めていることの一番は、収入ではなく「自分にとって楽しい仕事」である。

人は若手だろうがベテランだろうが、自分の重要感を求めている。「あなたがいてくれて本当に良かった」「これを任せられるのは君だけだ」など、周囲から認められたり、強く必要とされたりすることを望んでいる。

それを日常の仕事の中で体感できる環境をつくれば、仕事を楽しいと感じ、自ずと自燃性《じねんせい》が引き出される。

たとえば、あなたの会社で「玄関を掃除しなさい！」と言われ、渋々ながらも言われたようにきちんと掃除をしている社員を想像してみよう。

その人が、あるとき社長から「玄関はお客様を最初にお迎えすることろだ。いつもきれいに掃除してくれてありがとう」と言われる。彼はそのひと言が嬉しくて、「玄関をもっときれいにするはどうしたらよいか」を自分で考えはじめる。単にきれいにするだけでなく、見え方やモノの置き方なども工夫するようになる。すると、訪ねてくれたお客様や取引先から「この会社はいつ来ても気持ちがいいよ！」と褒《ほ》められる。

こうなると彼にとって掃除は、面倒臭いことから楽しいことへと進化する。そして、言われなくてもやる自燃《じねん》社員へと成長するのである。

実際に、私の顧問先に三定《さんてい》（同じものが同じ量で同じ方向を向いて置かれていること）を徹底している会社がある。同社の傘立てには社員の置き傘が２０本ほど並んでいるが、皆、同じ方向を向いてきちんと並べられている。その光景は無造作に突っ込んでいる会社とはまるで違う。

同社の傘立ては玄関前にあるがゆえに、目に留まりやすく、お客様からよく「きれいですね」と褒《ほ》められる。そして、この玄関の担当者の取り組みが全社員のお手本になって、全社的な５Ｓのレベルが上がったのである。

この傘立ての整備は、ひとりの担当者が良かれと思い自分の意思で始めたことだ。それが多くの社員の自燃性《じねんせい》を引き出したのである。

私は、自燃性《じねんせい》とは後から身につけるものではなく、誰もが自分の中に元からもっているものだと思っている。きっかけさえ与えれば表に出て来るし、きっかけがなければ引っ込んだままだ。

そのきっかけとは、トップの声がけと現場で発生している小さな物語への承認である。そして、この２つが当たり前におこなわれている会社のＥＳは高くなり、結果的にＣＳも高くなるのである。

君ええ仕事しとるなあ

パナソニック（松下電器産業）が創業間もないころ、ランプ工場を訪れた社長の松下幸之助さんは、出荷前の電球を布で黙々と磨《みが》く社員に、こう声をかけたと伝えられている。

「君、ええ仕事しとるなあ」

しかし社員が「毎日、同じようにランプを磨く退屈な仕事ですよ」と答えると、

松下さんは、「この電球は、どこで光っているか知っているか？」と言ってこう続けた。

「子供たちが絵本を読んでいる。すると、暗くなって読めなくなる。そこでこのランプをつける。あんたが磨《みが》いているランプ一個あるだけで、子供たちのドラマは続行や。あんたはランプを磨《みが》いているんやないで。子供たちの夢を磨《みが》いてるんや。子供たちの笑い声が聞こえてこんか？　子供たちの夢のために、日本中、世界中にこのランプを灯《とも》そうや。物づくりはな、物をつくってはあかん。物の先にある笑顔を想像できんかったら、物をつくったらあかんのやで」と。

これを機に、社員は自分の仕事に自信と誇りをもち、ランプを磨《みが》くだけの仕事にやりがいを感じて励むようになったという。

どんな末端の仕事でも、上に立つ者が認めて褒《ほ》める。それが社員満足（ＥＳ）の原点なので

ある。

褒《ほ》めるといえば、毎年経営計画の発表会などで全社表彰することだけが、褒《ほ》めることではない。

社長が日ごろから、現場をこまめに回りながら、社員の仕事ぶりの良さに気づいて、その都度、褒《ほ》めるのも大きな励みになるものだ。しかし実行している経営者は意外に少ない。

私の顧問先の機械部品メーカーの社長は、工場を回るときに、名刺大のメモ帳を必ず手にしている。そして気づいたことをささっとメモに書いて、「後で見てや」と、作業現場に置く。口頭で伝えるには、騒音が大きく、相手の作業を中断させてしまうからだ。

メモは、「君、２年目にしては、段取りがいいなあ」とか、「いい仕事してるね」というような、短い褒《ほ》め言葉だ。

小さなメモ用紙に書かれた走り書きだが、社員には、「社長が、俺の仕事を認めてくれた」、「自分はちゃんと成長している」という証明書をもらった気分で、大きな張り合いになる。実際に、同社工場の不良発生率は低く、生産性は驚くほど高い。

同社の営業担当役員が、私に古いはがきを見せてくれた。そこには、「いい会社に連れて行ってくれて、ありがとう」とだけ書かれていた。

私が「これ、何ですか?」と尋ねると、彼は「私の仕事のエネルギー源ですよ」と。

「私がまだ新入りの営業担当のころ、社長に、お客様の中でどこか面白い会社はないかと聞かれて、私の担当先から2社選んでお連れしたときの礼状です」。

彼は、それを自分の宝物として、今でも大事に手元に置いているのである。

毎日の「声がけ」は超重要な社長の仕事

ここで、次のクイズにお答えいただきたい。

「あなたは、上司が部下を育てる上で、日常的にもっとも大事なことは何だと思いますか?」

以下の5つから選んでみてください。

1. ほめたり励ましたりしてくれる

2. 話を聞いてくれる

3. 適切なアドバイスをくれる

4. 声がけをしてくれる

5. 相談しやすい環境をつくる

実はこの問題は、私の顧問先の課長５１人が、それぞれの部下から若手社員５１人を選び、半年間かけてワンランク上の仕事ができるようＯＪＴ教育したときに調査したものだ。このとき、とくに成長著しかった若手社員１０人の上司は、ある共通した行動をとっていた。

それが、「４」の声がけだった。よって、私のセミナーではこのクイズの答えを「４」にさせていただいている。

そのときの上司たちは「４」以外ももちろんやっていた。だが、伸びた社員とそうでない社員の上司で、最も違ったのが「４」の量であった。

では、なぜ上司が声がけすると部下は育つのか。

それは、「４」があると、それにつられて「１」も「２」も「３」も「５」も発生するからだ。部下育成時の「２」の重要性は言うまでもないが、上司がずっと席に座っていても、「ご相談があるのですが…」と部下のほうからやってくるとは限らない。

部下が「上司に相談したいな」と思っていても、上司が忙しそうにしていたら「今は無理そうだなあ…」と考え、相談を我慢してしまうことはよくあることだ。

逆に、上司から「どう？」「大丈夫？」「順調かい？」などと声をかけると、その瞬間に部下は「あ、今は相談していいんだ」と気づく。

そして「実はちょっと壁にぶつかっていまして…」「確認したいことがありまして…」と話を聞いてもらうことができる。

声がけをきっかけに部下は、褒《ほ》めてもらったりアドバイスを貰《もら》ったりして前に進むことができる。だから、「声がけ」が多い職場の社員はよく育つのだ。

松下幸之助さんは、暇さえあれば工場を回り、社員に声がけしたという。その声がけは「君すごいな、ええなあ」で、「スゴエエ声がけ」と呼ばれていた。

また、40年以上も平均売上高経常利益率35％超を続けている株式会社エーワン精密の梅原勝彦《うめはらかつひこ》取締役相談役は、工場へ来たら必ず社員全員にひとりずつ「困ったことはないか？」と声がけするという。もし声をかけ忘れた社員がいたら帰りの途中で工場へ引き返す徹底ぶりだ。

同社の高収益の源は、製品の納期が速く正確なことだ。これは、梅原相談役によればつくるスピードが速いのではなく、取り掛かるのが速いからだという。取り掛かる速さは社員の「やる気」の表れ。だから社員のやる気を損なうようなことは絶対にしない。そのために現場を回り、声がけをし、困り事を取り除く。そのためのコミュニケーションを密にしているのである。

このように、社長の声がけは部下のモチベーションを維持するための超重要な仕事なのだ。声がけは「あなたを気にかけているよ、見ているよ」の合図であり、「今日も来てくれて、頑張ってくれてありがとう」と同じ意味である。

なお、現場を回っていて、問題点を発見したときは、担当者本人でなく、その現場を任せている管理者に注意するようにする。社長が直接担当者に問題点を指摘すると現場の人は驚き、「上司が何も言ってくれないので社長に叱られた」と、自分の直接の上司を逆恨みする可能性があるからだ。

逆に褒《ほ》めることがあれば、これは担当者本人に直接伝えるようにする。本人も喜ぶし、上司も部下を褒《ほ》められて嬉しいはずだ。叱る人はひとりいれば十分だが、褒《ほ》める人は何人いてもいいのである。

社長が意識的に現場に声がけをすれば、次世代経営チームのメンバーも声がけをするはずだ。毎日の声がけは、上に立つ者の日課として、ぜひ社長から率先垂範してほしい。

社長は社員の失敗を本人の成長につなげる人である

社員の頑張りを認めるだけでなく、おかした失敗を、いかに本人の成長と会社の成長につなげるかは、社長の腕の見せどころだ。

そもそも、失敗した部下を責めるのは時間の無駄でしかない。なぜなら部下の失敗を責めたところで、何も生み出さないからだ。

一般に失敗の原因は「人、偶然、物理」の3つのいずれかに分類される。

このうち人が原因の失敗とは、「うっかり」とか「慌《あわ》てていて」などの、いわゆるヒューマンエラーである。このとき、「なぜうっかりしていたのだ！」と追及しても、明確な原因など出てくるはずがない。それよりも大切なのは、原因追及ではなく「次、どうすればいいか」を考えさせることだ。

そこで「うっかりミスをして悔《くや》しいだろう。もっと悔《くや》しがれ。その悔《くや》しさをよく覚えておけよ」と言うだけにとどめる。すると、部下は深く反省するだろう。

また偶然の失敗とは、列車が遅れるとか本来届くはずの荷物が届かなかったなど、不可抗力によるものだ。このときは本人に落ち度がないのだから、そもそも責める必要もない。

そして物理的な失敗とは、ハードやシステムなどによる失敗である。準備不足や連絡の不徹底から生まれるものだ。このとき発生原因を追究し、二度と同じことが起きないように改善する。これにより、次の成功確率を上げることができる。このように原因が何であれ、個人の失敗を責めることに何のメリットもないのだ。

逆に、失敗のたびに犯人探しをして、「お前のせいだ」と担当者を責めるようだと部下の自燃性《じねんせい》はとたんに引っ込んでしまう。まして多くの社員が見ている前で公開叱責するようなことがあると、見ている社員が「次は自分もああなるかも…」と、失敗を今まで以上に怖がるようになる。そして、ノープレイノーエラーこそが一番安全と考え、言われたことしかやらない人になってしまう。

関西のある厨房機器メーカーの社長は、「部下の自燃性《じねんせい》を引き出す秘訣は失敗を許すことだ」という。

同社には、製造上のミスでクレームを発生させ、約４５万円の損失をもたらした社員がいた。

板金に穴を空けるときに、通常用いる治具を固定するのを忘れたため、加工寸法にズレが生じたのだ。その改修作業に、客先で延べ２日間、朝９時から午後７時までかかった。その費用の総額が４５万円である。しかし、社長はその部下を責めず、「もう一度チャンスを与えるから取り返してみよ」と再チャレンジの機会を与えた。

すると、彼はどうしたら同じ失敗を繰り返さなくて済むかを考えた。そして、新しい治具を開発することによって、それまでの作業時間をなんと8分の1に短縮することに成功したのだ。

その結果、約半年間で450万円のコスト削減となったのである。社長は、「失敗を許したら10倍にして返しよった」とご満悦である。

失敗を許されることは、部下からすれば「まだまだ君に期待しているぞ。君の力はこんなものではないと信じているぞ」と言われたのと同じである。だからその期待に応えようと必死になる。失敗を許し、挑戦する風土をつくることで、部下を成長させてほしい。

お掃除の天使たち

自分の仕事をつまらないと思うほど、つまらないことはない。

現場の末端のスタッフが、自分の仕事をつまらないと思わずに、お客様に喜ばれる行動として、自分は何ができるかを自分で考えて実行する。すべての経営者は、わが社の社員もそんな行動をしてほしいと願っているはずだ。

新幹線の社内清掃をわずか７分でテキパキとおこなう、テッセイ（鉄道整備）の「清掃チーム」の働きぶりが、海外メディアに紹介され、世界各国からも視察に訪れている。

自分たちがお客様の「おもてなし」をするんだという清掃員の意識の変化が、心のこもった清掃作業になり、世界からも注目されているのだ。

なぜ「清掃会社」が「おもてなし会社」に変わることができたのかは、『新幹線お掃除の天使たち「世界一の現場力」はどう生まれたか？』（遠藤功著／あさ出版）に詳しいが、現場の社員が自発的に、清掃スタッフのよいところを褒《ほ》める「エンジェル・レポート」という仕組みなどをつくり現場力を磨《みが》き続けてきたことが、大きく変わった要因となっているという。

エンジェル・レポートを読むと、自分たちの清掃という地味な裏方の仕事が、いかに乗客を喜ばせているか、感心させているかを知ることができる。その結果、自分たちの仕事に誇りをもち、どうすればもっと感動を与えられるか、自分たちで考え積極的に行動するようになったのである。

承認を多くすることが人間関係を良くする

ここに紹介した事例は、すべて**承認行為**である。

承認とは読んで字のごとく「人のおこないを認める」ことで、承認には主に以下のようなものがある。

結果承認…結果を出したときに「素晴らしいね」「よくやった！」と認めるもの

貢献承認…その人の行為が、社会にどのように役立っているのか、誰を喜ばしているのかを感謝とともに認めるもの

存在承認…頑張っている過程で「いつも頑張っているね、今日も励んでくれてありがとう」などその人の存在を認めること

過程承認…「ここまで来たね、すごいね。あと一歩だね」など、結果を出すために頑張っている過程を認めること

成長承認…「以前はできなかったけど、ここまでできるようになったね」とその人の過去と比較して成長を認めること

可能性承認…「この経験を活かせば、次はもう安心。もっと高いレベルまでできるね」とその人の可能性の拡大を認めること

たとえば、松下幸之助さんの「君、ええ仕事しとるなあ」伝説は、現場で働く人の社会へのお役立ちを認めた貢献承認である。

また、機械部品メーカーの社長の「いい会社に連れて行ってくれて、ありがとう」も、彼の働きに対する貢献承認である。

エーワン精密の梅原《うめはら》社長の声がけは存在承認であり、部下のミスを許し、再トライさせた厨房機器メーカーの社長の「もう一度チャンスを与えるから取り返してみろ」は可能性承認である。

その次のテッセイのエンジェル・レポートの中には、「清掃チームの皆さんを見ていると気持ちがいい」などの表記がある。これは、お客様から清掃チームへの貢献承認である。

このような承認を受けて、人は自分に何が求められているかに自分で気づく。とくに今の若者はこうした承認を、子供の頃から家庭や学校、クラブ活動や塾などで受けて育ってきている。「私は褒《ほ》められて伸びるタイプなのです」と堂々と言う若者もいるが、こうした承認が多い環境で試合に勝つ、志望校に合格するなど成功体験をしてきている。そのため会社がクラブや塾と同じように承認してくれる環境だと、「ここでなら頑張れる」と思うのだ。

ところが、中には「結果承認」しかしない会社がある。「よくやったな！」と認めてくれるのは結果を出したときだけ。「結果がすべてだ。後はすべて言い訳だ！」「目標に届かなければ、９９点は０点と同じだ！」と、未達成に終わった者を突き放す。中には結果を出した者に対しても「そのくらいはやって当たり前だ。嬉しそうな顔するんじゃない」と褒《ほ》めない人もいる。

こうなると、仕事は面白くなくなる。目標未達成に終わった場合、一番悔《くや》しがっているのは本人だろう。すでに反省しているのなら、ダメ出しをするのではなく、成長承認や可能性承認をしたほうが、本人のモチベーションは高くなるはずだ。

仕事を理念行動に進化させている人を賞賛する

社内に承認を増やすには、褒《ほ》め言葉を多用し、社内に褒《ほ》める文化をつくることだと一般社団法人日本ほめる達人協会の西村貴好《たかよし》理事長は語っている。

彼いわく、最も簡単な褒《ほ》め言葉は「**すごい、さすが、素晴らしい**」の**３Ｓ**だという。

そこで、仕事中にどんどんこの３Ｓを使ってほしいのだが、大事なことは３Ｓを使うことではなくて、この３Ｓで承認したくなる行動を増やすことだ。

そこで活用したいのが、現場力を引き出す**クレド**である。

クレドは日本語訳すると「行動指針」となる。が、従来の行動指針とは少しニュアンスが異なるから、ここではあえて「クレド」という用語を使うことにしたい。

従来の行動指針との違いをおわかりいただくために、以下に序章で紹介した新聞販売・弁当宅配Ａ社のクレドの一部を抜粋して紹介しておこう。

＊

１．人間力発揮

私たちスマイルスタッフは、自らが考え行動し、お客様に誇れる社員を目指します
・常に明るい「笑顔」で「相手の顔を見て」「大きな声」で挨拶をしましょう
・お客様には親しみを込めた礼儀正しい挨拶をしましょう
・仲間意識を高め、お互いを思いやる気持ちを忘れないようにしましょう

２．お客様本位

私たちスマイルスタッフは「心を届ける、心を結ぶ」を合言葉に、常にお客様の気持ちになって考え、行動します
・１００人いれば１００通りの（新聞の）入れ方があるように、お客様ひとり一人に

合った対応をしましょう
・お客様の問い合わせには、素早い行動と笑顔でお応えしましょう
・配達はお客様のご要望を最優先にして、必ず時間通りに配達しましょう

3．社会の調和

私たちスマイルスタッフは、自分たちの活動に誇りをもち、地域社会に必要とされる会社を目指します
・気持ちの良い挨拶とマナーを守った運転で、地域の人たちに喜ばれる配達をしましょう
・生活情報サービス業として、地域の皆様のためになる情報や商品をお届けします
・高齢者のお宅では安否を確認し、緊急な場合は見守りネットワークへ連絡しましょう

＊

一般的な行動指針との大きな違いは、「挨拶をしなさい」という指示命令調ではなく、「○○を目指しましょう」や「挨拶します」というように自燃性《じねんせい》を促す言葉になっていること。そして「なぜそれをする必要があるのか」という、行動の目的が、理念に基づいて意味づけされていることである。

その問いかけに共感した社員は、自分の仕事を理念に適う「**理念行動**」へとレベルアップすることができる。これを式で表すと「**仕事＋クレド＝理念行動**」となる。

同社では自分自身がとった理念行動や部下の理念行動を、Ａ５サイズの用紙に書いて本部に提出している。この用紙は「情報メモ」と呼ばれ、行動した本人が書くこともあるが、報告を受けた上司が部下の優れた行動をほかの全社員に伝えたくて書くこともある。

以下は、その情報メモの一部である。

＊

［新聞をお部屋まで届ける］

集金にお伺いすると、『おじいさんが足を怪我した』とご家族の方からお聞きしました。新聞が大好きな方で、夕刊を届けるときにも、いつも外に出て待っていてくれています。

怪我をして、歩くのも大変だろうと思い、ご家族の方にお話をして、その日以降は夕刊をおじいさんの部屋にまで届けるようにしました。部屋で待っていて下さるおじいさんの笑顔に、私もたくさんの元気をいただきました。

［特別な集金日を設ける］

集金のたびにご主人の話を嬉しそうにされるお客様。「こんなに長居してご主人に怒られませんかと冗談っぽく私が言うと「主人は1年前に亡くなっているのよ」。

その言葉に、愕然《がくぜん》としました。会話の中のご主人はいつもイキイキしていたのです。以来、たくさんお話できるように特別の集金日を設けることにしました。

［お客様の異変に気がつく］

数日、新聞がポストに溜《た》まっていて、日中も明かりがついており異変を感じたので、市の保険課に連絡しました。

最近は痩《や》せて体調が悪そうでした。配達を終えた朝6時半頃、もう一度伺ってみたけれど、応答がなく息子さんの携帯にも繋《つな》がりません。市役所の方に来ていただき布団の上で仰向けに倒れている姿を発見しました。

数日後、身内の方がお礼に見えました。あと一日で、命が危なかったそうです。

毎日配達をしていると「どこかおかしい」と感じます。私の担当地区はご高齢の方が多いので常にお声がけしています。

＊

Ａ社の社長は、提出された情報メモすべてに目を通し、コメントをフィードバックする。本部は月に一度、現場から上がってきた情報メモを集計する。そして、素晴らしい理念行動は、全社員が参加する全体会議の場で共有する。

また、年間を通して最も感動的な理念行動は、全員が参加する総会の場でＤＶＤ化されて上映され、「ハートフル大賞」が贈られる。

表彰やフィードバックがあると、社員はそのときの自分の判断力と行動力に自信がもてるようになり、状況に応じて自分で行動を選択できる自燃性《じねんせい》の人へと育つのだ。

逆に言えば、優れた理念を掲《かか》げていても、現場の日々の行動に関して経営者が無関心でフィードバックをしないと、理念はただのお飾りと化すリスクがあるということである。

無関心が常態化すると、個々人の能力や努力を測る物差しが「いくら稼いだのか」だけになってしまう。その結果、利益のことしか頭にない人材ばかりが育ってしまう。

優れた会社は「**当たり前の行動のレベルを上げ続けていける会社**」である。つまり、クレドはそれを実現するための、考える道具であり、人間関係を良くする道具なのだ。

オセロ理論で自燃《じねん》社員を育てる

先に紹介したテッセイの「エンジェル・レポート」やA社の「情報メモ」は、いずれも現場で生まれた小さな物語である。

実は、このような物語が社内で承認され、全社員にシェアされると、それを見た人の心の中に「お互いを思いやるとはこういうことか…素晴らしい！」「それに比べると、自分の気配り・心配りはまだまだ足りないな…」という気づきが生まれる。

人は、「何かが起きて、こうなった」という物語と「面白い、つまらない」などのエッセンスしか記憶できないといわれる。そのため、クレドのような条文であるべき姿を伝えても、残念ながらそれは記憶されにくい。しかし、それが社内の誰かの理念行動という物語として伝えられると、しっかり記憶でき、しかも自分の模範とすることができる。

つまり、クレドそのものではなくクレドを元にしておこなわれた誰かひとりの行動が、会社が求める社員の行動基準となり、全体のレベルが上がっていくのである。

このことを図にすると**図表24**のようになる。私は**オセロ理論**と呼んでいるが、理念を大事にする社長と理念行動を実践した人が承認される環境にいると、誰もが自分の行動をクレドが要求するレベルへと上げ続けることができる。

図表24　オセロ理論

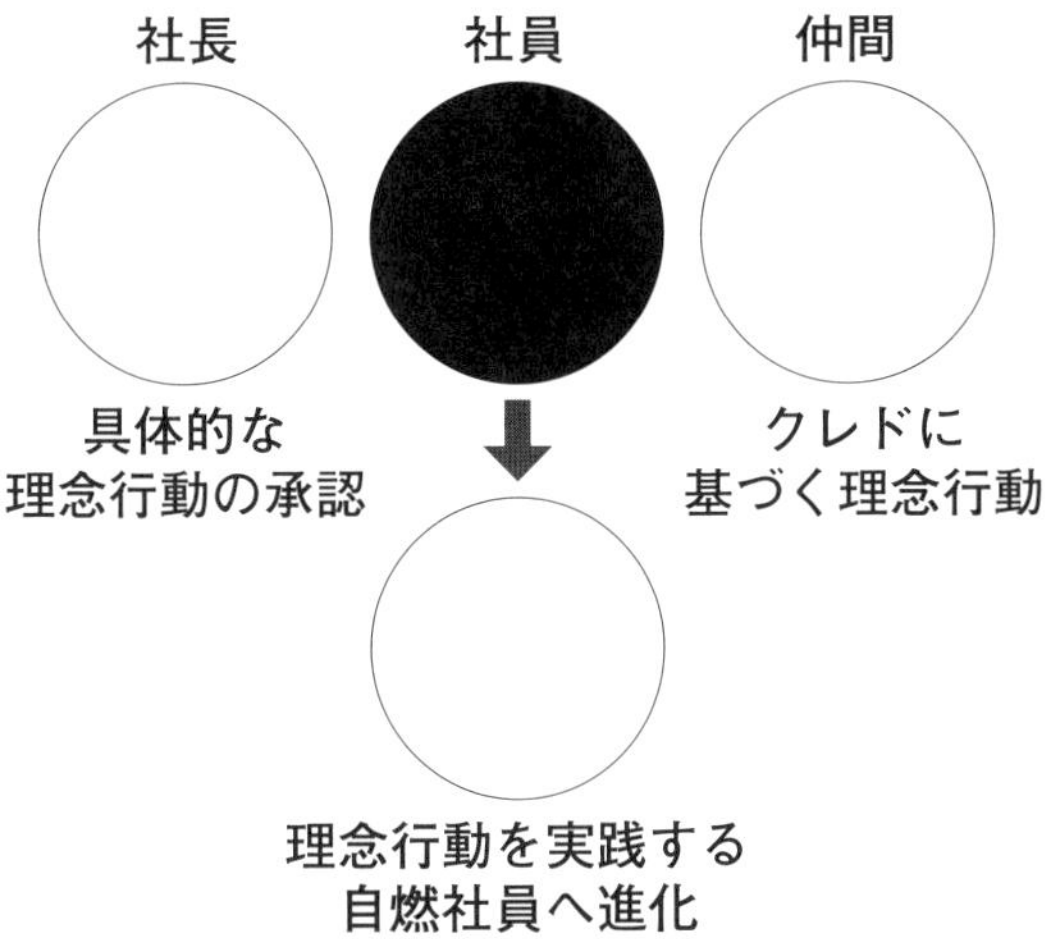

こうなると、「エンジェル・レポート」や「情報メモ」のネタになった人はもちろん、そのおこないの素晴らしさに気づいて書いた人は、自分の行動や気づきが会社中に良い影響を与えていることに気づく。

その影響力は、本人の自信と誇りとなる。これにより、今まで以上に現場の出来事に敏感になり、ますます気づく人になる。

するとその人は、職場で改善したほうが良い点にもよく気がつくようになる。そして、より多くの改善提案が出るようになる。

ほとんどの会社に現場からの提案制度があるが、その多くは形骸化している。ところが、改善提案ができる会社では、社員が毎月のように提出している。これは提案への報酬額やひとり一人のスキルの差ではない。良いおこないを承認する仕組みがあり、その中で自ら考えて行動する自燃《じねん》社員を育てているかどうかの違いである。

ここで、中小企業の自燃《じねん》社員の育て方について再度整理しておきたい。

手順1． 社長が率先して声がけをし、社員を承認する。もちろん上司たちも承認する

手順2． 理念を行動レベルに落とし込んだクレドを作成する

手順3． 「仕事＋クレド＝理念行動」と考え、日々理念行動を実践するよう促す

手順4． 理念行動だと思える行動を自薦他薦問わずレポートし、事務局に提出する

手順5． 提出されたレポートに、社長がコメントを添えてフィードバックする

手順6． レポートの中から皆にシェアしたい理念行動を選択し、表彰する

手順7． 表彰された内容を映像化し、全社でシェアする

手順8． 取引先や顧客、就職希望者にＤＶＤを観ていただき、価値観統一に用いる

なお、この中の業績直結行動は手順4で、「どうやって数を出させるか」である。

その秘訣は2つある。第一は、導入当初は「月ひとり何枚書いて」と強制的に書かせるこ

とだ。反発はあるかも知れないが、自分が書いて社長からフィードバックをもらったり、仲間の行動をシェアするうちにだんだんやることの意味がわかり、自主的に出るようになる。

第二は、レポートに書かれた人だけでなく、レポートをたくさん書いた人が表彰されるようにすることだ。気づく人を育てるのが狙いだから、他人のおこないの良さによく気がつく人こそ賞賛に値するのである。

ぜひこんな仕組みを導入し、当たり前の行動レベルを上げ続ける会社へと進化していただきたい。

2. 社長自身が自分の自燃性《じねんせい》を維持する4つの思考法

ある二世経営者から次のような相談を受けたことがある。

「自分は、経営者であるが故のプレッシャーに心が折れそうになるときが何度もあります。どれだけもう愚痴は言うまいと心に決めても『継ぎたくて継ぐわけじゃない』『こんな問題だらけの会社にしたのは自分じゃない』と、ついこぼしてしまうこともあります。そんなとき、問題から逃げずに『よし、今こそ自分の出番だ！』と、自分の自燃性《じねんせい》に火を点けるにはどうしたらよいでしょうか？」

この質問をいただくまで私は、社長に部下のモチベーションを維持する方法を教えることはあっても、自分のモチベーションを維持する方法を教えたことはなかった。そこで、そのための思考法を4つお伝えしたい。

①ものごとを深掘《ふかぼ》りして考える3層思考法

モチベーションを維持する第一は、成果を得るために、どんな原因をつくればよいかを逆算で考えて実践することである。

もし、あなたが「値引き販売はイヤだ。希望通りの価格で売りたい」と考えたとしよう。その実現には、何か原因をつくらないといけない。そこで、ほとんど値引き販売しない会社を探し、そのやり方を手本とするのである。

たとえば、全国で３００社近いトヨタ販売会社の中で、１０年以上に渡りダントツの顧客満足度1位を記録しているネッツトヨタ南国。私が同社を訪ねたとき、社員教育の責任者からこんな話を伺った。


「お客様から『1円でも安くしてくれ』と言われたら、そこには『あなたには期待していない から、せめて値段をまけてください』という前置きがあるのです。そうならないようにするには他社がやっているような「早く安く怒られないためのオペレーション」から「喜ばれるためのオペレーション」に変える必要があります。そのために、どうしたら喜んでいただけるか、自分で徹底的に考えて行動しなさいと、営業スタッフに教育しています」

聞いていて、同社が安売りを本能的に嫌う理由がストンと腹に落ちた。「値段を下げないと売れない」状況をつくってしまった時点で負けなのだ。

図表25　3層思考法の例①

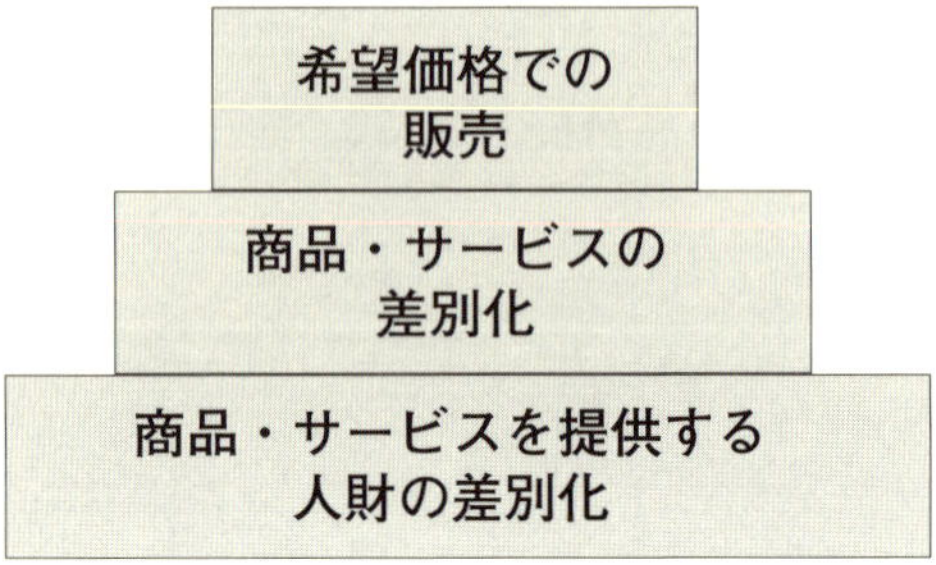

この思考を、図にすると**図表25**のようになる。

希望価格での販売（そのためには）商品・サービスで差別化する（そのためには）商品開発やサービス提供を支えている人財で差別化する。だから、このような教育をおこなっているのである。

この3層思考法はあなたが求める結果を出すために、何を変えていけばよいか教えてくれる。

1層目は、求める結果。

2層目は、その直接的原因。

3層目は、さらに違いを生み出す原因。

よって3層目を実践すれば、1層目につながるのである。

問題解決手法に、「なぜを繰り返す」という方法があるがそれと同じである。この3層思考法を身につけると、何事にも深掘りして考えるクセが付くのだ。

よって、社員の自燃性《じねんせい》を引き出す社員教育をおこなうこと

図表 26　３層思考法の例②

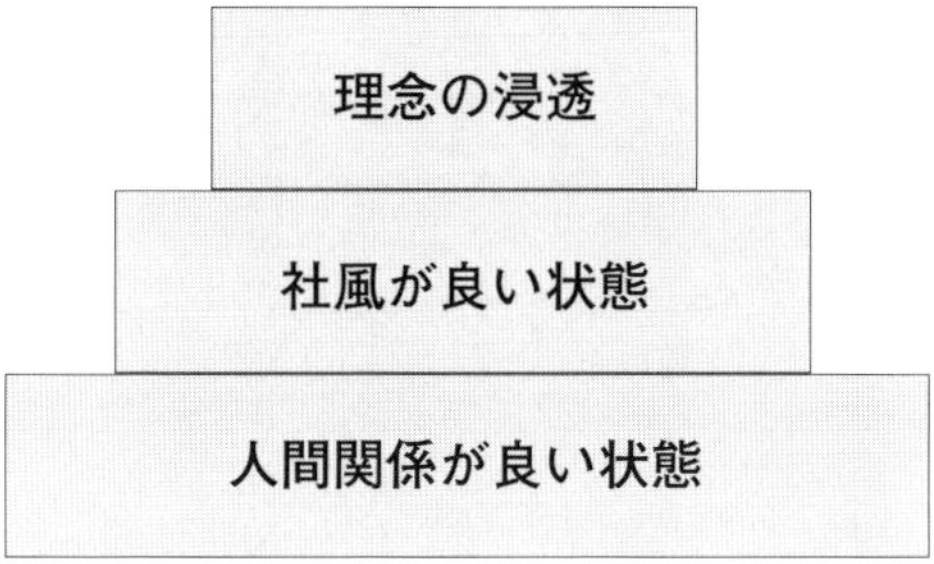

が値引き販売防止につながるのである。

別のケースで考えてみよう。

理念の大切さを理解し、もっと現場に理念を浸透させたいと悩んでいたとする。悩む次世代経営者は多い。このような場合も、３層思考法で考えてみる（図表26）。

「理念が浸透する（そのためには）社風が良い状態をつくる（そのためには）人間関係が良い状態をつくる」。

３層で表現すると、何をすればよいかがよくわかる。人間関係を良くするために４０４ページに紹介した６つの承認を多用することが理念の浸透につながるのだ。

結果を求めてどのような手を打つべきか見えないときは、慌てて答えを求めてはいけない。正しい方向を見極めることは、最も重要な社長の役割だ。まずは椅子に深く腰かけて、穏やかな気持ちになる。そして、紙にこの3層を書いてみる。納得のいく答えが得られるまで何度も書き直してみるといいだろう。

３層目に出て来る課題は、その実行に時間のかかるものばかりである。が、それゆえに、他社が容易に真似できないところであり、自社の独自性の源《みなもと》になる。ぜひこの思考法を身につけていただきたい。

②究極の事業目標を描く「理念の３段活用」

モチベーションの持続の第二は、究極の事業目標を描き、自らの想いをたぎらせることだ。

本書ではビジョンの重要性を何度か伝えてきた。そのためのビジョンのつくり方も紹介したが、あえて5年先の、実現可能な未来を描くことにとどめてきた。現実の経営にはそれが必要だし、そこに集中することが企業価値を高めるからだ。

が、１０年あるいは数十年先のビジョンを描き、それを目指す経営をしたいと考えているのなら、以下のような発想で自社の未来像を考えるとよいだろう。

たとえば、レストランには、３段階あるといわれている。

第一段階は、胃で食べるレストラン。

これは、とにかく食べられればいい、腹いっぱいになればいい店で、テーマは「充足」。

ボリューム感や速さが命だ。

第二段階が、舌で食べるレストラン。

これは、良いものを美味しく味わうことを主目的にした店で、「旬」や「本場」などの食材にこだわり、「伝統」を守り「手間」をかけるなどの調理法にもこだわる店だ。テーマは「向上」。それを調和のとれた空間で素敵な人たちと食することで、自分の生活レベルがアップする。味はもちろん見た目の美しさが命だ。

第三段階は、脳で食べるレストラン。

栄養バランスを考え健康増進に役立つものや、フードマイレージやリサイクルを意識し、環境への負荷を最小限に意識した食材を使った料理を提供してくれる店だ。

このような店は、お客様はもちろん、仕入先である素材づくりに手間をかけた農家が儲かること考え、ＷＩＮ―ＷＩＮの関係構築を目指した経営をする。テーマは「価値創造」。お客様や仕入先との理念共有と情報発信が命だ。

「胃→舌→脳」のようにレストランが進化したのは、その背景に、「**充足→向上→価値創造**」という人間社会の３段階の進化があるからだ。

そして、この３段階の進化はレストランに限らず、どの事業にも当てはまる。

たとえば、携帯電話の普及に当てはめて考えてみよう。

・充足―いつでもどこでも通信可能
・向上―手待ち時間の有効活用
・価値創造―様々なアプリによる生活利便性、発信力の向上

携帯電話は当初ガラケーが猛烈な勢いで普及した。ガラケーは3段階のうち、通話やメールなどの「充足」は満たした。しかし、後に出てきたスマホは、「充足」はもちろん、「向上」から「価値創造」までを担っている。2段階も上の進化を実現したので、スマホはガラケーを駆逐《くちく》したのである。

また、セコムのようなセキュリティサービスに当てはめて考えてみよう。

・充足―犯罪の防止
・向上―犯罪者そのものの減少（モラルの高い人の増加）
・価値創造―モラルの高いきれいで親切な街づくり

このように、「充足→向上→価値創造」の3段階で考えると、その事業を実施することが長期的に見て、どのような価値を生み出すかがわかる。

逆にいうと「何のためにこの事業をやっているのか」という「究極の目的」が見えてくる。

私はこの考え方を「**理念の3段活用**」と呼んでいる。この発想法で事業の将来を見通すと、目の前の「充足」だけを追っていたときに比べてワクワクしてくる。

私は「理念の３段活用」を必要に応じ、支援先のビジョン開発や新事業開発をお手伝いするときに用いている。

このセキュリティサービスの事例は、顧問先の後継者とセキュリティビジネスの海外展開を考えていたときに生まれたものだ。彼自身がこのビジネスがもたらす「価値創造」に気づいたとき、次世代経営チーム一同「絶対にやったほうがいい！」「絶対にやろう！」と気合が入ったのを思い出す。

後継者は、ぜひ自分の事業を「理念の３段活用」に当てはめて考えてみていただきたい。納得のいく未来が描かれたら、それは「究極の事業目標」として、あなたの中に熱き想いが湧《わ》いてくるだろう。

③イザというときの決断力を磨《みが》く場数《ばかず》思考

モチベーションを維持するための第三は、自分にしかできないことに集中することだ。社長にしかできない最たるものは決断である。

社長の能力の中でとくに重要なのは「決断力」である。決断は、書いて字の如く「決めて、断つ」。二者択一で迷っていたもうひとつのほうの選択肢を捨てるということだ。これができるのは失敗したときの責任を負える社長だけだ。

その決断力を磨く方法は、「自分が決めた」という場数《ばかず》を踏む以外にない。「あのときは上手くいった」「あのときは失敗した」という経験の蓄積の中から、上手くいくケースといかないケースを瞬時に嗅《か》ぎ分ける力が養われるのである。

よって社長は若いうちから、自分で考え、自分で決める機会を人一倍つくらないといけない。課長のときは課長として、部長のときは部長として、委員会活動やプロジェクト活動をしているときは、その長としての権限の範囲で決められることは、自分が決めることだ。

もちろん決めるのは、できる限りの情報を集め、皆の意見をよく聞いてからだ。相談はどんどんすればいい。が、誰かに決めてもらったり、回答を先送りしたりしてはいけない。「そのうちどうにかなるさ」は「そのうちどうにもならなくなる」だけだ。

よく上場企業で海外拠点長経験者がトップに就任するが、これは偶然ではない。海外はボトムアップがある日本と違い、トップダウンしかない。スピードが違うから、その場で即決・即断できないとマネージャーは務まらない。そのような場数《ばかず》を踏んでいるからこそ、「決断できる人」として全社のトップに推挙されるのである。

また、ビジョンを描き、経営計画を立てることも、決断することに繋《つな》がる。ビジョンを設定することは、「５年後には○○になると決める」ことだ。さらにそれを皆の前で発表することで、「５年後には○○になる」は単なる「予定」ではなくて、「決意」であり不退転の「覚悟」に変わる。

そして、それらは皆、結果というリアクションで返ってくる。成功したら自信がつく。失敗なら、そこから次に成功するためのヒントを多く得ることができる。

その積み重ねは、社長を迫力ある人物へと育てていく。長年、社長の側近くで仕えた番頭がそれだけの迫力をもたないのは、同じ景色を見ながら「助言」していた人と「決断」してきた人の違いである。

吉本興業の専務だった竹内功《いさお》さんと対談したとき、一流の芸人の条件を次のように教えてくれた。

「芸人にとって、芸がヒットする打率は３割でいいのです。ただし１０打数３安打ではなくて１０００打数３００安打の３割です。大事なことは、１０００回舞台に立つこと。多く舞台に立つと、それだけ多くの客席のリアクションが得られます。７００回失敗しても舞台に立てるのは、それだけ場を読む力とか一瞬で人を惹《ひ》きつける力を学んでいる証《あかし》。厳しいリアクションを多く得ることで、一流へと成長できるのです」

これを聞いて、一流になれる方法は、スポーツ選手も、経営者も同じだと気がついた。決定とリアクションの数が、自分を育ててくれるのだ。

リアクションが得られるのは決定者の特権だ。社長は常に、「決めるのは自分だ」という自覚をもって、課題と向き合って仕事をしてほしい。そして、自分の決断力を磨いていただきたい。

④他人の力を借りるルフィの思考法

モチベーションを維持するための第四は、何でもかんでも自分で背負い込まず、「苦しいときは人の力を借りればいいのだ」と割り切ることである。

そんなリーダーの象徴が、マンガ『ＯＮＥ　ＰＩＥＣＥ（ワンピース）』（尾田栄一郎作／集英社）の主人公ルフィだ。

『ワンピース』は、単行本が全８１巻（２０１６年現在）、累計発行部数３億冊を突破し、海外でも翻訳版が人気を呼び、２０１５年「最も多く発行された単一作家によるコミックシリーズ」としてギネス世界記録に認定された驚異的ヒット作である。

海賊「麦わらの一味」の船長ルフィの夢は、海賊王になることだ。ルフィは、冒険好きの楽観主義者で、群を抜いた行動力・好奇心をもち、夢・信念・仲間のためなら死をも恐れない。そして誰よりも喧嘩に強い。仲間たちのおかげで航海ができると考えており、自分にない能力をもつ仲間たちを誰よりも頼りにし、仲間からの信頼も厚い。いつも半ズボンで、麦わら帽子をかぶった若者として描かれ、仲間からその突飛なアイデアや行動を馬鹿にされながらも、出会った人の多くが彼の魅力にひかれ、次第に周囲から一目《いちもく》置かれるヒーローとなる。

私はワンピースの主人公ルフィに、今日の理想のリーダー像を重ねる。

彼は船長だが、自分では船の操作も地図を読むこともできない。仲間の力を借りなければ、船を進めることができない。それゆえに、ルフィは部下たちに指示命令したり、自分への絶対服従を要求したりしない。戦闘の場面でも、常に仲間の自主性に委《ゆだ》ねる。

そんな彼がなぜリーダーたりえるかというと、仲間に対し、たったひとつのことを約束しているからだ。

彼は仲間に対し次のように言っている。

「俺は剣術も使えねェんだコノヤロー！　航海術ももってねェし。料理もつくれねェしウソもつけねェ。おれは助けてもらわねェと生きていけねェ自信がある」

これに対し、彼の敵が毒づく。

「そんなプライドもクソもねェてめェが一船の船長の器《うつわ》か？　てめェに一体何ができる？」

これに対し、ルフィは堂々と答える。「お前に勝てる」。

仲間の「助けて」の声を聞くと、彼は当たり前のようにどんな状況でも助けに行く。

彼にできる約束は、常に仲間の可能性を信じること。

そして、強い腕っぷしで仲間を守ってあげることだけなのだ。

たかが漫画の世界のことじゃないか、と言う人もいるかもしれないが、注目すべきは、この漫画の読者の中心層が20～30歳代の若者たちであり、累計3億冊も売れている事実だ。

あなたの会社の社員たちが、このようなリーダーに共感するからこそ、売れているのだろう。つまり、ルフィの言動にこそ、今日的なリーダーの姿が読み取れるのだ。

もともと、海洋物語の主人公は、時代が求めるリーダー像を表すといわれている。

なぜなら、海洋物語にはチームマネジメントのすべてが盛り込まれているからだ。

・船の乗組員は、一癖二癖《ひとくせふたくせ》ある荒くれ者だが、いざというときとても頼りになる＝ビジネスでも個性的なメンバーが協力し合ってこそ成就《じょうじゅ》する。
・船が出港し、どこかを目指す＝ビジネスでも皆が目指すゴールがある。
・嵐に巻き込まれたり、怪物に遭遇《そうぐう》したりする＝ビジネスでも想定外の困難に遭遇《そうぐう》し、それを乗り越えなければならない。
・船旅の成功は、船長の決断がすべて＝ビジネスの成功はリーダーの決断がすべて。

今日のように先が読みにくく、複雑な問題が絡《から》み合う時代には、過去の経験や権威は、必ずしも問題解決のカギとはならない。

ルフィが「海賊王に俺はなる！」と言うように、リーダーはビジョンを示すべきだ。ビジョンを示せば、周囲がビジョンに共感する仲間に変わる。また、同じ価値観をもった人が集まってくる。

このとき、リーダーは完ぺきな人間である必要はない。むしろ、自分が欠点だらけであることを堂々と晒《さら》していい。「できないから助けてほしい」「わからないから教えてほしい」と自分の欠点を埋めてくれるよう部下に求めればいいのだ。そのためには部下たちにそのスキルを如何なく発揮する場を与える。するとそれぞれが組み合わさって、1＋1が3にも10にもなる。

そして、何があってもその場に集う部下を守る。どんなにミスをしても「お前を、信じる」と言って、機会を与え続ける。

次世代経営者に必要なのは、「ビジョンを示すチカラ」「場をつくるチカラ」「仲間を守るチカラ」なのだ。

ルフィの敵は、ひとりが絶対的な支配権を握る旧式型のリーダーのチームばかりだ。いわば、カリスマ経営者ひとりで率いる「縦列飛行」チームである。そのようなチームは、自燃性《じねんせい》の高い「麦わらの一味」に、ことごとく敗れ去る。そんな「麦わら一味」の姿は、私には**「V字編隊」を組む、しなやかで強靭《きょうじん》な集団**のあり方を描いているように見えるのである。

『ワンピース』はカリスマ縦列経営からチームV字経営へ移行する時代の変化を鮮明に映したマンガだと私は見ている。その主人公ルフィは自分よりできる人の力を借りる天才だ。

次世代経営者には、ぜひ「俺は穴だらけだから埋めてくれ」、そう周囲に頼み、仲間を増やしていく社長になってほしい。

淡墨《うすずみ》の桜

——あとがきに代えて

私の趣味は鮎《あゆ》の友釣りだが、毎年楽しみに出かける岐阜県根尾谷《ねおだに》に、日本三大桜のひとつとして知られる「淡墨桜《うすずみざくら》」がある。

巻末に「淡墨桜《うすずみざくら》」の写真（**巻末写真⑩**）を添付したので、ご覧いただきたい。

この桜は、樹齢１５００年超といわれ、国の天然記念物に指定されているエドヒガンザクラの古木だ。高さ１６メートル、幹回りはなんと１０メートルもある太さ。桜の季節には、この大樹の満開をひと目見ようと、全国から観光客が押し寄せてくる。

そんな淡墨桜《うすずみざくら》を眺めながら、企業が永く雄々しく成長し続ける秘訣は何かを考えた。

華麗に咲き誇る「花」はビジョンだ。花を咲かす「幹」は、開発力、生産力、販売力、サービス力、財務力など、企業が強みとしている独自の技術や仕組みである。

さらに、この幹を支えている「根」にあたるのが人だ。人が知恵を出して太い幹を育て支え続けることで、「ビジョン」という大輪《たいりん》の花が咲くのである。

世界一の名木といわれる淡墨桜《うすずみざくら》は、この根がすごい。

ものすごく太い根が地中深く育って、さらに幹の周りの土をぐぐっと１メートルほど押し上げている。周囲にも桜の木があるのだが、まさに王者の気品と貫禄《かんろく》を漂《ただよ》わせている。ところが、この淡墨桜《うすずみざくら》が、１９４８年ごろ「３年以内に枯れ死する」危機に陥ったことがある。

当時の記録では、幹回り２メートルもある根が枯れ、白蟻に侵されていたとある。

このとき歯科医前田利行《まえだとしゆき》さんを中心に地元の人たちが桜を救った手段が、「根継《ねつ》ぎ」と「土壌改良」だった。

「根継《ねつ》ぎ」とは、若い山桜の根を、淡墨桜《うすずみざくら》の老いた根に接ぎ木して一体化させて再生することだ。

前田さんは独学で老木の再生技術を学び、地元の植木職人や大工、村民の手を借りて、１か月で２３８本の根を接ぎ木して、見事に枯れかけた老木を蘇《よみがえ》らせた。

根をつなぐときは、接合部分に卵白を塗り、添え木をして藁《わら》で巻いたという。

また根継《ねつ》ぎした根が育つように、周囲の土を入れ替えた。このとき、「手伝いたい」と申し出た地元の子供たちが山で落ち葉を集め、根が育ちやすい土壌に替えたという。

つまり、根に若い生命を吹き込み、根が育ちやすい環境をつくった、ということだ。

その結果、「３年で枯れる」と言われた老木が、起死回生のように再生し、見事に咲き誇るようになって、今なお多くの人々を楽しませている。どんなに太い幹であっても、根が老いて枯れれば、花を咲かせることができなくなる。

企業経営も同じことではないか。

根が枯れる前に、老いた根を若い根に接ぎ木して、新たな根が育ちやすい環境にし、幹をさらに太くし、さらに大輪《たいりん》の花をいつまでも咲かせ続ける。

私はこの再生物語に、「チームＶ字経営」の原点を教えられる思いであった。

本書によって、経営者の皆さんが、淡墨桜《うすずみざくら》のように華麗で見事な花を、いつまでも永く永く咲かせ続けられるように、心から願っています。

（了）

二〇一七年二月

酒井英之

著者／酒井英之（さかい ひでゆき）氏について

「経営課題の解決」と「次世代経営チーム育成」を同時に達成する〈チームＶ字経営〉の創始者。

慶應義塾大学経済学部卒業後、ブラザー工業株式会社に入社。ミシン事業に代わる新事業が不振の中、「起死回生の商品を作れ」という特命を受ける。氏を中心とする若手メンバーのみで「消耗品やソフトで儲ける会社に変わる」という当時のビジョンのもと、ラベルライター「P-touch（ピータッチ）」を考案。同商品が全米でシェア６０％を超える大ヒット商品へと成長し、ブラザーがミシンメーカーから情報機器メーカーへと大きく飛躍する一翼を担う。さらに同社の画像システム事業部で営業を担当し、優秀セールスマン賞を７回受賞。

これらの経験を活かし戦略コンサルタントに転身。大手金融系シンクタンクで経営戦略部長兼プリンシパルを９年間務め、大企業から中堅中小企業まで約４００社の経営指導をおこなう。

２０１４年、「次世代のリーダーを育てて百年企業への成長をガイドする」をミッションにＶ字経営研究所を設立。指導会社に次世代経営チームを組織し、第二・第三次創業を支援するためのＯＪＴプログラムを導入。この十数年の間、先代が超えられなかった壁を打ち破り、最高益を達成する次世代経営チームを多数輩出している。蔭で人を支える「人生送りバント」をモットーに、現場に深く入り込んで粘り強く指導する姿勢に、経営者、後継者、幹部社員の中に強烈なファンがいる。名古屋大学大学院招聘教員。

主な著書『なぜ社員の意識は変わらないのか』『勝ち組になる会社・なれない会社』『「稼ぐチーム」のつくり方 プロの営業集団はこうして生まれる』（以上、ＰＨＰ研究所）、その他。

〈著者の連絡先〉
株式会社 Ｖ字経営研究所
岐阜県岐阜市田神６—３ 〒５００-８１５８
ＴＥＬ０５８（２４０）４８７７
hideyuki.sakai@vjiken.com

チームV字経営

定価：本体 一三、五〇〇円（税別）

二〇一七年 三月二十五日 初版印刷
二〇一七年 三月 三十日 初版発行

著　者　酒井英之
発行者　牟田 學
発行所　日本経営合理化協会出版局
東京都千代田区内神田一―三―三
〒一〇一―〇〇四七
電話 〇三―三二九三―〇〇四一（代）

装　丁　森口あすか
印　刷　精興社
製　本　牧製本印刷
箔　押　牧製本印刷

 ISBN978―4―89101―383―7 C2034

写真① 東京 品川駅 たった27段の階段だが、先が見通せないため階段でのぼらず、並んででもエスカレーターに乗る人が多い

写真②　京都駅

品川駅と同じ 27 段の階段。先が見通せるため階段をのぼる人が多い

写真③　ジグソーパズル「純白地獄」

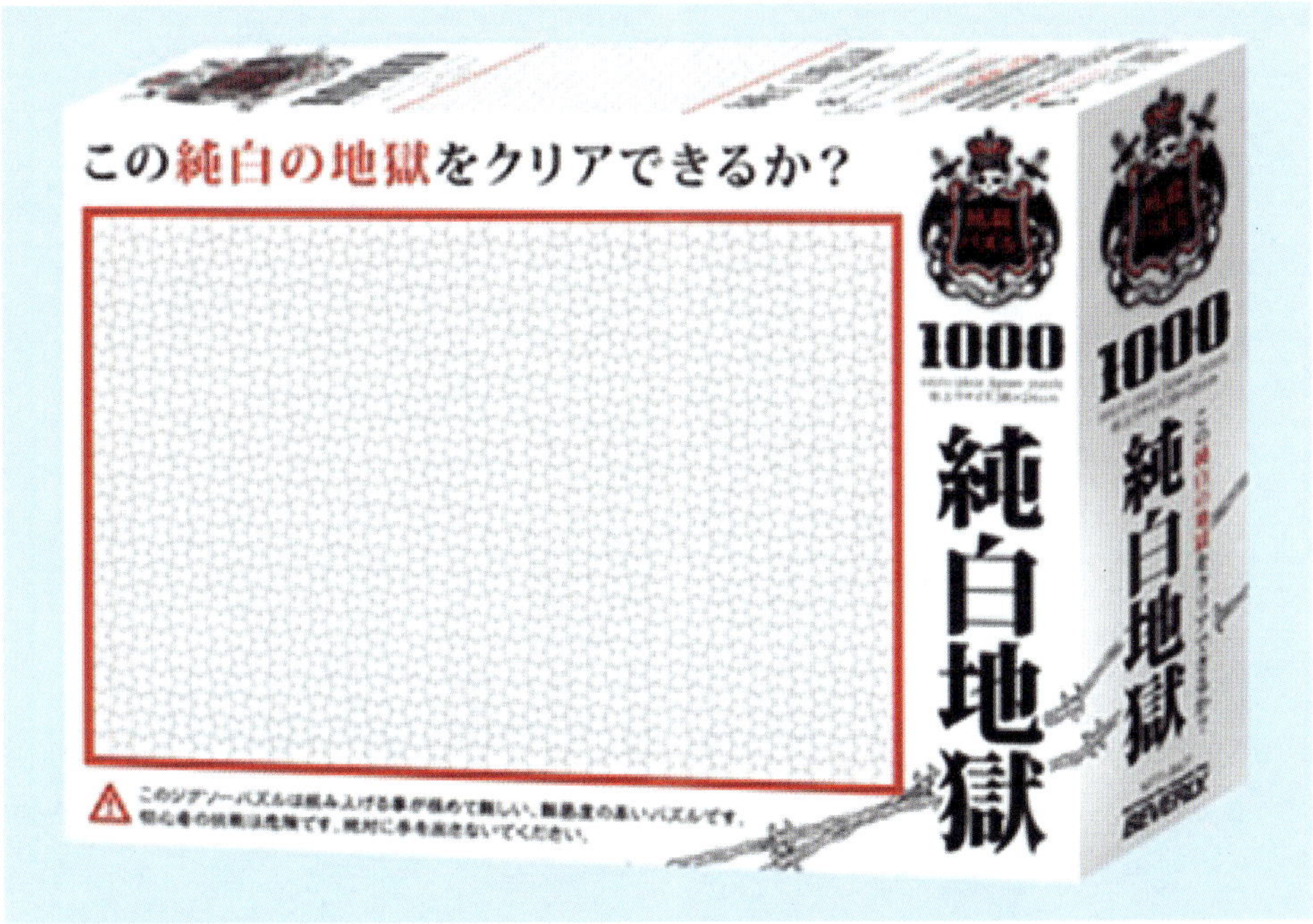

※写真は株式会社ビバリーの商品です

写真④　一般的なジグソーパズル

※上記写真は株式会社ビバリーの商品です

写真⑤　ヴィレッジヴァンガードの手づくりＰＯＰ広告

※上記写真は株式会社ヴィレッジヴァンガードコーポレーションのＰＯＰ広告です

資料⑥　Vプランシート

①プロジェクト名とスローガン	③メンバー写真	④業績直結行動と作戦	⑤基本情報	
			作成日	所　属
			・　　・	
			実行責任者	実行メンバー
②対象				
			期　間	成果目標値
			至	
			自	

⑥見出し		⑦実施項目	⑧担当	⑨目的・ひと言	⑩重要★	⑪スケジュール	⑫頻度	⑬メンバー全員の抱負
中項目	No.							
								⑭成果達成グラフ（予実対比）

資料⑦　P社のVプランシート

①プロジェクト名とスローガン

営業・SEのトモダチ作戦！
ロケットスタートを成功させる

②対象

デジタル複合機

③メンバー写真

④業績直結行動と目玉作戦

成果の方程式

契約件数＝①リスト数×②訪問（85%）×③担当者接触（90%）×④キーマン接触（50%）×⑤ニーズ把握（95%）×⑥一次提案（100%）×⑩受注（40%）

業績直結行動と目玉作戦

1.④を55%に引き上げる（経営者へのコストダウン情報提供、事務担当のストレス軽減等）
2.⑦を70%に引き上げる（SE部門との連携強化）

⑤基本情報

作成日	所属
20○○.3.20	営業二課
実行責任者	**実行メンバー**
○○課長	○○○○/○○○○ （全員の名前を書く）

期間		成果目標値
ゴール	20○○.7.31	○○○
現在	20○○.4.1	0

⑥見出し 中項目	No.	⑦実施項目	⑧担当 支店長	課長	係長	営業担当	技術担当	⑨目的・ひと言	⑩重要★	⑪スケジュール 4上	4中	4下	5上	5中	5下	6上	6中	6下	7上	7中	7下	⑫頻度
Ⅰ 動機づけ	1	キックオフによる全員への取り組み説明、納得	◎	○	○	○	○	心合わせ！		○												
	2	担当目標・個人目標の落とし込み		◎				皆が目標達成！		○												
	3	各営業担当の自己宣言作成				◎		We are the team！		○	○											
Ⅱ 行動	4	営業担当の行動予定把握		○	○	◎		チームのために！		○	○	○										毎日
	5	新情報の周知	○	◎	○			情報は武器		○	○	○										毎日
	6	飛び込み訪問日の設定（全員行動の日）		○	◎	○		やり切ろう！		×→	○	○										月2回
	7	上司／同僚との同行	○	○	◎	○		1+1=10！		○	○	○										適宜
Ⅲ 武器の提供	8	SE部門との連携する仕組みの構築	○	◎	○	○		トモダチ作戦！	★	○												
	9	ヒアリングシートの作成		○	◎			よく聴く人はよく売るぞ！		×→	×→	○										
	10	ドアノック提案書の作成・配布		◎				お客様に入り込む		×→	→	×→										
	11	業種別施策（ヘルスケア事業）		○	◎	○		新市場に入り込むぞ！														
	12	拡張エリアへの営業		○	◎	○		狙い目のエリア														
	13	SEとの同行訪問			○	○	◎	トモダチ作戦！	★	○	○	○										適宜
Ⅳ スキル	14	勉強会のテーマ選定	○	○	○	○	◎	技術に強くなる		×→	○											
	15	勉強会の資料作成	○	○	○	○	◎	わかりやすさ＝伝わりやすさ		×→	→	×										
	16	優良事例勉強会	○	○			◎	成功事例にヒントあり	★		×→	→										
	17	基本トーク集作成	○	○	○	◎		目玉作戦にはインタビュー力が鍵		×												
	18	ヘルスケア市場攻略勉強会		○	◎	○		「10」のためにスキルアップ！														
	19	ロールプレイング	○	○	◎	○		「9.10.17」を使いこなすぞ！	★		×	×										週2回
Ⅵ 情報共有	20	進捗会議	○	○	○	◎	○	PDciを回すぞ！	★	○	○	○										毎週
	21	各営業担当目標進捗管理の徹底	○	◎		○		終礼時、契約獲得者に拍手！		○	○	○										毎日
	22	フィードバック（面談）の実施		◎	○	○		親身になる！		×→	○											
	23	「見える化ボード」の作成				◎		面白く見て楽しいボードを！		○												
	24	「見える化ボード」の更新			◎	○		これが実力です	★	○	○	○										毎週
	25	新規契約者へのお礼状の送付				◎		心を込めて	★	○	○	○										適宜
Ⅶ 評価	26	目標達成記念パーティー（焼肉）	○	○	○	◎	◎	お楽しみ！														

⑬メンバー全員の抱負

支店長	今こそ見せつけよう、わが支店の底力！
営業課長	常に考え、常に行動し、常に見直せ！
係長	楽しく新しいやり方を考えて、自分でやってみて、それを伝えていきます
A	いつでも、どこでも、お客様が一番
B	SEにキラーパスを送るぞ！
C	お客様に寄り添い、想いに応えます
D	ヘルスケア市場開拓のプロになる
E	スキルアップして、信頼されるスタッフを目指します
SE課長	トモダチ作戦、責任もってやり切ります！
F	迅速に自信をもってサポートします！
G	営業さんの確実なサポートをします！
H	スピード感をもって計画を遂行します

⑭成果達成グラフ（予実対比）

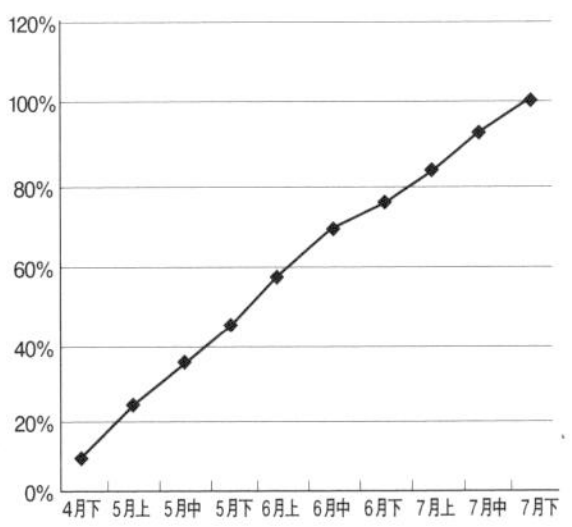

資料⑧　ルートセールスのVプランシート（例）

①プロジェクト名とスローガン	③メンバー写真	④業績直結行動と目玉作戦
競合１社独占取引部門を踏み潰せ！ 進撃の凡人のペア営業大作戦		**成果の方程式（対Ａ社、Ｂ社の第一事業所）** 受注件数＝①訪問数×②キーマン面接率（30％）×③引合獲得数（70％）×④見積提出（40％）×⑤受注率（70％） 作戦）②を 30％→50％へ、④を 40％→60％へ　窓口担当者から独占部門の紹介獲得
②対象		**成果の方程式（対Ｂ社の第二事業所、Ｃ社）** 受注件数＝①訪問数×②キーマン面談率（20％）×③引合獲得数（50％）×④見積提出（50％）×⑤受注率（50％） 作戦）②を 20％→30％へ、③を 50％→60％へ　窓口担当者から独占部門の紹介獲得
精密機械		

⑤基本情報		
作成日	所　属	
・　・	関東営業部	
実行責任者	実行メンバー	
山田○○	○○○○/○○○○ （全員の名前を書く）	
	期　間	成果目標値
ゴール	○○.3.31	○○百万円
現在	○○.10.1	○百万円

⑥見出し 中項目	No.	⑦実施項目	⑧担当 山田	鈴木		⑨目的・ひと言	⑩重要★	⑪スケジュール 10上	10下	11上	11下	12上	12下	1上	1下	2上	2下	3上	3下	⑫頻度
Ⅰ 顧客対応		A社																		
	1	提案書を用いたインタビュー営業の実施	◎	○		知る活動を徹底														適宜
	2	メーカーとの情報交換、強みの把握	◎	○		仮説の立案														
	3	間口拡大のため、紹介獲得	◎	○		紹介数＝実力！	★													
	4	戦略機種の選定、戦略機種の提案	◎	○		お客様のためになるものを提案														適宜
	5	週1回以上の訪問	◎	○		訪問回数で差をつける！														週1回
Ⅱ 顧客対応		B社（第一事業所）																		
	1	提案書を用いたインタビュー営業の実施	◎	○		知る活動を徹底														適宜
	2	キャンペーン対象機種のデモ実施	◎	○		大勢に見てもらう														
	3	戦略機種の選定、戦略機種の提案	◎	○		お客様のためになるものを提案														適宜
	4	海外案件PR	◎	○		当社の得意技で勝負														適宜
	5	競合の取引部署に週1回往訪	◎	○		まずは顔を覚えてもらう	★													週1回
Ⅲ 顧客対応		B社（第二事業所…新規）																		
	1	提案書を用いたインタビュー営業の実施	◎	○		知る活動を徹底	★													適宜
	2	メーカーとの情報交換	◎	○		仮説の立案														月2回
	3	入り込みやすい少額の機種を選定、提案	◎	○		お客様のためになるものを提案														適宜
	4	口座獲得営業	◎	○		小回りの良さをPR	★													週1回
Ⅳ 顧客対応		C社																		
	1	現在の使用機種へのニーズ確認	○	◎		お叱りも覚悟で！														適宜
	2	メーカーとの情報交換	○	◎		ニーズにピッタリ商品を選択！														月1回
	3	間口拡大のための紹介獲得	○	◎		役立ちたい気持ちを誠実に！	★													
	4	競合1社独占取引部署の開拓	○	◎		まずは顔を覚えてもらう	★													

⑬メンバー全員の抱負	
山田	的確なフォローによりペアで目標達成！
鈴木	顧客掌握によるデキル営業を目指します

客先別営業方針	
A社	当社の主力取引先ですが、前年まで当社の窓口だった人が他部署に異動しました。異動先でも新規ニーズがないか探り、提案・受注拡大に繋げます。
B社（第一事業所）	競争相手が入り込んでいる部門に対しヒアリングをかけ、競争相手への不満を聞き出します。また、競争相手が入り込んでいない海外案件に入り込みます。
B社（第二事業所）	新規開拓先。インタビュー営業でニーズを把握し、メーカーと共にソリューション提案に繋げます。まずは小回りの良さをPRし、小規模取引から始めます。
C社	当社のインストアシェアが高いお客様ですが、競合1社取引部署もありますので、窓口の人から担当の紹介をいただきながら、そこを鈴木さんと潰していきます。

成果達成グラフ（予実対比）

資料⑨　Ｆ工務店の未来年表

項目		年度	１年目		２年目		３年目		４年目		５年目	
		期	１期	２期	３期	４期	５期	６期	７期	８期	９期	10 期
スローガン		ツールド 25	オンリーワンのための仕組み構築元年		仕組みを活かし受注力拡大の年		オンリーワンから地域No.１実現の年		エリア拡大再挑戦の年		やったぜツールド 25 達成の年	
財務　（億円）		新築	10.0		11.0		14.0		16.0		20.0	
		リフォーム	0.8		1.3		3.0		4.0		5.0	
新築	集客・営業	チラシ、HP、SNS	■	■	■	■	■	■	■	■	■	■
		雑誌掲載	■	■	■	■	■	■	■	■	■	■
		住宅祭	■	■	■	■	■	■	■	■	■	■
		住宅セミナー	■	■	■	■	■	■	■	■	■	■
		完成・構造見学会	■	■	■	■	■	■	■	■	■	■
		モデルハウス作戦				■	■	■	■	■	■	■
		OB 感謝祭	■		■		■		■		■	
	設計	施工のヒアリングシート開発	■	■								
		チョイス力向上	■	■								
		ゼロエネ住宅への取組み			■	■	■	■	■	■	■	■
		新空調システムの取組み			■	■	■	■	■	■	■	■
	工務	施工品質マニュアル策定	■	■								
		施工品質マニュアル更新			■		■		■		■	
		協力業者会（毎月）	■	■	■	■	■	■	■	■	■	■
		安全パトロール（毎月）	■	■	■	■	■	■	■	■	■	■
		安全大会	■		■		■					
	新支店	市場調査					■					
		支店の場所探し					■					
		業者調整						■				
		営業開始							■	■	■	■
		モデルハウス見学会										■
リフォーム事業（新規事業）		OB への無償修繕サービス	■	■								
		リフォーム宣伝（チラシ）			■	■	■	■	■	■	■	■
		リフォーム宣伝（見学会）					■	■	■	■	■	■
		ショールームの開設			■	■						
		小規模中心	■	■	■	■	■					
		大規模中心					■	■	■	■	■	■
		営業増員	■				■		■		■	
		工務増員	■				■		■		■	
総務・人財		社内システムの統合準備	■	■	■	■	■					
		社内システムの統合					■	■				
		中途採用	■	■	■	■	■	■	■	■	■	■
		大卒の定期採用					■		■		■	
		キャリアプラン支援体制整備	■	■	■	■	■	■	■	■	■	■

※網掛けの時期で実行する

写真⑩　岐阜県根尾谷「淡墨桜」

写真提供：岐阜県本巣市役所